Giuliano Bugialli

Das Beste aus meiner italienischen Küche

Giuliano Bugialli

Das Beste aus meiner italienischen Küche

Ein kulinarischer Begleiter
durch 20 Regionen

Fotos von John Dominis

monte von DUMONT

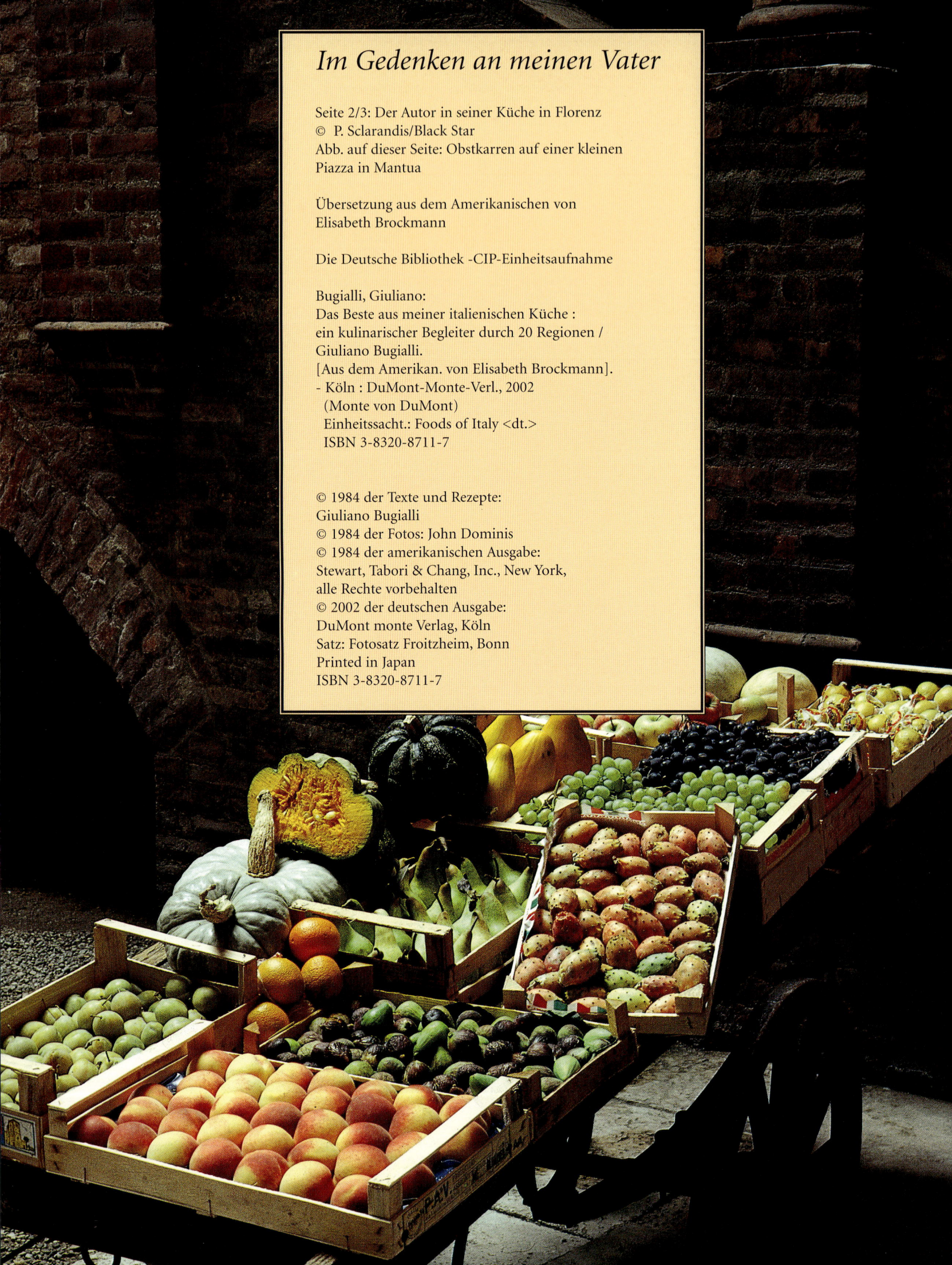

Im Gedenken an meinen Vater

Seite 2/3: Der Autor in seiner Küche in Florenz
© P. Sclarandis/Black Star
Abb. auf dieser Seite: Obstkarren auf einer kleinen
Piazza in Mantua

Übersetzung aus dem Amerikanischen von
Elisabeth Brockmann

Die Deutsche Bibliothek -CIP-Einheitsaufnahme

Bugialli, Giuliano:
Das Beste aus meiner italienischen Küche :
ein kulinarischer Begleiter durch 20 Regionen /
Giuliano Bugialli.
[Aus dem Amerikan. von Elisabeth Brockmann].
- Köln : DuMont-Monte-Verl., 2002
  (Monte von DuMont)
  Einheitssacht.: Foods of Italy <dt.>
  ISBN 3-8320-8711-7

Satz: Fotosatz Froitzheim, Bonn
Printed in Japan
ISBN 3-8320-8711-7

Inhalt

Pere ripiene al cioccolato
(*Gefüllte Birnen in Schokoladensauce*)

Verzeichnis der Rezepte

9

Vorwort

Oben: Bugialli beim Garnieren von Bresaola (vgl. S. 172/173), im Hintergrund der Comer See; Mitte: beim Einkauf von frischem Gemüse und Obst auf dem Markt in Florenz; unten: beim Prüfen des Reifegrades einer Zitrone (© P. Sclarandis/Black Star).

Die Gerichte der italienischen Küche gehören sicher zu den optisch reizvollsten in der Welt. Ihre größte Anziehungskraft entfalten sie wohl in ihrer natürlichen Umgebung. Himmel und Meer, Städte und Landschaften, die ganze italienische Lebensart spiegeln sich darin wider, ein schwer zu beschreibender Zauber, den ich seit langem in einem Buch einfangen wollte.

In anregender Zusammenarbeit verwirklichte ich zusammen mit meinen Mitarbeitern diesen Traum. Monatelang haben der Fotograf John Dominis und ich zusammen mit einer eingeschworenen Truppe von Assistenten die verschiedenen Regionen Italiens bereist. Dabei haben wir nicht nur Speisen fotografiert und probiert, sondern auch die unvergleichliche Atmosphäre dieser ebenso fruchtbaren wie abwechslungsreichen Halbinsel genossen.

Unterwegs gab es ebenso herzliche wie amüsante Erlebnisse beim Fotografieren auf Straßen und Plätzen. Dank der Freundlichkeit und Aufgeschlossenheit der Behörden bekamen wir Zugang zu Sehenswürdigkeiten der Architektur und wichtigen Orten für unsere Außenaufnahmen, aber es war mehr als schwierig, die Einheimischen dazu zu bewegen, mit der Tradition zu brechen und sich fotografieren zu lassen.

Als wir einmal versuchten, im sehr traditionsbewußten Süden eine junge Frau zu fotografieren, öffnete sich wie auf einen Wink hin hoch oben ein Fensterladen, und die Mutter der jungen Frau sowie ihr Verlobter bedeuteten uns ein einstimmiges »Nein«. Da war nichts zu machen. Beträchtlich mehr Glück hatten wir beim Fotografieren der kleinen Mugellesi-Hennen in der Nähe von Florenz.

Dieses Buch enthält Gerichte, die das Lebensgefühl und die Vorlieben jener italienischen Landstriche vermitteln, in die uns unsere Reise geführt hat. In der Rezeptauswahl und mit der Präsentation der Speisen haben wir versucht, jene Ausgewogenheit zwischen Natürlichkeit und Raffinesse festzuhalten, die die Italiener seit Jahrhunderten pflegen. In einem solchen Buch spielen natürlich auch persönliche Gefühle eine Rolle. Während ich bei der Arbeit an dem Projekt durch Italien reiste, stiegen unzählige Erinnerungen an meine Kindheit in diesem Land, vor allem in der Toskana, auf. Betroffen stellte ich fest, wieviel von der italienischen Tradition – von der Zubereitung der Speisen bis zu den Eßgewohnheiten – verschwunden ist. Und diese Erkenntnis hat mich in meinem Entschluß bestärkt, etwas von der Vielfalt und Phantasie der traditionellen italienischen Küche festzuhalten.

Nachdem ich die Rezepte ausfindig gemacht hatte – oft in sehr alten Kochbüchern –, probierte ich sie immer wieder an ihrem Entstehungsort unter Berücksichtigung der jeweiligen örtlichen Traditionen aus. Anschließend probierte ich die Rezepte noch einmal zu Hause und fügte die notwendigen Ergänzungen hinzu, damit jedes Gericht so authentisch wie möglich nachgekocht werden kann. Jedem Rezept habe ich eine kurze Anmerkung über den geschichtlichen oder volkskundlichen Hintergrund des Gerichts, die richtigen Zutaten und die klassische Art, die Speisen anzurichten, vorangestellt.

Ich hoffe, daß dieses Buch Sie dazu anregt, authentische italienische Rezepte selbst auszuprobieren und Ihnen darüber hinaus vielleicht sogar Lust darauf macht, diese Speisen in Italien selbst zu genießen.

Oben: Beim Einkauf in Florenz (© Sclarandis/Black Star); Mitte: beim Pflücken von Ginster; unten: beim Vorbereiten einer Mahlzeit im Freien bei Siena.

Gemüse

Gemüse ist, mehr noch als Teigwaren, einer der Hauptbestandteile der italienischen Küche. Man verwendet es für Vorspeisen, in Suppen und zusammen mit Teigwaren, als raffiniertes Hauptgericht oder zwischen den Gängen sowie als Beilage zu Fleisch, Geflügel und Fisch. Gemüse wird in der italienischen Küche mit besonderer Aufmerksamkeit behandelt und immer auf einem separaten Teller serviert.

Im Sommer stellen viele Italiener ihre Ernährung fast ganz auf frisches Gemüse um, das sie auf vielfältige Art zubereiten, meist jedoch auf möglichst einfache Weise, um Aroma, Form und Struktur des Gemüses zu erhalten. Als ich an einem Sommertag in der alten Stadt Cremona und ihrer ländlichen Umgebung nach typischen Gerichten suchte wie gefüllte Nudeln *Marubini* oder *Budino* mit Kalbfleisch- und Schinkenscheiben, gaben mir alle Bewohner dieselbe Auskunft: Da die Italiener eine Leidenschaft für frisches Gemüse der Saison hegen, waren die für Cremona typischen Nudel- und Fleischgerichte zu dieser Zeit nirgends zu finden.

Viele der Gemüse, die heute fester Bestandteil der italienischen Küche sind, wurden schon vor Jahrhunderten in Italien angebaut und in die ganze Welt exportiert. Sowohl Broccoli als auch Blumenkohl sind Kohl-Züchtungen, die schließlich sogar bis nach China gelangten. Die Artischocke wuchs wahrscheinlich ursprünglich wild in Sizilien und wurde mit Hilfe der Caterina de' Medici in Frankreich bekannt. Hingegen kam die Karotte aus Afghanistan nach Italien und aus Persien der Spinat.

Die Besiedelung Amerikas war für die Küche der Mittelmeerländer eine Bereicherung, wie es sie seit der Zeit der Römer nicht mehr gegeben hatte. Die ganze Familie des spanischen Pfeffers, süß und scharf, die meisten gewöhnlichen Bohnen, Kürbis, Mais und Maismehl, Tomaten und viele andere Grundbestandteile der italienischen

Seite 12/13: Einkauf in der riesigen San Lorenzo-Markthalle in Florenz. Sie ist aus Eisen und Glas konstruiert. Qualität und Menge des Angebots von toskanischem Obst und Gemüse bestimmen in Florenz die tägliche Speisekarte.

Links: Auf den Stufen des Rialto-Großmarktes in Venedig lädt ein Händler seine Ware aufs Boot.
Unten: Liebevoll arrangierte Ware auf dem Markt in Florenz: zarte, junge Brechbohnen, lange Zucchini, köstliche Zucchiniblüten und frische Steinpilze.

Küche kamen im 16. Jahrhundert aus Amerika – glücklicherweise zu einer Zeit, in der Neugier und Erfindungsgeist die italienische Kochkunst bestimmten. Zu dieser Zeit ging auch von Italien ein starker Einfluß auf die Küche anderer europäischer Länder aus. Eine bemerkenswerte Ausnahme gab es beim Gemüse, denn viele Sorten ließen sich im Norden Europas nur schlecht anbauen. Außerdem maß manch anderes Land mit großem Hof und kulinarischer Tradition dem Gemüse nicht die gleiche Bedeutung bei wie die Mittelmeerländer. Vielleicht erleben wir in dieser Hinsicht zur Zeit eine Veränderung zugunsten von frischer und gesunder Ernährung.

Wie andere westliche Länder hat Italien die japanische und chinesische Praxis, Gemüse so kurz wie möglich zu kochen, nicht übernommen. In Italien wird das Gemüse gar gekocht, wobei aber Form und Aroma erhalten bleiben.

OLIVEN UND DIE ITALIENISCHEN ÖLE

Sonnenblumen liefern den Hauptbestandteil für das beste Pflanzenöl, das *olio di semi,* das man in Italien zum Kochen und Braten verwendet, sofern das Rezept nicht den Geschmack von Olivenöl, Butter oder Schmalz verlangt. Dieses leichte Öl ist die Grundlage der italienischen Küche von heute. Es hinterläßt keinerlei Nachgeschmack.

Die Sonnenblumenkerne, aus denen das Öl gewonnen wird, ißt man auch gern geröstet. Bis vor kurzem konnte man in Italien noch ein Stück von einer großen Sonnenblume auf dem Markt kaufen, wenn man die Kerne selbst rösten wollte. Oder man kaufte die Kerne vom Wagen an der Ecke, wo sie unter freiem Himmel geröstet, gesalzen und verkauft wurden. Heute gibt es sie fertig geröstet im Laden.

Olivenöl wird vor allem verwendet, wenn sein spezifischer Geschmack für ein Gericht wichtig ist. Außer zum Kochen wird es noch häufiger zu Salaten gebraucht und unmittelbar vor dem Servieren zu vielen gekochten Speisen gegeben.

Olio santo! Heiliges Öl. Olivenöl war den Etruskern und ebenso den nachfolgenden Römern heilig. Es diente nicht nur als Nahrungs- sondern auch als Heilmittel bei Krankheiten, als wichtigster Brennstoff für die Lampen in Häusern und Tempeln sowie als Verjüngungsmittel für die Alten. Darüber hinaus benutzten es die Athleten als Massage- und Pflegeöl vor und nach den Spielen.

Die Tradition des heiligen Öls ist heute weit von ihren Ursprüngen entfernt. Nur der Name – ein kaum bewußter Anklang vergangener Zeiten – verbindet sich immer noch mit der einfachen und kostbaren Zubereitung aus der Toskana. Ganze rote Pfefferschoten verleihen dem Öl seine Würze. Oft verfeinert ein dicker Tropfen Öl eine Terrine mit klarer Brühe. Im Altertum wurde wahrscheinlich nur dieses scharfe Öl zum Würzen verwendet (ähnlich dem Öl, das es in der chinesischen Küche heute noch gibt) anstelle der getrockneten und zerdrückten *peperoncini* (scharfe rote Chilischoten), die wir heute nehmen.

Unter anderen Namen findet man *olio santo* auch in Süditalien. Dort wird es traditionsgemäß erst im letzten Moment zu Nudeln mit Sauce gegeben.

Drei Gläser mit reinem toskanischen Olivenöl aus erster Pressung. Die unterschiedlichen Grüntöne verweisen auf die verschiedenen Plantagen, von denen die Oliven stammen. In den davorstehenden Teller Suppe wird ein Tropfen Olio Santo gegeben.

Olio santo »HEILIGES ÖL«

2   Tassen Olivenöl

15 frische Basilikumblätter

5   rote Pfefferschoten,
    unzerkleinert

Das Olivenöl in ein Einmachglas gießen. Die unzerkleinerten Basilikumblätter und die Pfefferschoten hinzufügen. Das Glas sorgfältig schließen und das Öl an einem dunklen Ort 15 Tage stehenlassen, bevor Sie es verwenden.

ERGIBT 2 TASSEN

Eine durchschnittliche Familien-Ölplantage, in der die Oliven nach überlieferter Methode angebaut und gepreßt werden, ist gewöhnlich auf einen einzigen Hügel beschränkt. Da die Hanglage und der Einfall des Sonnenlichts von Hügel zu Hügel verschieden sind, können die Oliven der einzelnen Plantagen unterschiedlich reif sein, wenn sie alle zusammen im Dezember oder Januar zum Ölpressen kommen. An den Hängen mit stärkerer Sonnenbestrahlung werden die Oliven reifer und ergeben dunkleres Öl. Leider ist das dunkle Grün dennoch keine hundertprozentige Garantie für wirklich reines Olivenöl. Manchmal geben die weniger gewissenhaften Bauern für kurze Zeit Blätter in das Öl, so daß es eine intensive grüne Färbung erhält. Da also die Farbe kein verläßlicher

Beweis für Qualität ist, wird das Öl jedes Jahr einem Geschmackstest unterzogen.

Diesem Öl etwas anderes als Weinessig und Salz beizumischen, wäre für einen Italiener ebenso undenkbar wie die Ergänzung eines großen Weins durch Gewürze oder Aromen. Geschmack und Bouquet des Öls sind reich genug, um das Aroma eines einfachen gekochten Gemüses oder eines Salats voll zur Geltung zu bringen.

Auf jedem Olivenhügel wachsen mehrere Arten, z. B. *frantoio*, *corregiolo* (kleine Oliven mit großen Kernen), *moraiolo* (runde, schwarze Oliven) und *leccino*. Während aus den voll ausgereiften Früchten das Öl gewonnen wird, verwendet man die unreifen grünen und die schwarzen Oliven zum Kochen. Grüne und schwarze Oliven werden in einer Salzwasserlösung – Sole genannt – oder in Öl eingelegt, und zwar mit oder ohne Kern, gefüllt oder ungefüllt. Schwarze Oliven kann man auch mit Gewürzen backen und sie damit haltbar machen. In der traditionellen italienischen Küche werden am häufigsten ungekochte Oliven mit Kern verwendet.

Links: Eine Zypressen-Allee – viale – führt zur Villa Calcinaia, dem Sitz des Grafen Neri Capponi. Schon die Etrusker pflanzten in Italien Zypressen. Und die Römer gewannen aus Rinde und Nadeln ein Parfüm.

Nächste Doppelseite: Oft werden die alten Olivenbäume in Apulien mit prähistorischen Monolithen verglichen. Zur Ernte breitet man riesige Tücher unter den Bäumen aus. Die Oliven fallen darauf und werden mit den Tüchern aufgenommen.

Oben: Während der Erntezeit sind frische Oliven überall im Handel erhältlich, auch dort, wo sich keine Olivenplantagen in der Nähe befinden.
Rechts: Frische Oliven, in Öl gebraten und mit grobkörnigem Salz bestreut.

Zu vielen gekochten und ungekochten Saucen gehören eingelegte Oliven. Beispiele für die Geschmackskombination von grünen und schwarzen Oliven geben die gekochte Sauce zu *Ossobuco alla novese* und die ungekochte Sauce zu *Cappon magro,* einem kalten Fisch- und Gemüsegericht. Zu *Coniglio alla genovese*, Kaninchenschmorbraten nach Genueser Art, gehören viele ganze Oliven, die das Rosmarin-Aroma der Sauce wunderbar ergänzen.

Die Oliven werden im Herbst zunächst im Süden und später dann in Mittelitalien gepflückt, und zwar in jeder Region auf andere Art. In der Toskana pflückt man meist jede einzelne Olive von Hand. Die Arbeiter stehen dabei auf hohen, beweglichen Trittleitern direkt an den Zweigen. Zur Erntezeit arbeitet die ganze Familie viele Stunden täglich, bis die kostbare Ernte sicher eingebracht ist.

In Apulien, einem ebenfalls berühmten Olivenanbaugebiet, gibt es wieder ganz andere Methoden. Riesige Tücher werden so um einen Baum drapiert, daß er wie ein alter Römer in seiner langen Toga aussieht. Einige Arbeiter schütteln die Bäume, andere schlagen mit Stöcken dagegen. Dadurch fallen die Oliven auf die Tücher. Anschließend werden sie damit vom Boden aufgenommen.

Als Kinder durften meine Brüder und ich den Bauern im Dorf beim Aufsammeln der Oliven helfen. Unsere Aufgabe bestand darin, die Früchte einzusammeln, die den Pflückern hoch oben in den Zweigen aus den Körben gefallen waren. Wie sehnsüchtig haben wir den Tag erwartet, an dem wir selbst in die Bäume klettern durften. Nicht einmal der erste Frost hat uns viel ausgemacht, weil wir uns schon ausmalten, wie wir zu Hause in dem großen Zimmer mit der riesigen Steinpresse am lodernden Feuer sitzen würden. Dort wurden dann Brotstückchen leicht mit Knoblauch eingerieben und über einem Holzfeuer geröstet. Anschließend tauchten wir sie in das warme Öl. Unser Vater wäre sicherlich erbost gewesen, hätte er gewußt, daß wir bei den Bauern die *fettunta* mit dem zwei oder drei Monate zuvor gepreßten Wein hinunterspülten.

Es ist ein großes Erlebnis, bei der Olivenernte dabei zu sein und die Früchte dann in einer speziellen, einfachen Zubereitung, die ihre Frische zur Geltung bringt, zu genießen. Besonders gut sind gebratene frische Oliven.

Olive fritte   GEBRATENE FRISCHE OLIVEN

2   Eßlöffel Olivenöl

500 g frische schwarze Oliven

½   Eßlöffel grobkörniges Salz

Eine Prise frisch gemahlener
    schwarzer Pfeffer

Das Olivenöl in einer Pfanne bei mittlerer Hitze anwärmen und dann die Oliven hineingeben. Salz und Pfeffer darüber streuen. 15 Minuten leicht anbraten und gelegentlich umrühren, damit die Oliven nicht anbacken. Die Pfanne vom Feuer nehmen und die Oliven in einer Schüssel anrichten. Sofort servieren.

ERGIBT EINE VORSPEISE FÜR 6 PERSONEN

KAPERN UND PAPRIKA

Besonders malerisch ist die wunderschöne Kapernpflanze, deren rosa und weiße Blüten zwischen den zerfallenen Steinen jahrtausendealter Schlösser, Kirchen und Klöster sprießen. Diese Pflanzen wachsen wild, wo die Samen auf dürren oder leicht trockenen Boden wie verwitterndes Gestein oder auch auf ganz trockenen vulkanischen Boden fallen wie z. B. in Apulien, auf den Liparischen Inseln, Pantelleria oder Sizilien. Man kann Kapern aber auch anbauen. Dazu braucht man nur trockene, mindestens ein Jahr alte Samenkörner zwischen die lockeren Steine einer Mauer zu streuen. Das Besondere an diesen Samenkörnern ist, daß ihre Fruchtbarkeit zunimmt, je älter und trockener sie werden.

Unter einer Schale befinden sich die Beeren, die wiederum die Samen enthalten. Die eßbare Kaper selbst ist eine ungeöffnete Blütenknospe. Sobald sie einmal aufgegangen ist, kann man sie in der Küche nicht mehr verwerten. Die Blüten haben oft einen schweren Duft und eignen sich im allgemeinen nicht zum Verzehr. Schon die Griechen und Römer scheinen die Knospen gegessen zu haben, allerdings ohne sie wie wir in Salz oder Salzwasser einzulegen.

Es ist eine Speisenfolge aus der Mitte des 16. Jahrhunderts überliefert, bei der es auch einen Salat aus Pfefferminze, grünem Salat,

Links: Insalata di peperoni e capperi (Paprikasalat mit Kapern). Im Hintergrund wächst ein blühender Kapernstrauch an einer Klostermauer aus dem 14. Jahrhundert.

Unten: Die ungeöffnete Kapernknospe gilt Feinschmeckern als Delikatesse. Wenn die Knospe einmal aufgegangen ist, findet sie in der Küche keine Verwendung mehr.

Blüten und Kapern gab. War damit gemeint, daß die Kapern frisch und zusammen mit geöffneten Kapernblüten gegessen wurden, so könnte man daraus entnehmen, daß sich die gräko-romanische Sitte, die Knospe frisch zu essen, bis in die Renaissance erhalten hat, und daß auch die Blüten gegessen wurden. Vielleicht hatte die Konservierung der Kapern zur Folge, daß die Blüten, die sich dafür nicht eignen, deshalb einfach unbrauchbar wurden.

Glockenförmige und längliche Paprika unterscheiden sich etwas im Geschmack. Man kann aber im allgemeinen beide Sorten verwenden. Eine Ausnahme machen allerdings die vielen Arten von gefüllten Paprika, für die sich die glockenförmigen besser eignen.

Gebratene Paprika, die man für kalte Salate und *antipasti* verwendet, kommen auch in warmen Gerichten vor, wie z. B. in der römischen Version von *peperonata*, mit Tomaten gedämpften Paprika. In Rom werden die Paprika grundsätzlich erst gebraten und anschließend leicht gedämpft. Am Schluß kommen die Kapern hinzu. In anderen Versionen von *peperonata* werden die Paprika ungeschält einfach mit Tomaten gedämpft.

Paprika werden entweder auf dem Herd oder – wie im folgenden Rezept – im Backofen gebraten, mit einem Topf dampfenden Wassers dabei.

Insalata di peperoni e capperi
PAPRIKASALAT MIT KAPERN

1	große, reife Tomate		Salz und frisch gemahlener schwarzer Pfeffer
1	mittelgroße, geschälte Knoblauchzehe	4	große, glockenförmige Paprikaschoten, grün oder gelb oder beide Sorten gemischt
5	frische Basilikumblätter, jedes in 3 Stücke zerpflückt		
15	ganze, frische Pfefferminzblätter	2	Eßlöffel in Weinessig eingelegte Kapern, abgetropft
¼	Tasse Olivenöl		

Die Tomaten in Stücke schneiden und durch den Fleischwolf in eine kleine Steingut- oder Glasschüssel drehen. Benutzen Sie dazu den Vorsatz mit kleinen Löchern.

Den Knoblauch fein hacken und mit dem Basilikum und 5 Pfefferminzblättern zusammen in die Schüssel geben. Das Öl über die Kräuter gießen und Salz und Pfeffer hinzufügen. Rühren Sie mit einem Holzlöffel gut um. Die Schüssel mit Aluminiumfolie abdecken und eine Stunde kühlstellen.

Den Backofen auf 190°C vorheizen. In das untere Fach eine feuerfeste Form mit 4 Tassen kaltem Wasser stellen. Nach 5 Minuten legen Sie die unzerkleinerten Paprikaschoten auf den Rost über dem Wasserbad. Ungefähr 40 Minuten rösten und dabei 3- bis 4mal wenden.

Anschließend nehmen Sie die Paprika aus dem Ofen und geben sie in eine Plastiktüte. 15 Minuten liegen lassen.

Die Paprika in eine große·Schüssel mit kaltem Wasser geben und häuten. Stiele und Kerne entfernen.

Schneiden Sie nun die Paprika in dünne Streifen, die Sie auf einer Platte anrichten. Die vorbereitete Sauce darüber gießen, gut vermischen und mit Aluminiumfolie abdecken. Mindestens 1 Stunde kühlstellen. Streuen Sie vor dem Servieren noch die restlichen Pfefferminzblätter und die Kapern über die Paprika.

STREIFZUG DURCH DIE MÄRKTE
VON FLORENZ UND VENEDIG

In Italien spiegelt jeder Markt seine eigene Geschichte wider: Der riesengroße, unregelmäßig angelegte *Prato della Valle* in Padua, die *Piazza Mercanzia* in Prato oder die *Piazza di Greve* in Chianti waren alle einst große Viehmärkte für die Bauern aus der Umgebung. Die antiken römischen Foren in den italienischen Städten, aus denen heute Piazze mit Arkaden im römischen oder romanischen Stil geworden sind, dienten oft schon im Mittelalter als Marktplätze. In der Renaissance gehörten zum *Mercato Vecchio* in Florenz auch die wichtigen Läden und Lieferanten für Feinschmecker, denn die reichen aber preisbewußten Kaufmannsfamilien hielten nur wenig Personal und ließen sich statt dessen die prächtige Ausstattung für ihre Feste ins Haus liefern.

Die Gegend um San Lorenzo beherbergte seit dem 3. Jahrhundert ebenfalls wichtige florentinische Märkte. Die orientalischen Kaufleute hielten dort ihre Bazare ab und belieferten von dort aus die römische Armee. Als im 15. Jahrhundert die Kirche von San Lorenzo gebaut wurde, errichtete man Läden und Verkaufsstände gleich nebenan; einige fanden ihren Platz sogar in der Kirche selbst. Die Markthallen, die heute dort stehen, wurden erst vor 100 Jahren erbaut.

Das riesige, zweistöckige Art Nouveau-Gebäude aus Eisen und Glas gegenüber der Kirche von San Lorenzo ist einer der größten überdachten Märkte in Italien und spiegelt die Vielfalt der Landwirtschaft rund um Florenz wider. An den vielen Obst- und Gemüseständen gibt es die verschiedensten Spezialitäten: An einem breitet sich die ganze Vielfalt wilder Pilze vor uns aus, an einem andern eine Riesenauswahl an wilden Feldsalaten, am nächsten verschiedene Sorten Tomaten und wieder an einem andern ausschließlich *produzione nostrale*, Gemüse und Obst von den Bauern innerhalb der Stadtgrenzen von Florenz.

Früh am Morgen wetteifern die Besitzer der Stände miteinander darin, ihre Produkte auf die geschmackvollste Weise zu präsentieren. Um diese Tageszeit sind auch die Chefs der besten Restaurants zur Stelle, um ihre Ware auszusuchen, um Preise zu feilschen und mit den Händlern zu scherzen. Gegenseitig gehen sie sich dabei allerdings wegen der Konkurrenz aus dem Weg.

Sparsame Hausfrauen gehen noch jeden Tag zum Markt und erstehen dort an verschiedenen Ständen, was sie zu Hause an Lebensmitteln benötigen. Die Sitte, einmal in der Woche im Supermarkt einzukaufen, setzt sich in Italien erst langsam durch.

In Venedig haben die Märkte einen ganz anderen Charakter als in Florenz, weil sie eng mit dem Wasser verbunden sind. Die Ware wird in Booten durch die Kanäle zunächst zum Großmarkt an der Rialto-Brücke transportiert und von da auf die gleiche Weise weiter zu den Einzelhändlern.

Da es in Venedig selbst, das ja auf Hunderten kleiner Inseln erbaut ist, keine Landwirtschaft gab, hatte die Stadt immer ihre Höfe auf dem Festland. Sie verfügte einst über ein sehr umfangreiches Gebiet, das im Westen an Mailand grenzte und im Osten an Griechenland. Sie bezog daher Produkte in großer Vielfalt aus allen diesen Gebieten.

Nächste Doppelseite: Ein venezianischer Gemüsehändler fängt eine Kiste mit rotem Radicchio auf, der in den nahegelegenen Orten Treviso und Chioggia angebaut wird. Der Lastkahn wird immer von einem kleineren Boot begleitet für den Fall, daß sich die Obst- und Gemüseladung als zu schwer erweist und das Boot zu sinken droht.

WILDE PILZE

Porcini (Steinpilze) sind die in der italienischen Küche am meisten verwendeten wilden Pilze. Es gibt darüber hinaus noch andere schmackhafte Arten: delikate Pfifferlinge oder *gallinacci*, die fächerförmigen, gerippten *pineroli*, *prataioli* (man kann sie wild auf den Wiesen finden aber auch züchten), die großen fleischigen *spugnoli* (Morcheln) und die orangenhäutigen *ovoli* (Butterpilze), die man normalerweise roh im Salat ißt.

Bei frischen Steinpilzen müssen sowohl Stiel als auch Kappe fest sein. Der Stiel sollte dick und kurz sein und die Haut der Kappe einheitlich goldbraun. Die Unterseite der Kappe darf weder weich noch grünlich oder gräulich sein. Innen soll der Pilz weißes Fleisch haben. Wenn man in der italienischen Küche getrocknete Pilze braucht, verwendet man fast immer Steinpilze, weil sich ihr Geschmack ganz ungewöhnlich verstärkt, wenn sie getrocknet sind. Sie werden keineswegs als minderwertiger Ersatz für frische Pilze angesehen, da sie ihre eigene besondere Funktion haben, der in der italienischen Küche vielleicht sogar mehr Bedeutung zukommt als frischen Pilzen.

Es ist nicht ungewöhnlich, daß italienische Familien sich mit wilden Pilzen gut auskennen und bei einem Ausflug aufs Land genau wissen, wo die von ihnen bevorzugten Arten wachsen. Wenn sie die Pilze Jahr für Jahr immer an derselben Stelle aus dem Boden nehmen, geben sie die mitentnommene Erde wieder in den Boden zurück, damit die Wachstumsbedingungen unverändert bleiben und die gleichen Pilze nachwachsen können.

Frisch gepflückte Steinpilze auf einem Markt in Florenz.

Nepitella, in vielen Dialekten auch *mentuccia* genannt – eine wilde Pfefferminzart – ist das ideale Gewürzkraut für frische Steinpilze. Es hat keinen minzigen Geschmack sondern einen eher wildähnlichen, etwa wie eine Mischung aus Rosmarin und Salbei, und ist sehr aromatisch. Nepitella wächst wild auf Feldern und am Straßenrand. Obwohl es immer wieder heißt, das Kraut bevorzuge bewaldete Gegenden, habe ich es häufiger auf offenen Feldern und am Straßenrand als im Wald gefunden. Sogar die Züchtung im Topf ist mir gelungen. Wenn ich durch die Berge Italiens fahre, kann ich es immer noch nicht lassen, ab und zu anzuhalten und *nepitella* am Straßenrand zu pflücken. Es verleiht Kartoffeln und jungen Juni-Erbsen einen besonderen Geschmack.

Zu Pfifferlingen, die ein schwächeres Aroma als Steinpilze haben, passen am besten andere Kräuter wie z. B. Majoran oder Thymian. Sie eignen sich gut zu den delikaten, *mousse*-ähnlichen *sformatini*. Es gibt keine adäquate Übersetzung für das französische Wort *mousse*. Auch für das in einer speziellen Auflaufform zubereitete Gericht, das die Italiener *sformato* nennen – wörtlich: aus der Form genommen – gibt es keine angemessene Übersetzung.

Die kleinen Pilz-*sformatini* werden aus frischen Pfifferlingen und getrockneten Steinpilzen zubereitet. So ergibt sich ein ausgewogener Geschmack, bei dem keine der beiden Pilzarten überwiegt. Gerichte, die auf einer Kombination verschiedener Pilzarten beruhen, sind in der traditionellen italienischen Küche eigentlich recht selten. Aber neuerdings kombinieren Köche die im Geschmack sehr intensiven Steinpilze mit den geschmacklich leicht zu überdeckenden, handelsüblichen weißen Champignons, die frisch verwendet werden.

Das wildwachsende Kraut nepitella steht hier in voller Blüte. In der italienischen Küche verwendet man es häufig als Ergänzung zu Steinpilzen.

31

Sformatini di funghi SFORMATINI AUS PILZEN

FÜR DIE SAUCE

80 g getrocknete Steinpilze

500 g frische Pfifferlinge oder Champignons

Der Saft von 1 Zitrone

1 kleine rote Zwiebel, geschält

Die Blätter von 15 Zweigen Petersilie

1 mittelgroße, geschälte Knoblauchzehe

Ein kleines Stück Zitronenschale

4 Eßlöffel Butter

3 Eßlöffel Olivenöl

1 Tasse trockener Weißwein

Salz und frisch gemahlener schwarzer Pfeffer

Eine Prise getrockneter Thymian

1 Eßlöffel Tomatenmark

1 Tasse lauwarme, selbstgemachte Rinderbrühe

FÜR DIE AUFLAUFMASSE

6 Eßlöffel Butter

1½ Tassen Weizenmehl

Salz und frisch gemahlener schwarzer Pfeffer

Eine Prise frisch geriebene Muskatnuß

ZUSÄTZLICH

2 extragroße Eier, getrennt

2 extragroße Eier

ZUM GARNIEREN

Die Blätter von 15 Zweigen Petersilie

(Bei allen Rezepten, in denen Petersilie vorkommt, wird stets die glatte Sorte verwendet.)

Die Steinpilze ½ Stunde in lauwarmem Wasser einweichen. Die Pfifferlinge putzen und in eine Schüssel mit kaltem Wasser und Zitronensaft geben, bis sie gebraucht werden.

Zwiebel, Petersilie, Knoblauch und Zitronenschale auf einem Brett zusammen fein hacken.

Butter und Öl in einer großen, schweren Kasserolle bei mittlerer Temperatur erhitzen. Wenn die Butter ganz geschmolzen ist, geben Sie die gehackten Zutaten hinein. 5 Minuten darin schmoren lassen.

In der Zwischenzeit die Pfifferlinge abtropfen lassen und in eine Schüssel geben. Lassen Sie die Steinpilze ebenfalls abtropfen und heben Sie 2 Tassen von dem Einweichwasser auf. Vergewissern Sie sich, daß kein Sand mehr an den Pilzen haftet. Pfifferlinge und Steinpilze in die Kasserolle geben und gut umrühren. 20 Minuten ohne Deckel kochen und ab und zu umrühren.

Legen Sie 2 Lagen Küchenkrepp in ein Sieb und gießen Sie das Einweichwasser von den Pilzen hindurch, so daß sich der Sand darin fängt.

Den Wein in die Kasserolle zu den Pilzen gießen und 15 Minuten einkochen lassen. Mit Salz und Pfeffer abschmecken und den Thymian hinzufügen.

Das Tomatenmark in der Brühe verrühren und dieses Gemisch in die Kasserolle gießen. Alles gut verrühren und weitere 30 Minuten kochen lassen. Dann sollten die Pilze gar und die Sauce dick sein.

Nehmen Sie die Kasserolle vom Feuer, geben Sie 2 Tassen von der Sauce in einen Mixer oder ein Rührgerät und mixen Sie alles mittelfein.

Bereiten Sie nun die Auflaufmasse zu: Die Butter in einem schweren Topf bei mittlerer Hitze zergehen lassen. Wenn sie vollständig geschmolzen ist, fügen Sie das Mehl hinzu und verrühren es gut. Anschließend geben Sie die Sauce aus dem Mixer dazu. Gut umrühren, damit sich das Mehl ganz mit den anderen Zutaten verbindet. 4 Minuten kochen lassen. Nehmen Sie dann den Topf vom Feuer und stellen Sie ihn vorläufig beiseite.

Das gesiebte Pilzeinweichwasser in einen kleinen Topf gießen und bei mittlerer Hitze zum Kochen bringen. Den Topf mit der Auflaufmasse wieder auf ganz kleine Flamme stellen und das ganze heiße Wasser auf einmal dazu gießen. Rühren Sie die Sauce glatt. Wenn sie zu kochen beginnt, fügen Sie Salz, Pfeffer und Muskatnuß hinzu und lassen sie unter vorsichtigem Rühren 5 Minuten weiterkochen. Danach nehmen Sie den Topf vom Feuer und füllen die Sauce in eine Steingut- oder Glasschüssel um. Legen Sie ein Stück mit Butter bestrichenes Pergamentpapier auf die Sauce, damit sich keine Haut bildet. Lassen Sie die Sauce ganz abkühlen (ungefähr ½ Stunde).

Den Backofen auf 190°C vorheizen. In einer flachen Bratform lauwarmes Wasser für ein Wasserbad bereitstellen, in das später die Auflaufförmchen kommen.

Das Pergamentpapier von der Sauce abnehmen und die Eidotter sowie die ganzen Eier hineingeben. Mit einem Holzlöffel gut umrühren und mit Salz und Pfeffer abschmecken.

8 Auflaufförmchen à 100 ml buttern und mit etwas Mehl ausstreuen.

In einer unbeschichteten Kupferschüssel schlagen Sie jetzt mit einem Schneebesen die Eiweiß steif. Ziehen Sie den Eischnee unter ständigem Rühren vorsichtig unter die Auflaufmasse. Füllen Sie davon in alle Auflaufförmchen und schlagen Sie diese leicht auf den Tisch, damit sich die Oberfläche glättet und keine Blasen entstehen. Die Förmchen in das vorbereitete Wasserbad stellen und 40 Minuten im Backofen garen.

Das Wasserbad aus dem Ofen nehmen und 5 Minuten stehenlassen. Die restliche Pilzsauce wieder erhitzen.

Nehmen Sie die Auflaufförmchen aus dem Wasserbad. Jedes *sformatino* auf einen extra Teller stürzen. Geben Sie etwas von der Pilzsauce rundherum und garnieren Sie mit Petersilienblättern.

FÜR 8 PERSONEN

Links: Drei Sformatini di funghi *(Sformatini aus Pilzen), frisch aus dem Ofen, befinden sich noch in den Förmchen.*

Oben: Die sformatini *werden einzeln auf Teller gestürzt. Rundherum gibt man eine Sauce aus Steinpilzen und Pfifferlingen.*

Die Pilztorte im folgenden Rezept wird nicht mit frischen sondern getrockneten Steinpilzen zubereitet. Zunächst kommen die getrockneten Pilze in eine Schüssel mit lauwarmem Wasser, damit sie sich vollsaugen und ihre ursprüngliche Form wiederbekommen. Das Einweichwasser nimmt den konzentrierten Geschmack der Pilze an. (Es kann deshalb – nachdem man es durch Papiertücher oder einen Kaffeefilter geseiht hat – zum Aromatisieren vieler anderer Gerichte verwendet werden, in denen Pilze nur geschmacklich angedeutet sein sollen.)

Der Teig der Torte muß frisch gebacken sein und darf dann nicht gekühlt werden, sonst bleibt er nicht locker. In der typisch italienischen Zubereitung ist der Teig ebenso wichtig wie die Füllung. Darin liegt auch der Unterschied zu Torten, die kalt serviert werden, denn da spielt der Teig immer eine untergeordnete Rolle.

Torta di funghi PILZTORTE

Erst wird der Teig hergestellt: Sieben Sie das Mehl auf ein Brett und häufen Sie es zu einem kleinen Hügel auf. Die Butter in Stücke schneiden und auf dem Mehl verteilen. Stehenlassen, bis die Butter weich ist (ca. ½ Stunde). Dann kneten Sie die Butter mit den Fingern in das Mehl ein. Reiben Sie dann Butter und Mehl vorsichtig zwischen den Handflächen. Eine Vertiefung in die Masse drücken und Salz und Wasser hineingeben. Mit einer Gabel in die Butter-Mehl-Masse einarbeiten. Formen Sie mit den Händen eine Teigkugel, und kneten Sie die Kugel vorsichtig, bis sie sehr geschmeidig ist (ungefähr 2 Minuten).

Ein Baumwoll-Geschirrtuch leicht anfeuchten und die Teigkugel darin einschlagen. Stellen Sie den Teig für mindestens 1 Stunde an einen kühlen Ort oder in das unterste Fach des Kühlschranks.

In der Zwischenzeit bereiten Sie die Füllung zu: Die getrockneten Pilze ungefähr ½ Stunde in lauwarmem Wasser einweichen.

Die Zwiebel und die Petersilie zusammen auf einem Brett fein hacken.

Erhitzen Sie Öl und Butter zusammen in einem schweren Topf. Sobald die Butter ganz geschmolzen ist, die gehackten Zutaten hineingeben und 10 Minuten vorsichtig darin schwenken.

Lassen Sie die Pilze abtropfen und achten Sie sorgfältig darauf, daß kein Sand mehr daran haftet. Geben Sie sie in den Topf und fügen Sie das Tomatenmark hinzu. 5 Minuten schmoren lassen und gelegentlich umrühren. Die Brühe dazugießen und mit Salz und Pfeffer würzen. Langsam kochen, bis fast alle Brühe verkocht und eine dicke, glatte Masse entstanden ist (ungefähr 35 Minuten). Den Topf vom Feuer nehmen, die Masse in eine Steingut- oder Glasschüssel füllen und ganz auskühlen lassen (ungefähr 1 Stunde).

Buttern Sie eine Tortenboden- oder Springform von ca. 24 cm Durchmesser.

Ein Backbrett mit Mehl bestreuen. Nehmen Sie den Teig aus dem Tuch und kneten Sie ihn ca. 1 Minute lang auf dem Brett. Rollen Sie ihn mit einem Nudelholz auf einen Durchmesser von ca. 30 cm aus. Den Teig auf dem Nudelholz auf- und über der gebutterten Kuchenform wieder entrollen. Vorsichtig am Boden der Form andrücken. Schneiden Sie den überstehenden Teig ab, indem Sie mit dem Nudelholz über den Rand der Form rollen. Mit einer Gabel machen Sie noch einige Einstiche in den Teig, damit beim Backen keine Luftblasen entstehen. Legen Sie ein Stück Pergamentpapier oder Aluminiumfolie auf den Teig und beschweren Sie es mit Hülsenfrüchten (zum Blindbacken). ½ Stunde kühlstellen.

Den Backofen auf 190°C vorheizen. Die Kuchenform in den Ofen schieben und den Teig hellbraun backen. Danach aus dem Ofen nehmen, das Papier mit den Hülsenfrüchten entfernen und die Form in den Ofen zurückstellen, bis der Teig goldbraun ist.

In der Zwischenzeit bereiten Sie die Füllung weiter vor: Zu den abgekühlten Zutaten noch die Eier und den Parmesan hinzufügen. Mit Salz und Pfeffer abschmecken und mit einem Holzlöffel gut umrühren.

Nehmen Sie die Kuchenform aus dem Ofen und lassen Sie den Teig in der Form 10 Minuten auskühlen. Nun gießen Sie die Füllung auf den gebackenen Teig und stellen das Ganze für weitere 20 Minuten in den Ofen.

Die Form aus dem Ofen nehmen und 15 Minuten auskühlen lassen. Dann nehmen Sie die Torte aus der Form und geben sie auf eine Tortenplatte. Zum Servieren in normale Tortenstücke schneiden. Die Torte kann warm als Hauptgericht oder auf Zimmertemperatur als Vorspeise gereicht werden.

FÜR 8 ODER 12 PERSONEN

FÜR DEN TEIG

200 g Weizenmehl

100 g Butter auf Zimmertemperatur

Eine Prise Salz

4–5 Eßlöffel kaltes Wasser

FÜR DIE FÜLLUNG

60 g getrocknete Steinpilze

1 mittelgroße rote Zwiebel, geschält

Die Blätter von 15 Zweigen Petersilie

¼ Tasse Olivenöl

2 Eßlöffel Butter

1 Eßlöffel Tomatenmark

1 Tasse selbstgemachte, lauwarme Rinderbrühe

Salz und frisch gemahlener schwarzer Pfeffer

ZUSÄTZLICH

3 extragroße Eier

½ Tasse frisch geriebener Parmesan

Links: Torta di funghi (Pilztorte) auf einer alten Servierplatte.

Nächste Doppelseite: Ein köstlicher Imbiß aus frischen, rohen Gemüsen, die man in pinzimonio, d. h. mit einer Sauce aus Olivenöl, Salz und Pfeffer ißt. Dazu gibt es focaccine, kleine, salzige Pizzen, und einen leichten toskanischen Wein. Die Aufnahme entstand am Strand von Forte dei Marmi in der Toskana.

Sommerfeste mit einem Buffet sind in Italien neuerdings sehr beliebt. Hier sehen wir hauptsächlich Gemüsegerichte, die auf Zimmertemperatur gegessen werden. Von oben im

Uhrzeigersinn: Carciofi ripieni *(Gefüllte Artischocken)*, Insalata di gamberi alla menta *(Garnelensalat mit Pfefferminzblättern)*, Zucchini »a scapece« *(Marinierte Zucchini)*, Pecorino marinato *(Marinierter Pecorino-Käse)*, Pomodori al riso verde *(Tomaten, mit grünem Reis und Fisch gefüllt)*, Pasta con tonno fresco *(Nudeln mit mariniertem Thunfisch) und in der Mitte* Broccoli in insalata *(Broccoli-Salat); links oben:* Crema di fagioli *(Bohnencremesuppe mit Lorbeerblättern)*.

TOMATEN

Der Name Tomate kommt von dem aztekischen Wort *tomatl*; und obwohl im 16. Jahrhundert, als die Früchte nach Italien kamen, der sienesische Arzt Matthioli ihnen den italienischen Namen *pomi d'oro* (heute: *pomodori*) oder »goldene Äpfel« gab, heißen sie in vielen italienischen Dialekten *tomato* wie im Spanisch-Aztekischen. Einige Fachleute meinen, daß die Frucht goldfarben war, als sie nach Europa kam, und daß die Mittelmeersonne – milder als die mexikanische – das rötliche Pigment in der Haut stärker zum Vorschein kommen ließ als das goldene.

Die meisten Tomatenarten wurden ursprünglich in Amerika gezüchtet, dann aber bald in Italien übernommen. Die berühmte pflaumenförmige Sorte *San Marzano* wurde jedoch in Süditalien gezüchtet: Sie wuchs nirgendwo so gut wie im Gebiet um Neapel. (Die meisten pflaumenförmigen Tomaten sind in Wirklichkeit eine andere Sorte, nämlich *lampadina*, die aber als die berühmteren *San Marzano* verkauft werden.) Die Pflaumenform der San Marzano wird so sehr geschätzt, weil sie ganz gleichmäßig rundherum reift und sich auch zum Einmachen gut eignet, denn sie läßt sich leicht schälen und der Stiel hinterläßt kein Loch.

Runde Tomaten mit und ohne Kerbe werden für Füllungen verwendet. *Pomodori al riso verde* haben eine ungewöhnliche Füllung aus Reis mit gehacktem Spinat und Fisch. Es ist ein vielseitiges Gericht, das sich als Vorspeise – *primo piatto* – ebenso eignet wie als Hauptgericht.

Pomodori al riso verde

TOMATEN, MIT GRÜNEM REIS UND FISCH GEFÜLLT

FÜR DEN FISCH

1 Seezungenfilet, ca. 200 g

Grobkörniges Salz

2 Tassen trockener Weißwein

3 Tassen kaltes Wasser

1 mittelgroße, geschabte Karotte

1 Lorbeerblatt

1 Gewürznelke

Eine Prise getrockneter Thymian

1 Teelöffel grobkörniges Salz

5 schwarze Pfefferkörner

FÜR DIE TOMATEN

6 große, reife aber nicht überreife Tomaten

6 Eßlöffel ungekochter Reis, vorzugsweise italienischer Arborio

Grobkörniges Salz

⅓ Tasse feingehackter, gekochter Spinat (von ca. 250 g frischem Spinat ohne Stiele)

Die Blätter von 10 Zweigen Petersilie

1 mittelgroße, geschälte Knoblauchzehe

½ Tasse Olivenöl

Salz und frisch gemahlener schwarzer Pfeffer

ZUM GARNIEREN

6 frische Basilikumblätter

Zunächst wird der Fisch vorbereitet: Waschen Sie ihn mit kaltem Wasser und legen Sie ihn anschließend in eine Schüssel kaltes Wasser mit grobkörnigem Salz.

Gießen Sie den Wein und die 3 Tassen Wasser in einen Topf bzw. einen kleinen Fischkochtopf. Bei mittlerer Hitze zum Kochen bringen und die ganze Karotte, Lorbeerblatt, Nelke, Thymian, den Teelöffel Salz und die ganzen Pfefferkörner hinzufügen. 20 Minuten leise kochen lassen. Dann geben Sie das Seezungenfilet hinein und lassen es noch 3 Minuten mitkochen. Den Topf vom Feuer nehmen und den Fisch im Kochwasser 1 Stunde abkühlen lassen.

In der Zwischenzeit legen Sie die Tomaten ½ Stunde in eine Schüssel mit kaltem Wasser. Danach abtropfen lassen und mit Küchenkrepp abtrocknen. Schneiden Sie von den Tomaten Deckelchen ab. Nehmen Sie die Kerne und das weiche Fleisch aus den Tomaten heraus und geben es in eine Schüssel. Die Tomaten in eine runde Auflaufform setzen.

Drehen Sie das entnommene Tomatenfleisch durch den Fleischwolf in einen kleinen Topf (den Vorsatz mit kleinen Löchern verwenden). Gießen Sie soviel Wasser dazu, daß sich 3 Tassen Flüssigkeit ergeben. Bei mittlerer Hitze zum Kochen bringen und mit grobkörnigem Salz abschmecken. Dann geben Sie den Reis dazu und lassen ihn 5 Minuten kochen. Den Topf vom Feuer nehmen und vorläufig beiseite stellen.

Wenn der Fisch abgekühlt ist, lassen Sie den Reis abtropfen. Die Brühe heben Sie auf. Den Reis in eine Steingut- oder Glasschüssel füllen und den Spinat dazugeben.

Hacken Sie die Petersilie grob und den Knoblauch fein und geben Sie beides zusammen mit ⅔ des Öls in die Schüssel. Mit einem Schaumlöffel wird der Fisch in den Topf mit dem Reis gelegt. Die Füllung mit Salz und Pfeffer würzen. Zerkleinern Sie den Fisch mit einem Holzlöffel und heben Sie ihn unter den Reis. Jede Tomate zu zwei Dritteln füllen und die abgeschnittenen Deckelchen wieder aufsetzen.

Den Backofen auf 190°C vorheizen.

Das restliche Öl in die Reisbrühe geben und mit Salz und Pfeffer abschmecken. Gießen Sie die Flüssigkeit in die Form mit den Tomaten. Sollte die Flüssigkeit nicht ausreichen, um die Tomaten zu einem Drittel zu bedecken, so gießen Sie mit der entsprechenden Menge kalten Wassers auf. Ungefähr 50 Minuten garen.

Die Tomaten auf eine Servierplatte heben, etwas Flüssigkeit aus der Backform darübergießen und sofort oder auf Zimmertemperatur servieren. Jede Tomate garnieren Sie vorher noch mit einem frischen Basilikumblatt.

FÜR 6 PERSONEN

AUBERGINEN, KÜRBIS UND ZUCCHINI

»A scapece« ist ein vielschichtiger Begriff aus dem neapolitanischen Dialekt und bedeutet soviel wie »von Apicius« (lateinisch: *Esca Apicii*). Dahinter verbirgt sich eine ganze »Speisen-Familie«; sie trägt auch die Namen *scabeccio* (in ganz Italien) sowie *scaveccio* (in Ligurien) und geht auf das antike römische Kochbuch des Apicius »De Re Coquinaria« zurück. Zwar wußte man, daß diese Rezepte bereits im antiken Rom bekannt waren, aber daß sie in Verbindung zu Apicius standen, erkannte man wahrscheinlich erst während der Renaissance, als das Interesse an antiken lateinischen Texten neu erwachte. Die kontinuierliche Weiterführung von Traditionen aus der Antike bis in unsere Zeit ist eine der bemerkenswertesten Vorlieben der Italiener.

Zucchini »a scapece« MARINIERTE ZUCCHINI

6 mittelgroße Zucchini

2 Tassen Maisöl

1 Tasse Sonnenblumenöl

¼ Tasse Olivenöl

Salz und frisch gemahlener schwarzer Pfeffer

2 mittelgroße, geschälte Knoblauchzehen

5 Eßlöffel Rotweinessig

20 frische Pfefferminzblätter

Wässern Sie die Zucchini ½ Stunde in kaltem Wasser. Danach werden beide Enden gekappt.

Den Backofen auf 190°C vorheizen.

Schneiden Sie die Zucchini der Länge nach in 1 cm dicke Streifen. Die Streifen halbieren und die Stücke auf zwei Backbleche verteilen. 25 Minuten backen. Die Backbleche aus dem Ofen nehmen und die Zucchini auf Küchenkrepp legen. Lassen Sie sie ½ Stunde trocknen.

Erhitzen Sie die drei Ölsorten in einem Fritiertopf. Ein Backblech wird mit Küchenkrepp ausgelegt. Sobald das Öl heiß ist, geben Sie einige Zucchini-Stücke hinein und backen sie goldgelb aus. Die fertigen Zucchini zum Abtropfen auf das vorbereitete Backblech legen. Wenn das ganze Gemüse fertig ausgebacken und abgetropft ist, geben Sie es auf eine Servierplatte. Mit Salz und Pfeffer bestreuen.

Den Knoblauch auf einem Brett fein hacken und ebenfalls über die Zucchini streuen. Den Weinessig darübergießen. Nun wird das Gericht in Aluminiumfolie eingepackt und für mindestens zwei Stunden ins unterste Kühlschrankfach gestellt. Vor dem Servieren umrühren und die Pfefferminzblätter darüber verteilen.

ERGIBT EINE VORSPEISE FÜR 8 PERSONEN

In Mantua sind die Leute überaus stolz auf den riesigen gelben Kürbis (zucca gialla), mit dessen orangefarbenem Fruchtfleisch sie unter anderem *tortelli* füllen und die typische Kürbissuppe herstellen.

Diese in Mantua berühmte Kürbissuppe gibt es in Abwandlungen auch in den Orten der näheren Umgebung. Obwohl sie in Mantua grundsätzlich mit Milch gekocht wird, ziehe ich die Version mit Brühe, wie man sie in einigen Nachbarstädten findet, vor. Auch die Gewürze sind von Ort zu Ort verschieden. Es gibt einige recht kräftig gewürzte Versionen. Eine davon schreibt sogar Safran vor.

Links: Suppen wie die Kürbis-Suppe aus Mantua wurden früher als Vorspeise serviert, bevor im 19. Jahrhundert dann die Nudelvorspeisen alles andere in den Schatten stellten.

Minestra o passato di zucca alla mantovana
KÜRBISSUPPE MANTUA

1   gelber Kürbis, ca. 1 kg

8   Eßlöffel Butter

100 g luftgetrockneter Schinken am
      Stück

3   Tassen selbstgemachte
      Rinderbrühe

Salz und frisch gemahlener
      schwarzer Pfeffer

ZUM GARNIEREN

6   Basilikumblätter, frisch oder in
      Salz eingelegt (siehe
      Anmerkung)

Den Kürbis zerteilen. Schale und Kerne entfernen. Das Fruchtfleisch in kleine Stücke schneiden und ½ Stunde in eine Schüssel mit kaltem Wasser legen.

Die Butter in einer schweren Kasserolle bei schwacher Hitze ganz zerlaufen lassen. Dann legen Sie das Stück Schinken hinein und braten es bei schwacher Hitze 5 Minuten an.

Den Kürbis abtropfen lassen und in die Kasserolle geben. Zudecken und 15 Minuten kochen. Fügen Sie die Brühe hinzu und lassen Sie das Ganze im geschlossenen Topf noch einmal 15 Minuten leise kochen.

Den Schinken entfernen und die Suppe durch einen Fleischwolf in eine zweite Kasserolle passieren (benutzen Sie dazu den Vorsatz mit kleinen Löchern). Stellen Sie die Kasserolle auf mittlere Hitze. Die Suppe mit Salz und Pfeffer abschmecken und zugedeckt 10 Minuten kochen lassen. Dabei gelegentlich mit einem Holzlöffel umrühren. Servieren Sie die Suppe heiß und lassen Sie auf jeder Portion ein paar Basilikumblätter schwimmen.

FÜR 6 PERSONEN

ANMERKUNG: *Wenn Sie frisches Basilikum, Rosmarin oder Salbei in Salz einlegen wollen, geben Sie eine Schicht grobkörniges Salz auf den Boden eines Einmachglases, das sich fest verschließen läßt. Dann eine Lage frischer Kräuter auf das Salz geben. (Die Blätter nicht waschen, sondern mit einem Tuch abreiben, bevor sie eingelegt werden.) Abwechselnd Salz und Kräuter übereinander schichten, bis der Topf voll ist. Den Abschluß bildet eine dicke Schicht Salz. Den Topf gut verschließen und im Kühlschrank aufbewahren.*

Getrocknete Rosmarinblätter sollte man vor Gebrauch einige Sekunden in kochendem Wasser blanchieren, damit sie weich werden. Danach die gleiche Menge wie bei frischen Blättern verwenden.

A uberginen lassen sich besonders vielseitig verwenden, weil sie den Geschmack anderer Zutaten in einem Gericht so gut aufnehmen. Außerdem werden sie – ähnlich wie größere Pilze – wegen ihrer Fleischigkeit gern als Ersatz für Fleisch oder Fisch genommen.

Zwar war dieses Gemüse im Mittelalter in Europa bekannt, aber man betrachtete es mit Mißtrauen. Tatsächlich bedeutet sein lateinischer Name »*melum insanum*« (italienisch: *melanzana*) ja auch »ungesunder Apfel«. In den italienischen Kochbüchern des 14. und 15. Jahrhunderts wird es unter den vielen Gemüsen nicht erwähnt.

In Süditalien gibt es eine große Vielzahl verschiedener Auberginenarten: länglich oder rund und purpurrot oder in hellem Purpur mit weißen Flecken und dünner Schale. In den Rezepten können sie untereinander ausgetauscht werden. In Norditalien wächst hauptsächlich die längliche Sorte. Ein berühmtes Rezept für Auberginen »*alla parmigiana*« stammt aus der Gegend um Parma in Norditalien. Obwohl in diesem Gericht Parmesan-Käse vorkommt, bezieht sich der Name nicht auf den Käse. Viele Leute glauben fälschlicherweise, daß »*alla parmigiana*« immer bedeutet, das Gericht sei mit Parmesan und Tomatensauce zubereitet. Aber tatsächlich gibt es kaum ein Gericht »*alla parmigiana*«, in dem diese Kombination vorkommt. Auf Restaurant-Speisekarten habe ich Fenchel mit Tomaten unter der Bezeichnung »*alla parmigiana*« gefunden; aber das ist irreführend,

Melanzane carpionate *(Auberginen auf Neapolitanische Art). (© Franco Pasti)*

weil es ein Fenchel-Gericht mit dieser Bezeichnung gibt, das mit Butter und Käse zubereitet wird.

Auberginen ergänzen sich hervorragend mit der im folgenden beschriebenen Weinessig-Knoblauch-Sauce. Es ist eines der wenigen italienischen Rezepte, die das Gemüse geschält vorsehen. Es wird wie andere *in carpione*-Gerichte (siehe Seite 149 f.) gebraten, allerdings im Gegensatz zu diesen heiß gegessen.

Melanzane carpionate
AUBERGINEN AUF NEAPOLITANISCHE ART

6 mittelgroße, längliche Auberginen	**FÜR DIE SAUCE**
ca. ½ Tasse grobkörniges Salz	½ Tasse Olivenöl
ca. 1½ Tassen Weizenmehl	3 ganze in Salz eingelegte Sardellen oder 6 Sardellenfilets in Öl, abgetropft
ZUSÄTZLICH	Die Blätter von 15 Zweigen Petersilie
2 Tassen Pflanzenöl oder 500 g festes Pflanzenfett zum Ausbacken	2 mittelgroße, geschälte Knoblauchzehen
¼ Tasse Olivenöl	2 Eßlöffel Rotweinessig
	Salz und frisch gemahlener schwarzer Pfeffer

Die Auberginen schälen und in ca. 4 cm große Würfel schneiden. Auf einer großen Platte verteilen und mit grobkörnigem Salz bestreuen. ½ Stunde stehenlassen. Danach werden die Auberginenwürfel unter fließendem kalten Wasser abgespült und mit Küchenkrepp abgetrocknet.

Erhitzen Sie Pflanzenöl und Olivenöl zusammen in einem Fritiertopf. Belegen Sie einen Teller mit Küchenkrepp.

Die Auberginen leicht einmehlen; schütteln Sie dazu einige Stücke zusammen mit einer Vierteltasse Mehl in einem Sieb, so daß das überflüssige Mehl durchfällt. So verfahren Sie mit allen Auberginenstücken.

Wenn das Öl oder Pflanzenfett heiß ist (ca. 190°C), jeweils ca. 15 Stücke gleichzeitig ausbacken, bis sie von allen Seiten goldbraun sind. Die fertigen Auberginen zum Abtropfen auf den vorbereiteten Teller legen.

Während die Auberginenwürfel backen, bereiten Sie die Sauce zu: Das Öl in einen kleinen, schweren Topf geben und auf schwache Hitze stellen. Wenn Sie in Salz eingelegte Sardellen verwenden, filettieren Sie sie unter fließendem kalten Wasser.

Petersilie und Knoblauch auf einem Brett zusammen fein hacken.

Sobald das Öl heiß ist, geben Sie die Sardellenfilets hinein und zerdrücken sie mit einer Gabel, so daß sie sich ganz mit dem Öl vermengen. Den Weinessig sowie Salz und Pfeffer hinzufügen und 2 Minuten einkochen lassen. Jetzt sollten alle Auberginenwürfel fertig gebacken sein. Geben Sie die Auberginen auf eine Servierplatte und gießen Sie die Sardellensauce darüber. Mit der gehackten Petersilie und dem Knoblauch bestreuen. Gut vermengen und sofort servieren.

FÜR 8 PERSONEN

Zu den vielen italienischen Gerichten ohne Tomatensauce gehören auch gebackene Auberginenscheiben, die einfach mit Knoblauch, Petersilie und Olivenöl gewürzt werden. Die wunderbare Purpurschale bleibt an der Frucht und erhöht optischen Reiz und Aroma dieses einfachen und doch köstlichen Gerichts.

Melanzane al forno   GEBACKENE AUBERGINEN

2   große, runde sizilianische
    Auberginen

4   Eßlöffel Olivenöl

4   Knoblauchzehen, geschält und
    in jeweils 6 Spalten zerteilt

Salz und frisch gemahlener
    schwarzer Pfeffer

Die Blätter von 15 Zweigen
    Petersilie

Die Auberginen vorsichtig waschen und die Stiele entfernen. Schneiden Sie die Früchte quer in jeweils 2,5 cm dicke Scheiben.

Den Backofen auf 190°C vorheizen. Zwei Auflaufformen mit jeweils einem Eßlöffel Öl auspinseln.

Geben Sie in jede Form eine Lage Auberginenscheiben. In jede Scheibe stecken Sie 2 Knoblauchspalten. Mit Salz und Pfeffer würzen und das restliche Öl darübergießen. 25 Minuten backen.

Nehmen Sie die Formen aus dem Ofen, richten Sie die Auberginenscheiben auf einer Servierplatte an. Die Petersilienblätter darüber verteilen und sofort servieren.

FÜR 6 PERSONEN

Melanzane al forno *(Gebackene Auberginen)*.

BROCCOLI UND BLUMENKOHL

Es ist noch gar nicht lange her, daß die Italiener nur Gemüse aßen, das in ihrer direkten Umgebung wuchs. Während meiner Kindheit in Florenz war Broccoli ein exotisches Gewächs aus »fremden Ländern«, nämlich aus Latium (Rom) und Kampanien (Neapel). Die örtlichen Traditionen sind so stark, daß auch das moderne Transportsystem dagegen nichts ausrichten kann. Immerhin hätte Broccoli in den letzten 100 Jahren ohne Schwierigkeiten von Süditalien nach Florenz gebracht werden können, aber das geschah nicht. Statt dessen genoß man Broccoli als Spezialität bei einem Besuch in Neapel oder Rom. Obwohl sich diese Haltung langsam ändert, sind viele Broccoli-Gerichte in Mittelitalien bis heute nicht zu bekommen.

Die ungewöhnliche Kombination von gekochtem Broccoli und Karottenschnitzen im folgenden Salat ist eine interessante Mischung. Broccoli und Blumenkohl werden auch für Salate immer gekocht.

Broccoli in insalata BROCCOLI-SALAT

2 Köpfe Broccoli

Grobkörniges Salz

4 kleine Karotten

½ Tasse Olivenöl

Der Saft von 4 Zitronen

½ Tasse zerdrückte Peperoncini (scharfe rote Chilischoten)

Salz und frisch gemahlener schwarzer Pfeffer

Wässern Sie den Broccoli ½ Stunde in einer großen Schüssel mit kaltem Wasser.

Bringen Sie einen großen Topf kaltes Wasser zum Kochen. Grobkörniges Salz einstreuen.

Entfernen Sie die holzigen Endstücke vom Broccoli. Die Röschen vom Strunk trennen und separat aufbewahren. Dann schneiden Sie die Strünke in ca. 5 cm lange und 1 cm dicke Streifen und geben sie sofort in das kochende Wasser. 5 Minuten kochen und dann die Röschen hinzugeben. Weitere 4 Minuten kochen. Den Broccoli abtropfen lassen und 10 Minuten in kaltes Wasser legen.

In der Zwischenzeit die Karotten schaben und mit einem Gemüseschneider schnitzeln. Die Karottenschnitze in kaltem Wasser mit Eiswürfeln 5 Minuten wässern.

Geben Sie Öl, Zitronensaft, die Peperoncini sowie Salz und Pfeffer in eine Steingut- oder Glasschüssel. Mit einem Holzlöffel gut vermengen. Den Broccoli abtropfen lassen und auf eine Servierplatte legen.

Geben Sie die Hälfte der Sauce über den Broccoli und vermengen Sie alles gut.

Die Karotten abtropfen lassen und in eine Schüssel geben. Mit der restlichen Sauce vermischen. Broccoli und Karotten zusammen in eine Schüssel geben, vermengen und servieren.

FÜR 6 PERSONEN

Roter Blumenkohl sieht ein bißchen wie Broccoli und Blumenkohl zugleich aus und hat einen ganz eigenen, delikaten Geschmack. Der wunderschöne tiefrote Farbton der Pflanze verwandelt sich beim Kochen in Grün. Heute sind die Römer in bezug auf roten Blumenkohl noch unerreichte Spezialisten, aber langsam schenkt man diesem Gemüse auch im Ausland Aufmerksamkeit.

Am häufigsten wird der rote Blumenkohl als kaltes *antipasto* zubereitet, und zwar mit derselben Sardellensauce, die es auch oft zu weißem Blumenkohl gibt. Eine andere Zubereitung, nämlich roter Blumenkohl auf römische Art, ergibt ein nahrhaftes Gericht, in dem das gegarte Gemüse warm auf geröstetem Brot mit einer Buttersauce serviert wird. Es sollte als eigenständiger Gang einer Mahlzeit oder als Vorspeise gereicht werden, aber nie als Beilage.

Broccoli romani con prosciutto
ROTER BLUMENKOHL AUF RÖMISCHE ART

2 Köpfe roter Blumenkohl

Grobkörniges Salz

3 Eßlöffel Butter oder Schweineschmalz

2 Eßlöffel Olivenöl

2 Knoblauchzehen, geschält aber unzerkleinert

125 g luftgetrockneter Schinken, in feine Streifen geschnitten

Salz und frisch gemahlener schwarzer Pfeffer

ZUSÄTZLICH

100 g Butter

12 Scheiben knuspriges italienisches Brot (Toskanische Art, siehe Seite 75), die Scheiben sollten ca. 5 cm groß und 1 cm dick sein

Salz und frisch gemahlener schwarzer Pfeffer

Den Blumenkohl waschen und die dicksten Strünke entfernen. In kaltem Wasser ½ Stunde wässern.

Bringen Sie in einem großen Topf kaltes Wasser zum Kochen. Grobkörniges Salz einstreuen und den Blumenkohl in das Wasser geben. 5 Minuten kochen.

Lassen Sie den Blumenkohl in einer Schüssel mit kaltem Wasser 2 Minuten abkühlen. Danach legen Sie ihn zum Abtropfen auf Küchenkrepp und bedecken ihn mit einem feuchten Baumwoll-Geschirrtuch. Bis zur Weiterverarbeitung liegenlassen.

Erhitzen Sie Butter und Öl bei mittlerer Temperatur in einer großen, schweren Kasserolle. Sobald die Butter ganz geschmolzen ist, geben Sie den Knoblauch hinein und schmoren ihn darin goldgelb (ungefähr 4 Minuten).

Die Röschen von den Blumenkohlköpfen abschneiden und nur jeweils ein kurzes Stück vom Strunk stehenlassen. Die restlichen Strünke schneiden Sie in ca. 5 cm große Stücke.

Den Knoblauch entfernen und den Schinken in die Kasserolle geben. 3 Minuten anbraten. Danach den Blumenkohl hinzufügen. Mit Salz und Pfeffer abschmecken und alle Zutaten vorsichtig vermengen. Die Hitzezufuhr verringern und das Ganze ungefähr 2 Minuten schmoren lassen.

In der Zwischenzeit lassen Sie die Butter in einer Bratpfanne bei mittlerer Hitze zergehen. Sobald sie ganz geschmolzen ist, die Brotscheiben von beiden Seiten darin goldgelb anbraten. Mit Salz und Pfeffer würzen. Verteilen Sie das Brot auf den Rand einer großen Servierplatte. Den fertigen Blumenkohl in dem Brotring anrichten. Heiß servieren.

FÜR 6 PERSONEN

Links: Broccoli romani con prosciutto *(Broccoli auf Römische Art), daneben die frischen Zutaten für dieses Gericht.*

Rechts, von rechts oben im Uhrzeigersinn: Auf einem Markt in Florenz handeln Kunden die Preise aus; auf einem Markt in Bari warten Vögel auf ihre Käufer; auf einem Markt in Venedig prüfen kritische Käufer die Waren; ein florentinischer Obst- und Gemüsehändler trägt seine Waren in Kisten auf den Schultern; an seinem Stand auf dem Markt in Florenz genießt ein Händler eine kurze Verschnaufpause; an einem Obst- und Gemüsestand in Venedig diskutieren Kunden die Preise.

ARTISCHOCKEN UND MANGOLD

Wenn man zwischen Oktober und März durch Apulien fährt, sieht man kilometerweit ebene Felder mit grünen und silbrigen Artischockenpflanzen, die sich im Wind wiegen. Diese Distelpflanzen, die wie Unkraut wachsen, tragen ein geheimnisvolles Gemüse, dem schon viele seltsame Eigenschaften zugeschrieben wurden. Während der Renaissance betrachtete man es als höchst wirksames Aphrodisiakum. Artischocken wurden im 15. Jahrhundert von einem Florentiner namens Filippo Strozzi zum ersten Mal gezüchtet, zuerst in der Gegend um Neapel, später dann auch in der Toskana.

In Italien werden Artischocken immer so geputzt, daß alles, was auf den Tisch kommt, auch gegessen werden kann. Man serviert sie entweder ganz oder geviertelt – in beiden Fällen mit Blättern und Boden – oder in Stücke zerschnitten. Auf keinen Fall werden sie Blatt für Blatt gegessen.

Jede Region kennt andere Artischocken-Füllungen. Das folgende Rezept für eine pikante vegetarische Füllung kommt aus dem Süden. Das Besondere daran ist, daß der Stengel an den Früchten bleibt und sie deshalb »auf dem Kopf« gebacken werden. Die Füllung wird durch Brot und Semmelbrösel zusammengehalten und kann so nicht herausfallen.

Artischocken werden selten mit Tomatensauce zubereitet. Wichtigste Ausnahme von dieser Regel bildet die Kombination von Artischocken, wilden Pilzen und Tomaten, wie man sie häufig in Ligurien findet. Im allgemeinen kommt der Geschmack dieses Gemüses am besten mit Olivenöl und Kräutern zur Geltung.

Carciofi ripieni (*Gefüllte Artischocken*).

Carciofi ripieni   GEFÜLLTE ARTISCHOCKEN

In eine Schüssel mit kaltem Wasser die Zitronenhälften geben und die Artischocken 1/2 Stunde darin wässern.

Anschließend putzen Sie die Artischocken: Schneiden Sie zunächst die Stielenden ab. Dann entfernen Sie das schwarze Äußere von den Stielen. Die äußeren Blätter so weit abnehmen, bis Blätter sichtbar werden, bei denen sich deutlich das Grün der Spitzen von den hellgelben Ansätzen abhebt. Den grüngefärbten Teil entfernen Sie, indem Sie mit dem Daumen gegen den gelben Blattansatz drücken und mit der anderen Hand die Spitze abziehen. Wenn Sie an die Blattreihen kommen, wo nur die äußersten Spitzen grün sind, schneiden Sie diese mit einer Küchenschere ab.

Zum Entfernen der Haare und des Barts schneiden Sie zuerst mit einer Küchenschere um den Bart herum. Dann heben Sie mit einem langstieligen Löffel den haarigen Bart heraus. Setzen Sie die geputzten Artischocken bis zur Weiterverarbeitung wieder in die Schüssel mit dem gesäuerten Wasser zurück.

Für die Füllung weichen Sie zunächst das Brot 5 Minuten in einer kleinen Schüssel mit kaltem Wasser ein.

Paprika und Kapern grob, Petersilie und Knoblauch fein hacken. Alles zusammen in eine Schüssel geben.

Das mit Wasser vollgesogene Brot ausdrücken und zusammen mit den Semmelbröseln und dem Öl ebenfalls in die Schüssel geben. Mit einem Holzlöffel gut umrühren und mit Salz und Pfeffer würzen. Vermengen Sie alles gründlich.

Den Backofen auf 190°C vorheizen.

Für die Zubereitung der Artischocken hacken Sie den Knoblauch grob und streuen ihn in eine Auflaufform. Dann fügen Sie Petersilie, Pfefferminzblätter und Wasser hinzu.

Füllen Sie die Artischocken mit der vorbereiteten Füllmasse und setzen Sie sie umgekehrt in die Backform, so daß die Stiele nach oben zeigen. Das Öl über die Artischocken gießen und mit Salz und Pfeffer bestreuen. Die Auflaufform mit Aluminiumfolie abdecken und 40 bis 60 Minuten backen. Die Backzeit hängt von der Größe sowie der Zartheit der Artischocken ab.

Die Form aus dem Ofen nehmen und die Artischocken mit der Backflüssigkeit auf einer Platte anrichten. Heiß oder auf Zimmertemperatur servieren.

FÜR 6 PERSONEN

6   große Artischocken

2   halbierte Zitronen

FÜR DIE FÜLLUNG

2   Scheiben Weißbrot ohne Kruste

1   rote, glockenförmige Paprikaschote in Weinessig, abgetropft

2   Eßlöffel Kapern in Weinessig, abgetropft

Die Blätter von 15 Zweigen Petersilie

1   mittelgroße, geschälte Knoblauchzehe

¼   Tasse ungewürzte, vorzugsweise selbstgeriebene Semmelbrösel

½   Tasse Olivenöl

Salz und frisch gemahlener schwarzer Pfeffer

FÜR DIE ZUBEREITUNG DER ARTISCHOCKEN

1   geschälte Knoblauchzehe

Die Blätter von 15 Zweigen Petersilie

5   frische Pfefferminzblätter

1   Tasse kaltes Wasser

¼   Tasse Olivenöl

Salz und frisch gemahlener schwarzer Pfeffer

Mangold stammt ursprünglich aus Europa, gelangte aber früh auch nach Kleinasien und Indien. In diesen ebenso wie in vielen europäischen Ländern ist er heute fester Bestandteil der Küche.
Die alten Römer aßen hauptsächlich die Blätter. In neuerer Zeit jedoch ist in Italien ein ganzes Repertoire für die Zubereitung der Stiele entstanden. Manchmal werden Stiele und Blätter zusammen gekocht und anschließend geschmort. Wenn für ein Gericht nur die großen, weißen Stiele gebraucht werden, kann man die Blätter für eine Suppe oder etwas anderes verwenden. Gefüllter Mangold sieht wie ein Sandwich aus: Zwischen zwei Stielen sitzt die Füllung. Das Ganze wird in Teig getaucht und anschließend in schwimmendem Fett ausgebacken.

Gambi di bietola ripieni
GEFÜLLTE MANGOLDSTIELE

Rechts: Zutaten für die Füllung der Gambi di bietola ripieni *(Gefüllte Mangoldstiele).*

FÜR DEN TEIG

1 Tasse Weizenmehl

Eine Prise Salz

Eine Prise frisch geriebene
   Muskatnuß

1 Eßlöffel Olivenöl

2 Eßlöffel trockener Weißwein

¾ Tasse kaltes Wasser

Das Eiweiß von 3 extragroßen Eiern

ZUM GAREN

1 kg Mangold mit großen, weißen
   Stielen

Grobkörniges Salz

FÜR DIE FÜLLUNG

2 Scheiben Weißbrot ohne Kruste

2 gehäufte Eßlöffel Kapern in
   Weinessig, abgetropft

2 hartgekochte extragroße Eier

Salz und frisch gemahlener
   schwarzer Pfeffer

ZUSÄTZLICH

2 Tassen Pflanzenöl oder 500 g
   festes Pflanzenfett zum
   Ausbacken

Salz

1 in Spalten zerteilte Zitrone

Bereiten Sie zunächst den Teig zu: Sieben Sie das Mehl in eine große Steingut- oder Glasschüssel. Eine Prise Salz und Muskatnuß dazugeben und mit einem Holzlöffel umrühren. Eine kleine Vertiefung ins Mehl drücken und Öl und Wein hineingießen. Rühren Sie mit einem Holzlöffel um, so daß sich etwas Mehl mit der Flüssigkeit verbindet. Dann fügen Sie das Wasser hinzu, aber jeweils in kleinen Portionen, damit sich keine Klumpen bilden. Wenn das ganze Wasser eingearbeitet ist, stellen Sie den Teig für mindestens 1 Stunde kühl.

Von dem Mangold die großen weißen Stiele abschneiden und in 24 Stücke à 9 cm Länge schneiden. (Die Blätter können Sie für eine andere Mahlzeit aufbewahren.) Wässern Sie die zerschnittenen Stiele ½ Stunde in einer großen Schüssel mit kaltem Wasser.

Einen großen Topf kaltes Wasser zum Kochen bringen und grobkörniges Salz einstreuen. Die Stiele hineingeben und 10 Minuten kochen. Abtropfen lassen und unter fließendem Wasser abschrecken. Dann auf Küchenkrepp auslegen und bis zur Weiterverarbeitung liegenlassen.

Bereiten Sie nun die Füllung zu: Weichen Sie das Brot in einer kleinen Schüssel mit kaltem Wasser 10 Minuten ein. Die Kapern auf einem Brett fein hacken, die hartgekochten Eier schälen und das Eiweiß entfernen. Das Brot ausdrücken und in eine Steingut- oder Glasschüssel geben. Fügen Sie die gehackten Kapern und die Eigelb hinzu. Mit Salz und Pfeffer würzen und die Zutaten mit einem Holzlöffel gut verrühren.

Auf 12 von den Stielstücken setzen Sie jeweils einen halben Eßlöffel von der Füllung. Die restlichen 12 Stücke obenauf legen und so fest andrücken, daß sie zusammenhalten.

Legen Sie eine Servierplatte mit Küchenkrepp aus. Das Öl oder Pflanzenfett in einem Fritiertopf erhitzen. Mit einem Schneebesen die Eiweiß in einer unbeschichteten Kupferschüssel steif schlagen. Dann heben Sie sie mit einem Holzlöffel vorsichtig kreisend unter den Teig.

Wenn das Öl heiß ist, jedes »Sandwich« in den Teig tauchen und dann im Fritiertopf goldgelb ausbacken (von jeder Seite etwa ½ Minute). Die fertigen »Sandwiches« aus dem Topf nehmen und auf die vorbereitete Platte legen. Wenn alle gefüllten Stiele gebacken sind, entfernen Sie das Küchenkrepp und bestreuen die Stiele mit etwas Salz. Die Zitronenspalten dazwischenlegen und das Gericht heiß servieren.

FÜR 6 PERSONEN

ROTE RÜBEN UND ERBSEN

Die rote Rübe mit ihrer wunderschönen Färbung hat nicht gerade zu vielen interessanten Rezepten angeregt. Eine Ausnahme macht ein wundervolles Rezept, das eigentlich viel bekannter sein sollte. Dazu werden Rübenscheiben in einem luftig-lockeren Teig ausgebacken. Die Rüben werden mitsamt der Schale vorgekocht, damit nichts von der Farbe verlorengeht. Erst vor dem Ausbacken werden sie geschält; dann bleibt durch den Teigmantel die volle, hellrote Farbe erhalten.

Barbabietole fritte
ROTE RÜBEN IM TEIGMANTEL

4 mittelgroße rote Rüben

Grobkörniges Salz

Salz und frisch gemahlener schwarzer Pfeffer

FÜR DEN TEIG

1 Tasse Weizenmehl

Salz und ein Hauch frisch gemahlener schwarzer Pfeffer

3 Eßlöffel Olivenöl

¼ Tasse kaltes Wasser

Eine Prise frisch geriebene Muskatnuß

Das Eiweiß von 3 extragroßen Eiern

ZUSÄTZLICH

4 Tassen Pflanzenöl oder 1 kg festes Pflanzenfett zum Ausbacken

Salz

1 in Spalten zerteilte Zitrone

Die roten Rüben sorgfältig waschen und die Blätter abschneiden. Schneiden Sie die Stiele nicht ganz ab, weil sonst die Farbe ausläuft.

Einen Topf kaltes Wasser bei mittlerer Hitze zum Kochen bringen und grobkörniges Salz einstreuen. Legen Sie die ganzen Rüben in das siedende Wasser. Ungefähr 1 Stunde kochen lassen. Dann sollten die Rüben gar aber noch fest sein. Abtropfen lassen und unter fließendem kalten Wasser abschrecken. Schälen Sie jetzt die Rüben und entfernen Sie die Stiele. Bis zur Weiterverarbeitung beiseite stellen.

Bereiten Sie nun den Teig zu: Das Mehl in eine große Schüssel geben. Salz und Pfeffer hinzufügen und mit einem Holzlöffel vermengen. Eine Vertiefung ins Mehl drücken und das Öl hineingießen. Mit dem Holzlöffel das Öl in das Mehl einarbeiten. Dann fügen Sie das Wasser hinzu, aber immer nur wenig auf einmal, damit sich keine Klumpen bilden. Wenn alles Wasser ins Mehl eingearbeitet ist, die Muskatnuß über den Teig streuen und mit einarbeiten. Stellen Sie den Teig mindestens 1 Stunde kühl.

Die Rüben in ca. ½ cm dicke Scheiben schneiden und damit eine Lage auf einer Servierplatte auslegen. Bestreuen Sie die Scheiben mit Salz und reichlich Pfeffer.

Erhitzen Sie das Öl oder Pflanzenfett in einem Fritiertopf. Eine Servierplatte mit Küchenkrepp belegen. Die Eiweiß mit einem Schneebesen in einer unbeschichteten Kupferschüssel steif schlagen. Ziehen Sie den Eischnee mit einem Holzlöffel vorsichtig kreisend unter den Teig.

Sobald das Öl heiß ist, die Rübenscheiben in den Teig tauchen und nacheinander im Fritiertopf von jeder Seite 30 Sekunden ausbacken. Mit einem Schaumlöffel aus dem Fett nehmen und auf die vorbereitete Servierplatte legen.

Wenn alle Rüben ausgebacken sind, entfernen Sie das Küchenkrepp. Streuen Sie etwas Salz über die Rüben und servieren Sie sie heiß, mit den Zitronenspalten garniert.

FÜR 6 PERSONEN

Unten: Das einfache und doch elegante Gericht Piselli e Paternostri, *serviert mit einem Weißwein aus der Gegend, auf der Terrasse eines Landhauses in Süditalien. Die Architektur dieser repräsentativen* masseria *in Apulien ist auf Selbstversorgung ausgerichtet. Zu dem Komplex gehören eine Familienkapelle und ein Turm, der sowohl als Lager wie auch zur Verteidigung diente.*

In Apulien gibt es ein traditionelles Gericht aus frischen Erbsen und kleinen getrockneten Röhrennudeln *(Paternostri)*, bei dem das Gemüse die Nudeln im Verhältnis zwei zu eins überwiegt. Die Tradition schreibt auch die Nudelsorte genau vor. Die zwei verschiedenen Arten von Röhrennudeln hießen ursprünglich *Avemarie* (Ave Maria) und *Paternostri* (Vater Unser) nach den zwei verschiedenen Perlengrößen am Rosenkranz. Avemarie ist die kleinere Sorte. In unserer säkularisierten Gesellschaft erhielten diese zwei traditionellen Nudelformen neue Namen *(ditalini* etc.). Aber im sehr traditionsbewußten Apulien haben sich die alten religiösen Namen erhalten.

Piselli e Paternostri   ERBSEN UND PATERNOSTRI

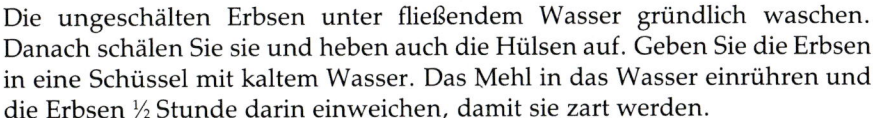

1250 g ungeschälte frische Erbsen

1   Eßlöffel Weizenmehl

Grobkörniges Salz

Die Blätter von 25 Zweigen
Petersilie

1   kleine geschälte Knoblauchzehe

½   Tasse Olivenöl

1   Tasse warme, selbstgemachte
Rinderbrühe

Salz und frisch gemahlener
schwarzer Pfeffer

250 g sehr kurze getrocknete
Röhrennudeln wie z. B.
Paternostri, Avemarie oder
Ditalini

ZUM GARNIEREN

Die Blätter von 15 Zweigen
Petersilie

Die ungeschälten Erbsen unter fließendem Wasser gründlich waschen.
Danach schälen Sie sie und heben auch die Hülsen auf. Geben Sie die Erbsen
in eine Schüssel mit kaltem Wasser. Das Mehl in das Wasser einrühren und
die Erbsen ½ Stunde darin einweichen, damit sie zart werden.

Die Hülsen in viel kaltem Wasser auf mittlere Hitze stellen. Sobald das
Wasser zu kochen beginnt, streuen Sie grobkörniges Salz ein. Kochen Sie die
Hülsen 20 Minuten. Danach abtropfen lassen, wegwerfen und das Kochwas-
ser aufheben. Die Erbsen abtropfen lassen und abspülen.

Auf einem Brett hacken Sie die Petersilie grob und den Knoblauch fein.

Erhitzen Sie das Öl in einem schweren Topf bei mittlerer Temperatur.
Sobald es heiß ist, geben Sie die gehackten Zutaten hinein und schwenken
sie 1 Minute darin. Die Erbsen hinzufügen, den Topf zudecken und das
Gemüse 5 Minuten schmoren lassen. ½ Tasse Brühe dazugießen und mit
Salz und Pfeffer abschmecken. Den Topf wieder zudecken und die Erbsen
bei schwacher Hitze weiterkochen, bis sie gar aber noch fest sind.

Bringen Sie den Sud von den Hülsen wieder zum Kochen. Die Nudeln
hineingeben und mit einem Holzlöffel umrühren. Decken Sie den Topf
gleich wieder zu, sobald das Wasser wieder zu sieden anfängt, nehmen Sie
den Deckel vom Topf und kochen die Nudeln *al dente* (je nach Sorte zwischen
9 und 12 Minuten). Lassen Sie die Nudeln abtropfen und geben Sie sie in den
Topf zu den Erbsen. Gut umrühren und noch eine Minute garen lassen.
Noch einmal mit Salz und Pfeffer abschmecken. Streuen Sie die Petersilie
über das Gericht und servieren Sie es sofort.

FÜR 4 BIS 6 PERSONEN

GEMISCHTE GEMÜSE

Zabaione, aus trockenem Weißwein zubereitet, ist eine alte Spezialität aus dem Piemont. In anderen Teilen Italiens schrecken die Leute vor dem Gedanken, *zabaione* als Sauce zu Gemüse zu verwenden, zurück, aber nur solange, bis sie es probiert haben. Allerdings sollte das gemischte Gemüse keine Kohlarten – mit Ausnahme von Blumenkohl – enthalten, weil sie nicht mit der Sauce harmonieren.

Traditionsgemäß wurde *zabaione* mit einem *frullino* geschlagen, und zwar in einem Topf mit gewölbtem Boden, der auf einen Topf mit kochendem Wasser paßte. Der Griff des *frullino* wurde zwischen den Handflächen hin und her bewegt. Nach demselben Prinzip funktioniert heute auch das elektrische Handrührgerät. Der Kopf des runden Holzrührers hatte zwischen den Holzreihen Löcher. Mit diesem Gerät stellte man auch Mayonnaise her.

In früheren Generationen war der *frullino* in keiner Familie entbehrlich. Die älteren Familienmitglieder mixten damit ihre eigenen Stärkungsmittel aus Eiern, Zucker und einem Likör zusammen, die es dann zum Morgenkaffee gab. Vielleicht kommt die Idee, *zabaione* als süßes, warmes Dessert zu genießen – eine Sitte übrigens, die in italienischen Restaurants des Auslands verbreiteter ist als in Italien selbst – von diesen Stärkungsmitteln her.

Verdure con zabaione secco
GEMISCHTES GEMÜSE MIT HERBER ZABAIONE

1 kg von einer gekochten
   Gemüsesorte oder einer
   Mischung verschiedener
   gekochter Gemüse wie Spargel,
   grüne Bohnen, Zucchini,
   Fenchelknollen, Blumenkohl,
   kleine Perlzwiebeln, Kartoffeln
   und Artischocken

Salz und frisch gemahlener
   schwarzer Pfeffer

FÜR DIE ZABAIONE SECCO

Das Eigelb von 5 extragroßen Eiern

Reichlich Salz und frisch
   gemahlener schwarzer Pfeffer

¾ Tasse trockener Weißwein

Richten Sie das Gemüse auf einer großen Platte an. Feuchten Sie ein Baumwoll-Geschirrtuch mit kaltem Wasser an, und decken Sie das Gemüse damit ab. Dann stellen Sie es beiseite. Stellen Sie einen Topf mit Wasser auf mittlere Hitze.

Nun bereiten Sie die Sauce zu: Eigelb in eine Steingut- oder Glasschüssel geben und Salz und Pfeffer hinzufügen. Mit einem Holzlöffel immer in dieselbe Richtung rühren, bis Eier und Gewürze gut miteinander vermengt sind und das Eigelb heller wird. Gießen Sie jetzt langsam und unter ständigem Rühren den Wein dazu. Erst wenn alle Zutaten gut miteinander vermengt sind, stellen Sie die Schüssel in das vorbereitete Wasserbad. Mit einem Holzlöffel ununterbrochen in dieselbe Richtung rühren. Kurz vor dem Kochen sollte die *zabaione* so dick sein, daß sie am Löffel haften bleibt, lassen Sie sie auf keinen Fall aufkochen. Noch einmal umrühren und die Sauce in eine Steingut- oder Glasschüssel füllen. Sie kann heiß oder auf Zimmertemperatur gegessen werden. Wenn sie auf Zimmertemperatur serviert werden soll, lassen Sie sie erst etwas abkühlen. Dann gießen Sie sie in eine leere Weinflasche. Die Flasche wird mit einem Korken verschlossen. Das gekochte Gemüse sollte ebenfalls Zimmertemperatur haben.

FÜR 6 PERSONEN

Der Begriff *carabaze,* alt-katalanisch für Kürbis, tauchte in der italienischen Küche schon im frühen 15. Jahrhundert auf. Gemeint war damit eine Kürbissuppe, die nahezu identisch war mit *Minestra di zucca alla mantovana* (siehe Seite 43). Im 16. Jahrhundert war *carabazade* zu einer erstklassigen

Vorspeise geworden, die aus feingeschnittenen Gemüsen wie Kürbis, Melone, Zucchini, Auberginen, Zwiebeln, Gurken oder Salatherzen bestand. Heute wird dieses fleischlose Gericht mit Öl, Zitronensaft, Wasser und Gewürzen zubereitet. Wenn es mit Fleisch angerichtet werden soll, verwendet man eine kräftige Fleischbrühe und oft Schinken mit dem Fett sowie Eigelb.

Später kam dann der Name *carabacce* auf. Das Wort wurde italianisiert und erhielt in der italienischen Sprache sogar eine Bedeutung, die mit dem Wortursprung nur noch wenig zu tun hat: Es bezeichnet eine Kombination verschiedener preiswerter Dinge. Die *carabaccia*, um die es im folgenden Rezept geht, besteht aus vielen verschiedenen Gemüsesorten (einige davon gar nicht einmal so billig), die um eine gute Scheibe Brot herum gelegt werden. Das Ganze wird mit einem verlorenen Ei gekrönt und mit wildem Fenchel gewürzt.

Wilder Fenchel ist die in Italien am meisten verbreitete Fenchelart. Anders als der süße Fenchel hat er keinen an der Basis verdickten Stiel oder eine Knolle. Meistens werden Blätter und Samen verwendet. Möglicherweise wurde süßer Fenchel aus dem wilden gezüchtet, und zwar im Renaissance-Garten *Giardino dei Semplici,* wo die Medici botanische Experimente durchführen ließen. Daher mag auch die Bezeichnung »Florentinischer Fenchel« kommen.

Dill ist mit dem wilden Fenchel verwandt und im ganzen Mittelmeerraum verbreitet. In Italien ist er allerdings nicht sehr beliebt. Dort nennt man ihn »muffiger« bzw. »stinkender Fenchel« oder »falscher Fenchel«. Ungeachtet dieser verächtlichen Namen haben die Dilltriebe im Geschmack mehr Ähnlichkeit mit dem wilden Fenchel als süßer Fenchel und sollten daher im folgenden Rezept als Ersatz verwendet werden, falls kein wilder Fenchel zu bekommen ist.

Verdure con zabaione secco *(Gemischtes Gemüse mit herber* Zabaione), *arrangiert an einem kunstvollen Brunnen.*

Carabaccia alla luna piena
VOLLMOND-CARABACCIA

500 g frische, geschälte Erbsen

1   Eßlöffel Weizenmehl

2   mittelgroße rote Zwiebeln, geschält

6   Stangen Sellerie ohne Blätter

6   mittelgroße, geschabte Karotten

Die Blätter von 10 Zweigen Petersilie

5   frische oder in Salz eingelegte Basilikumblätter (siehe dazu die Anmerkung auf Seite 43)

5   Zweige wilder Fenchel oder ersatzweise Dill, frisch oder in Salz eingelegt (s. Anmerkung Seite 43)

¾   Tasse Olivenöl

Salz und frisch gemahlener schwarzer Pfeffer

Der Saft von 1 Zitrone

6   Scheiben knuspriges italienisches Brot (Toskanische Art, siehe dazu Seite 75), 2,5 cm dick

1   Tasse lauwarme, selbstgemachte Hühnerbrühe

1   Eßlöffel Rotweinessig

Grobkörniges Salz

6   extragroße Eier

6   Eßlöffel frisch geriebener Parmesan

Die Erbsen in eine Schüssel kaltes Wasser geben. Das Mehl in das Wasser einrühren und die Erbsen ½ Stunde darin einweichen, damit sie zart werden.

Zwiebeln, Karotten und Sellerie zusammen auf einem Brett grob hacken. Basilikum, Petersilie und Fenchel werden zusammen fein gehackt.

Erwärmen Sie das Öl in einer schweren Kasserolle bei mittlerer Hitze. Sobald es lauwarm ist, geben Sie die grob und fein gehackten Zutaten hinein. 5 Minuten anschmoren. Dann reduzieren Sie die Wärmezufuhr und decken die Kasserolle zu. 10 Minuten kochen lassen. Mit Salz und Pfeffer abschmecken und den Zitronensaft hinzufügen. Den Topf wieder zudecken und weitere 15 Minuten kochen lassen.

Die Erbsen abtropfen lassen und unter fließendem kalten Wasser abspülen. Dann geben Sie sie ebenfalls in den Topf. Wieder zudecken und unter gelegentlichem Rühren mit einem Holzlöffel ½ Stunde weiterkochen.

Den Backofen auf 190°C vorheizen. Rösten Sie das Brot im Ofen goldbraun (von jeder Seite ungefähr 15 Minuten).

Inzwischen bringen Sie in einer Kasserolle Wasser zum Kochen. Grobkörniges Salz und den Weinessig hinzufügen. Das Gemüse sollte jetzt gar und das Brot geröstet sein. Verteilen Sie die Brotscheiben auf einzelne Suppentassen oder Terrakotta-Terrinen. Etwas von der Hühnerbrühe über jede Scheibe gießen.

Die Eier in das kochende Wasser schlagen, den Topf wieder zudecken und die Eier 4 Minuten kochen lassen.

Kurz bevor die Eier gar sind, verteilen Sie das Gemüse rund um die Brotscheiben. Mit einem Schaumlöffel setzen Sie auf jede Scheibe Brot ein verlorenes Ei. Jede Portion mit einem Eßlöffel geriebenem Parmesan bestreuen und sofort servieren.

FÜR 6 PERSONEN

Carabaccia alla luna piena (*Vollmond-Carabaccia*). *Den Mittelpunkt bildet ein lockeres Bündel wilder Fenchelzweige, die Abbildung unten zeigt die blühende Fenchelpflanze.*

61

GETROCKNETE HÜLSENFRÜCHTE

Unten: Verschiedene Sorten getrockneter Hülsenfrüchte: hintere Reihe links borlotti, *rechts daneben* piattellini; *mittlere Reihe links* toscanelli, *in der Mitte* fagioli con l'occhio *(schwarzäugige Bohnen) und rechts daneben Linsen; vordere Reihe links* ceci *(Kichererbsen) und rechts* cannellini.

Seite 63: Eine Schüssel Fagioli in stufa *(Cannellini-Bohnen mit Rosmarin) mit frischen Kräutern. Rechts liegen die ungekochten* cannellini *noch in ihren Hülsen. Daneben getrocknete Bohnen, die bereits eingeschrumpft sind.*

Die meisten Hülsenfruchtarten, die in der italienischen Küche verwendet werden, kamen aus Mexiko und Mittelamerika nach Europa. Nur Linsen und Kichererbsen stammen aus Europa. Beide gehen auf die Sumerer und die Ägypter zurück. Obwohl die griechischen Ärzte – mit Ausnahme von Hippokrates – Linsen und Kichererbsen für ungesund hielten, blieben diese Hülsenfrüchte doch ein Hauptbestandteil auf dem Speisezettel der Griechen und Römer, sicher, weil sie anstelle von Fleisch, das sich die meisten nicht leisten konnten, die notwendigen Kalorien und Proteine lieferten.

Wer von uns hat eigentlich schon einmal frische Linsen gesehen oder gegessen? Sie wachsen in Hülsen mit sehr wenigen – meistens zwei – Samenkörnern, und nach meinem Wissen wurden sie schon immer getrocknet gegessen. Linsen sind ein typisches Neujahrsessen, weil sie Glück bedeuten.

Anders als in Indien und im Mittleren Osten werden Linsen in Italien gewöhnlich nicht püriert. Je nach Region gibt es Rezepte für Nudeln oder Reis mit Linsen und Linsensuppen. Am häufigsten verwendet man sie für eine Sauce zu *cotechino* (Schweinskochwurst) oder *zampone* (gefüllter Schweinsfuß).

Ceci – oder Kichererbsen – werden in Italien immer getrocknet verwendet, entweder püriert in Suppen oder zum Backen im Teig oder ganz in *pasta e ceci* sowie als Gemüsebeilage.

Im Norden und im Süden findet man *borlotti* häufig in abgelegenen Regionen. Sie werden für Gerichte verwendet, die es in ähnli-

cher Form auch in Mittelitalien gibt, dort aber mit den nierenförmigen, weißen *cannellini* zubereitet werden. Zum Beispiel nimmt man sie für pikante Vorspeisen wie *minestroni* oder *pasta e fagioli* und als Gemüsebeilage zum Hauptgericht.

Fagioli in stufa
WEISSE BOHNEN MIT ROSMARIN

Die Bohnen über Nacht in kaltem Wasser einweichen. Am nächsten Morgen abtropfen lassen und unter fließendem kalten Wasser abspülen. In eine Terrakotta- oder Emaille-Kasserolle geben.

Den Backofen auf 190°C vorheizen.

Den Speck in 1 cm große Würfel schneiden. Den Knoblauch fein hakken. Geben Sie Speck, Öl, Knoblauch und Rosmarin in die Kasserolle. Gießen Sie mit soviel kaltem Wasser auf, daß es ungefähr 2,5 cm über den Bohnen steht.

Die Kasserolle zudecken und für ca. 1½ Stunden in den Ofen stellen. In dieser Zeit zwei- oder dreimal umrühren. Mit Salz und Pfeffer würzen.

Nehmen Sie den Topf aus dem Ofen und lassen Sie die Bohnen vor dem Servieren 10 Minuten auskühlen.

FÜR 6 PERSONEN

ANMERKUNG: *In den letzten Jahren scheint sich in Italien der Trocknungsprozeß der Hülsenfrüchte gewandelt zu haben, so daß sich die Garzeiten um bis zu 1 Stunde verkürzen. Am besten probiert man die Hülsenfrüchte nach der im Rezept angegebenen Mindestzeit und entscheidet dann, ob sie noch weiter gegart werden müssen oder nicht.*

2 Tassen getrocknete *cannellini* oder andere weiße Bohnen (siehe Anmerkung)

80 g durchwachsener Speck am Stück

4 Eßlöffel Olivenöl

3 mittelgroße, geschälte Knoblauchzehen

3 Eßlöffel Rosmarinblätter, frisch, in Salz eingelegt oder getrocknet und blanchiert (siehe Anmerkung auf Seite 43)

Salz und frisch gemahlener schwarzer Pfeffer

rema di fagioli, eine Suppe aus pürierten weißen Bohnen und aromatischen Kräutern, wird kurz vor dem Servieren noch mit einigen Tropfen kostbarem grünen Olivenöl aus der Toskana verfeinert. Obenauf schwimmen frische Lorbeerblätter. Das Wort *crema* in einem Suppennamen hat nichts mit Sahne zu tun sondern besagt, daß die Bestandteile püriert sind.

Frischen Lorbeer – eine immergrüne Pflanze – findet man in Italien fast an jeder Ecke, so daß man Lorbeerblätter nie kaufen muß. Einer meiner Freunde, der davon nichts wußte, wollte bei seinem ersten Besuch in Italien ein Fischgericht kochen, zu dem auch Lorbeerblätter gehören. Er suchte in vielen Gemüseläden, bekam aber nicht, was er wollte und klagte mir sein Leid. Lachend führte ich ihn in einen nahegelegenen Park, wo wir ein paar Büschel pflückten.

Eine alte Suppenterrine aus Kupfer.

Crema di fagioli
BOHNENCREMESUPPE MIT LORBEERBLÄTTERN

1 Tasse getrocknete *cannellini* oder andere weiße Bohnen (siehe Anmerkung auf Seite 63)	Salz und frisch gemahlener schwarzer Pfeffer
125 g luftgetrockneter Schinken in Scheiben	4 Tassen selbstgemachte Hühnerbrühe
2 mittelgroße Stangen Sellerie	ZUSÄTZLICH
2 mittelgroße Karotten	6 bis 8 Lorbeerblätter
½ mittelgroße rote Zwiebel, geschält	6 bis 8 Teelöffel Olivenöl
2 Eßlöffel Olivenöl	Frisch gemahlener schwarzer Pfeffer

Weichen Sie die Bohnen über Nacht in kaltem Wasser ein. Am nächsten Morgen abtropfen lassen und unter fließendem kalten Wasser abspülen.

Den Schinken grob schneiden. Den Sellerie in ca. 1 cm große Stücke schneiden. Die Karotten schaben und wie den Sellerie zerschneiden. Die Zwiebel grob hacken.

Erhitzen Sie das Öl in einer Terrakotta- oder Emaille-Kasserolle bei mittlerer Temperatur. Den Schinken hineingeben und 2 Minuten leicht darin schwenken.

Geben Sie nun auch die Bohnen in den Topf. Dann kommen Sellerie, Karotten und Zwiebel dazu. Gießen Sie mit soviel Wasser auf, daß alle Zutaten ganz bedeckt sind. Mit Salz und Pfeffer würzen. Den Topf schließen und bei mittlerer Hitze 1½ Stunden kochen lassen. Danach sollten die Bohnen gar und fast alles Wasser in das Gemüse eingezogen sein.

Drehen Sie den Topfinhalt nun durch den Fleischwolf in einen zweiten Topf (Vorsatz mit kleinen Löchern benutzen).

Gießen Sie die Hühnerbrühe dazu, und lassen Sie das Ganze im offenen Topf bei mittlerer Hitze ungefähr 1 Stunde leise kochen. Dann sollte die Suppe dick und geschmeidig sein. Mit Salz und Pfeffer abschmecken.

Weichen Sie in der Zwischenzeit die Lorbeerblätter in einer Schüssel mit lauwarmem Wasser 5 Minuten ein. Abtropfen lassen und in die Suppe geben. Weitere 5 Minuten leise kochen lassen.

Servieren Sie die Suppe heiß und in vorgewärmten Suppentassen. Auf jeder Portion sollte ein Lorbeerblatt schwimmen. 1 Teelöffel Öl in die Suppe geben und einen Hauch schwarzen Pfeffer darübermahlen.

FÜR 6 BIS 8 PERSONEN

Eine für Apulien ganz typische Pflanze ist die wilde grüne *cicoriella* aus der Familie der Löwenzahngewächse. Zusammen mit einem weißen Püree aus *fave* (Saubohnen) serviert man sie in den groben Terrakotta-Gefäßen. In dieser Gegend wird die dunkle Schale der Bohnen nach dem Einweichen entfernt. Im Gegensatz zu anderen Landstrichen wird das Püree deshalb hier nicht dunkel. Der Charakter des Gerichts ist für die Gegend, in der es entstanden ist, typisch. Man muß es probiert haben, um das Besondere daran zu verstehen.

Grünes Gemüse und Bohnenpüree werden mit dem starken Olivenöl des Südens angerichtet und abwechselnd, nie gleichzeitig, gegessen. Wenn kein *cicoriella* zur Verfügung steht, kann man statt dessen auch Löwenzahn oder Mangold verwenden.

Purea di fave con cicoria (*Saubohnen-Püree mit Löwenzahngemüse*). Daneben liegen trockene, dunkle Bohnen und eingeweichte Bohnen mit heller Haut. Zu Saubohnen reicht man meistens Pecorino-*Käse*, den wir hier im Vordergrund sehen, und Altamura-*Brot* aus der mittelalterlichen Stadt Altamura auf dem Murge-Plateau.

FÜR DAS SAUBOHNEN-PÜREE

2 Tassen getrocknete Saubohnen (auch »dicke Bohnen« genannt)

2 l kaltes Wasser

1 Eßlöffel grobkörniges Salz

Eine Prise frisch gemahlener schwarzer Pfeffer

1 Eßlöffel Olivenöl

1 ganze rote Zwiebel, geschält

1 ganze, große Knoblauchzehe, geschält

FÜR DAS LÖWENZAHNGEMÜSE

750 g Löwenzahn (die größeren Stiele vor dem Wiegen entfernen) oder Mangold

Grobkörniges Salz

1 große Knoblauchzehe, geschält und fein gehackt

ZUM SERVIEREN

Reichlich Olivenöl, vorzugsweise aus Süditalien

Frisch gemahlener schwarzer Pfeffer

Weichen Sie die Saubohnen in kaltem Wasser 5 Stunden ein. Danach abtropfen lassen und die dunklen Schalen entfernen.

Bringen Sie das Wasser mit Salz, Pfeffer, Olivenöl, Zwiebeln und Knoblauch in einem großen Suppentopf zum Kochen. Dann geben Sie die Saubohnen hinein und lassen sie im unbedeckten Topf 1½ Stunden leise kochen.

Danach wird die Zwiebel entfernt und der restliche Topfinhalt durch den Fleischwolf gedreht (benutzen Sie dazu den Vorsatz mit kleinen Löchern). Die passierten Saubohnen und die Brühe in den Topf zurückgeben. Unbedeckt 1½ Stunden leise weiterkochen lassen und gelegentlich umrühren, damit das Püree nicht am Topfboden anbackt. Am Schluß mit Salz und Pfeffer abschmecken und noch einmal gut umrühren. Das Püree in eine Steingut- oder Glasschüssel füllen und 1 Stunde auskühlen lassen.

Weichen Sie das Löwenzahngemüse ½ Stunde in kaltem Wasser ein.

Bringen Sie einen Topf kaltes Wasser zum Kochen und streuen Sie grobkörniges Salz sowie den gehackten Knoblauch hinein. Den Löwenzahn dazugeben und je nach Stärke der Blätter 3 bis 6 Minuten kochen.

In der Zwischenzeit erhitzen Sie in einem anderen Topf das Saubohnenpüree wieder. Danach in eine vorgewärmte Suppenterrine umfüllen und zudecken.

Lassen Sie das Löwenzahngemüse abtropfen, und heben Sie 4 Tassen von der Kochbrühe auf. Gemüse und Brühe in eine zweite Terrine geben und zudecken.

Zum Servieren stellen Sie beide Terrinen auf den Tisch. Für jede Portion geben Sie eine Schöpfkelle voll Püree auf die eine Seite einer Suppenschale. Mit einer Zange nehmen Sie etwas Löwenzahngemüse aus der Terrine und legen es auf die andere Seite der Schale. Das Ganze mit Olivenöl übergießen und mit frisch gemahlenem schwarzem Pfeffer würzen.

FÜR 6 PERSONEN

Diese geheimnisvollen Häuser in Apulien heißen trulli; *den Namen verdanken sie ihren kegelförmigen Dächern, die einfach aus aufeinandergeschichteten Steinen ohne Mörtel bestehen. In der Gegend selbst erklärt man sich die ungewöhnliche Bauweise so: Was ein Hauseigentümer an Steuern zahlen mußte, hing von der Größe des Hauses ab. Und da war es recht vorteilhaft, wenn man das Haus zum Teil abbauen konnte, bevor der Steuereintreiber kam. War er dann wieder verschwunden, konnte man das Haus getrost wieder aufbauen. Auf dem rustikalen Steintisch im Vordergrund ist eine typisch apulische Mahlzeit angerichtet. Dazu gehören Landbrot, Schafskäse, ein Saubohnen-Gericht und Wein aus ortseigener Kelterung in einer unverkorkten Flasche.*

Die Zutaten für ein pesto *liegen in einem alten Steinmörser mit einem Stößel aus Metall. Basilikum, Knoblauch, Walnüsse und Pinienkerne lassen sich auf der rauhen Oberfläche des Steins besonders gut mahlen, bevor sie zu der klassischen italienischen Sauce verarbeitet werden.*
Rechts: Eine Minestrone alla genovese, *mit* pesto-*Sauce gekrönt.*

Ein malerischer Bestandteil des alten Genua war die Flotte kleiner Boote, die im Hafen Genueser Spezialitäten an Reisende verkauften. Diese *dispense ambulanti* – »bewegliche Läden« – waren vor allem für ihre *minestrone* berühmt, ein ortseigene Version mit *pesto* natürlich. Die hierfür verwendeten Bohnen sind meist nicht *cannellini* sondern *borlotti*, die man auch in Rom und Neapel häufig findet. Diese *minestrone*-Version heißt im Genueser Dialekt *mescia* und enthält eine Kombination von Bohnen und geschnittenen Gemüsen. In anderen Versionen werden auch gewürfelte Auberginen und gelber Mantua-Kürbis verwendet. Dazu können noch Nudeln oder Reis kommen. Bei den Genuesern gilt eine *minestrone* dann als gelungen, wenn sie sowohl heiß als auch auf Zimmertemperatur schmeckt.

In Ligurien wächst eine kleinblättrige Basilikumsorte, die in anderen Regionen Italiens nicht verbreitet ist. Geschmacklich unterscheidet sie sich deutlich von der großblättrigen Art.

Dennoch ist diese Unterscheidung mehr eine Spitzfindigkeit, und ein perfektes *pesto* läßt sich auch außerhalb von Ligurien mit großblättrigem Basilikum zubereiten.

Ligurisches Olivenöl ist heller und nicht so zähflüssig wie das toskanische. Wenn bei der Zubereitung eines Genueser Gerichts kein ligurisches Olivenöl zur Verfügung steht, ist es vielleicht ratsam, eher ein reines Olivenöl aus Frankreich zu verwenden als ein Öl aus Mittel- oder Süditalien.

Minestrone alla genovese
MINESTRONE AUF GENUESER ART MIT PESTO-SAUCE

½ Tasse getrocknete weiße Bohnen (siehe Anmerkung auf Seite 63)

Grobkörniges Salz

1 Stange Lauch oder 1 große rote Zwiebel, geschält

3 mittelgroße Stangen Sellerie

Die Blätter von 15 Zweigen Petersilie

1 große mehlige Kartoffel, ca. 170 g schwer

3 mittelgroße Karotten

½ Tasse Olivenöl

1 reife Tomate, geschält und entkernt

1 Tasse selbstgemachte Hühnerbrühe

FÜR DIE PESTO-SAUCE

6 Walnußkerne

1 Eßlöffel Pinienkerne

1 Eßlöffel Butter

1½ Tassen locker aufeinandergeschichtete, frische Basilikumblätter

2 gehäufte Eßlöffel gekochter und abgetropfter Spinat

2 mittelgroße, geschälte Knoblauchzehen

¾ Tasse Olivenöl

60 g frisch geriebener Parmesan

60 g frisch geriebener Sardo-Käse oder noch einmal 60 g frisch geriebener Parmesan

Salz und frisch gemahlener schwarzer Pfeffer

ZUSÄTZLICH

250 g kurze, getrocknete Nudeln wie z.B. Hörnchen

Weichen Sie die Bohnen über Nacht in kaltem Wasser ein. Am nächsten Morgen bringen Sie in einer Kasserolle 10 Tassen kaltes Wasser zum Kochen und streuen grobkörniges Salz ein. Die Bohnen abtropfen lassen, unter fließendem kalten Wasser abspülen und in die Kasserolle geben. Im halb zugedeckten Topf leise kochen lassen, bis sie gar aber noch fest sind. (45 Minuten bis 1½ Stunden, je nach Trockenheit der Bohnen.) Zwischendurch ab und zu umrühren.

Von dem Lauch den grünen Teil entfernen und die übrigen weißen Stiele gründlich waschen. Lauch, Zwiebel, Sellerie und Petersilie zusammen auf einem Brett grob hacken. Die Kartoffel schälen und in ca. 1 cm große Würfel schneiden. Die Karotten putzen und der Länge nach vierteln, dann jeweils 4 Streifen in 1 cm große Stücke schneiden.

Erhitzen Sie das Öl in einem Suppentopf, und geben Sie die gehackten Zutaten sowie Kartoffel- und Karottenstückchen hinein. 5 Minuten anschmoren und dabei gelegentlich mit einem Holzlöffel umrühren. Fügen Sie dann die Tomate hinzu, und lassen Sie alles zusammen noch einmal 5 Minuten schmoren.

In der Zwischenzeit die Brühe erhitzen und in den Suppentopf zu Gemüse und Kräutern gießen. 5 Minuten kochen lassen. Mit Salz und Pfeffer würzen.

Lassen Sie die gekochten Bohnen abtropfen, und heben Sie das Kochwasser auf. Die Bohnen in eine Steingut- oder Glasschüssel geben und mit Aluminiumfolie abdecken.

Das Kochwasser von den Bohnen in den Suppentopf gießen und unbedeckt ½ Stunde leise kochen lassen.

Bereiten Sie jetzt das *pesto* zu: Walnußkerne, Pinienkerne, Butter, Basilikum, Spinat, Knoblauch und ¼ Tasse von dem Öl in einen Mixer oder ein Rührgerät geben und sehr fein pürieren. Das restliche Öl hinzufügen und alle Zutaten mixen, bis sie ganz geschmeidig sind. Die Masse in eine Steingut- oder Glasschüssel füllen. Parmesan und Sardo-Käse sowie Salz und Pfeffer hinzufügen. Vermengen Sie alles mit einem Holzlöffel. Decken Sie die Schüssel mit Aluminiumfolie ab, und stellen Sie sie bis zur Verwendung beiseite.

Erhöhen Sie die Hitzezufuhr für die Suppe, so daß die Flüssigkeit zu sieden beginnt. Die Nudeln hineingeben und *al dente* kochen (je nach Sorte 9 bis 12 Minuten). Nehmen Sie den Topf vom Feuer, und geben Sie die vorbereiteten Bohnen hinein. Gut vermengen und 2 Minuten stehen lassen. Die Hälfte des *pesto* wird in die Suppe eingerührt. Von dem restlichen *pesto* geben Sie vor dem Servieren auf jede Portion ein kleines Häufchen.

FÜR 8 BIS 10 PERSONEN

Getreide

BEI DER WEIZENERNTE

Zu meinen lebhaftesten Kindheitserinnerungen gehören die Feste und Rituale bei der Weizenernte. Aus dem ganzen Dorf versammelten sich die Bauern zum Ährenschneiden und streuten sie dann auf den Steinboden des Vorhofes, den wir *aia* nannten. Jeder Bauer hatte einen einfachen, selbstgemachten Dreschflegel aus zwei dikken, runden Holzstöcken, die mit einem Strick zusammengebunden waren. Ein Stock diente als Griff, während man mit dem anderen auf das Korn einschlug, so daß die Hülsen der Weizenkörner zersprangen und so die Körner von den Ähren getrennt wurden. Die Bauern schlugen dabei alle im Takt, als hätte Toscanini selbst sie dirigiert. Genauigkeit war da schon angebracht, weil sie sich gegenseitig hätten verletzen können, wenn sie nicht alle im gleichen Rhythmus schlugen.

Die aus den Ähren gelösten Weizenkörner fielen auf den Boden der *aia*. Die leeren Ähren blieben obenauf liegen. Schon beim Mähen waren sie trocken gewesen; später wurde daraus Stroh für den Winter. Das ganze Stroh wurde in die Mitte auf einen großen, kegelförmigen Haufen geworfen, den *pagliaio*. Wir Kinder wurden dann aufgefordert, darauf herumzuspringen, bis das Stroh so fest zusammengedrückt war, daß das Regenwasser außen ablief, ohne einzusickern.

Diese Strohhaufen bekamen immer eine hübsche Form. Viele wurden so aufgetürmt, daß sie wie ein kleines strohgedecktes Haus aussahen. Von diesen »Häusern« schnitt man nach Bedarf Stroh ab. Damit wurden die Ställe der Tiere, die den Winter über drinnen blieben, ausgelegt. Das schmutzige Stroh wurde alle paar Tage ausgewechselt und in einem kleinen, rechteckigen Gebäude gelagert. Das war die *concimaia*, das Düngerhaus; es stand weit von den anderen Gebäuden entfernt. (Amüsant ist die heutige Funktion dieser Häuschen: Die meisten dieser *concimaie* wurden inzwischen als Landhäuser verkauft. Sie behielten ihre rustikale Fassade; innen aber wurden sie zu luxuriösen Wohnungen umgebaut.)

Nachdem das Stroh entfernt war, blieb auf den Steinen ein Haufen Weizenkörner, vermischt mit den aufgesprungenen Hülsen, zurück. Davon nahm man jeweils eine kleine Menge und gab sie in den *staccio*, einen wiegenähnlichen, hölzernen Behälter. Durch kräftiges Auf- und Abschütteln wurden Spreu und Weizen voneinander getrennt. Die leichteren Hülsen setzten sich oben ab und wurden auf einen Haufen neben dem Hühnerstall geworfen. Die Hühner pickten sie dann auf und suchten natürlich immer, ob sie nicht noch ein paar Körner fänden. Die Körner, die im *staccio* zurückblieben, wurden im *granaio*, einem großen, luftigen Kornspeicher, zum Trocknen gelagert.

Das Korn wurde nach Bedarf gemahlen. Ein Sieb diente dazu, die gröbere Kleie vom feingemahlenen Mehl zu trennen. Von der Kleie verwendete man etwas für die Herstellung dunklerer Brotsorten; der Rest wurde an Schweine, Hühner und Kaninchen verfüttert.

Während die Männer noch mit dem Dreschen beschäftigt waren, bereiteten die Frauen ein großes, festliches Abendessen unter freiem Himmel vor, das zum Dank für die Hilfe der Nachbarbauern stattfand. Diese Hilfe war übrigens gegenseitig; jeder half dort mit, wo gerade das Korn reif wurde. Gänse, Hühner und Kaninchen waren eigens für dieses Fest gemästet worden und wurden jetzt geschlachtet. Gemüse, deren Anbau als besonders schwierig galt, wurden in kleinen Mengen extra für dieses Essen mit viel Liebe und Mühe großgezogen. Weine kamen auf den Tisch, die schon beim Verkorken für den großen Anlaß ausersehen worden waren. Das weiße Tischtuch aus einem einzigen Stück Stoff bedeckte einen Tisch für 50 Personen – Drescher, Gäste und Familienmitglieder. Allein es zu bügeln, hatte einen ganzen Tag gedauert. Zu diesem Mahl erschienen alle so tadellos sauber wie zur Sonntagsmesse. Vorher wurde nämlich entsprechend der ländlichen Sitte in den *lavatoi* gebadet, die mit Wasser aus dem nahegelegenen Brunnen gefüllt waren. *Lavatoi* sind riesige Steinzuber, in denen auch die Wäsche gewaschen wurde.

Eine Schüssel nach der anderen wanderte um den Tisch, und jeder aß, soviel er wollte. Zuvor beim Ährenschneiden auf dem Feld hatte es eine genaue Regelung für die Aufstellung der Leute gegeben, die aus jahrhundertelanger Erfahrung entstanden ist. Die Männer mit ihren Sensen standen in Reihen vom Schnellsten bis zum Langsamsten so, daß die Sensen in einer Diagonalen bewegt wurden und keiner seinen Nebenmann damit verletzen konnte. Aber jetzt, beim großen Fest, gab es keine Unterschiede mehr: Die langsamsten Arbeiter bekamen genausoviel zu essen wie die schnellsten, denn jeder hatte sein Bestes gegeben.

BROT

In den letzten Jahren hat sich Prato zur zweitgrößten Stadt der Toskana entwickelt. Es ist eine alte Stadt mit eigenen Traditionen, die hier schon wieder anders sind als in Florenz, obwohl diese Stadt nur 20 km entfernt liegt. Ebenso wie das florentinische Brot enthält das *pane die Prato* im allgemeinen kein Salz, aber die Herstellungstechnik ist anders. Beide Brotsorten eignen sich für die Zubereitung von *crostini*.

Pane di Prato
PRATO-BROT

FÜR DEN VORTEIG

3 Päckchen frische Hefe (oder ersatzweise Trockenhefe)

1 Tasse lauwarmes Wasser

2 Tassen Weizenmehl

FÜR DEN BROTTEIG

2 Tassen lauwarmes Wasser

Eine Prise Salz

5 Tassen Weizenmehl

Für den Vorteig lösen Sie die Hefe in Wasser auf.

Geben Sie das Mehl in eine große Schüssel, und drücken Sie eine Vertiefung hinein. Die aufgelöste Hefe hineingießen und mit einem Holzlöffel soviel Mehl mit der Flüssigkeit vermengen, daß ein dicker Teig entsteht. Die Schüssel mit einem Baumwoll-Geschirrtuch bedecken und über Nacht an einen warmen zugluftfreien Ort stellen.

Bereiten Sie am nächsten Morgen den Brotteig zu: 2 Tassen Wasser in kleinen Portionen mit einem Holzlöffel unter den Vorteig rühren. Dann fügen Sie Salz und 4 von den 5 Tassen Mehl – ebenfalls in kleinen Portionen – unter Rühren hinzu. Die Schüssel mit einem Baumwoll-Geschirrtuch zudecken und ½ Stunde stehenlassen.

Legen Sie das untere Fach des Backofens mit unglasierten Terrakotta-Ziegeln aus, und heizen Sie auf 200°C vor.

Mit dem restlichen Mehl bestreuen Sie ein Teigbrett. Legen Sie den gegangenen Teig darauf. Der Teig wird geknetet und das Mehl eingearbeitet. Dann schneiden Sie den Teig in 2 Hälften, die Sie nach Belieben formen. Jede Hälfte in ein Geschirrtuch schlagen und 15 Minuten stehenlassen.

Wickeln Sie die beiden Teigstücke anschließend wieder aus, und legen Sie sie direkt auf die Ziegel im Ofen. Ungefähr 1 Stunde backen. Danach nehmen Sie die Brote aus dem Ofen und lassen sie auf einem Rost auskühlen.

ERGIBT 2 BROTE

Brot ist nicht nur Beigabe zur Mahlzeit, vor allem zum Hauptgang, sondern selbst auch Bestandteil so manchen Gerichts – von Vorspeisen über Hauptgerichte bis zu Desserts. *Crostini,* eine bäuerliche Zubereitung mit Brotscheiben in vielen Variationen, gehört zu den beliebtesten *antipasti.* Man verwendet das Brot entweder so wie es ist oder kann es auch über einem Holzfeuer oder in Butter bzw. Öl rösten. Häufig werden verschiedene *crostini*-Arten zusammen serviert. Eine interessante Kombination sind *Crostini di fagioli* mit einer Haube aus kräftig gewürztem Bohnenpüree und *Crostini di fegatini* mit grob gehackter und pürierter Hühnerleber. Letztere werden mit Salbei und Wacholder gewürzt.

Crostini di fagioli
BOHNENCREME-CANAPES

1 Tasse getrocknete weiße Bohnen (siehe Anmerkung auf Seite 63)

½ Teelöffel getrocknete und zerdrückte Peperoncini

2 gestrichene Teelöffel Tomatenmark

Salz und frisch gemahlener schwarzer Pfeffer

1 mittelgroße geschälte Knoblauchzehe

1 Eßlöffel Rosmarinblätter, frisch oder in Salz eingelegt oder

getrocknet und blanchiert (siehe Anmerkung auf Seite 43)

1 Tasse selbstgemachte Hühnerbrühe

2 Eßlöffel Butter

2 Eßlöffel Olivenöl

1 Zitrone

16 Scheiben knuspriges italienisches Brot (Toskanische Art, siehe Seite 75), je 7x7 cm groß und ca. 1 cm dick

Die feingehackten Blätter von 10 Zweigen Petersilie

Weichen Sie die Bohnen über Nacht in kaltem Wasser ein. Am nächsten Morgen abtropfen lassen und unter fließendem kalten Wasser abspülen. Zusammen mit 4½ Tassen Wasser, der Hälfte der Peperoncini, dem Tomatenmark sowie Salz und Pfeffer in eine kleine Pfanne geben. Auf mittlere Hitze stellen und zugedeckt 2 Stunden kochen lassen. Dann ist nahezu alles Wasser verkocht, und die Bohnen sollten dann sehr zart sein. Drehen Sie die Bohnen und eventuell noch vorhandene Kochflüssigkeit durch einen Fleischwolf in eine kleine Schüssel (dazu den Vorsatz mit kleinen Löchern benutzen).

Knoblauch und Rosmarin zusammen mit den restlichen Peperoncini fein hacken.

In einem kleinen Topf die Hühnerbrühe etwas anwärmen.

In einem zweiten Topf Butter und Öl bei mittlerer Temperatur erhitzen. Sobald die Butter ganz geschmolzen ist, geben Sie die gehackten Zutaten hinein. 2 Minuten darin schwenken. Dann fügen Sie das Bohnenpüree hinzu und rühren mit einem Holzlöffel so lange, bis alle Zutaten ganz miteinander vermischt sind. Rühren Sie die erwärmte Brühe in die Bohnencreme ein. Weitere 10 Minuten kochen und regelmäßig umrühren, bis die Creme ganz geschmeidig und ziemlich dick ist.

Den Backofen auf 200°C vorheizen. Die Brotscheiben auf ein Backblech legen und 10 Minuten rösten.

Pressen Sie die Zitrone aus, und gießen Sie den Saft in eine kleine Tasse. Nehmen Sie die Bohnencreme vom Feuer, und rühren Sie den Zitronensaft ein.

Geben Sie einen gehäuften Eßlöffel von der Creme auf jede Brotscheibe. Die *crostini* auf einer großen Servierplatte anrichten, mit der Petersilie bestreuen und heiß servieren.

ERGIBT EINE VORSPEISE FÜR 8 PERSONEN

Crostini di fegatini
HÄHNCHENLEBER-CANAPES

10 Scheiben Hähnchenleber, gesäubert und ohne Fett

4 Salbeiblätter, frisch oder in Salz eingelegt (siehe Anmerkung auf Seite 43)

4 Wacholderbeeren

¼ Tasse Olivenöl

1 geschälte Knoblauchzehe, unzerkleinert

½ Tasse trockener Rotwein

16 Scheiben knuspriges italienisches Brot (Toskanische Art, siehe Seite 75), je 7x7 cm groß und ca. 1 cm dick

Salz und frisch gemahlener schwarzer Pfeffer

ZUM GARNIEREN

16 frische Salbeiblätter

Die Hälfte der Hähnchenleber zusammen mit den 4 Salbeiblättern und den Wacholderbeeren fein hacken.

Erhitzen Sie das Öl in einer kleinen, schweren Pfanne bei mittlerer Temperatur. Geben Sie dann die gehackten Zutaten sowie den Knoblauch hinein, und lassen Sie alles 10 Minuten schmoren. Danach den Wein dazugießen und 10 Minuten einkochen lassen.

Heizen Sie den Backofen auf 200°C vor. Sobald er heiß genug ist, die Brotscheiben auf einem Backblech hineinschieben und 10 Minuten rösten.

Inzwischen die restliche Hähnchenleber vierteln und ebenfalls in die Pfanne geben. Mit Salz und Pfeffer würzen und 4 Minuten schmoren lassen. Nehmen Sie die Pfanne vom Feuer und geben Sie einen Eßlöffel von der Masse auf jede Brotscheibe. Die *crostini* auf einem großen Servierteller anrichten und auftragen. Wenn frischer Salbei erhältlich ist, krönen Sie jede Portion mit einem Blatt.

ERGIBT EINE VORSPEISE FÜR 8 PERSONEN

Panzanella, ein Brotsalat, ist ein typisches Sommergericht, das gekühlt entweder als Vorspeise oder als Hauptgang eines leichten Mittagessens serviert wird.

In Umbrien gibt es einen Brotsalat mit dem Namen *pan bagnato*, für den eine größere Auswahl an Gemüsesorten notwendig ist als für die *panzanella*, wie man sie in der Toskana kennt.

1 große rote Zwiebel, geschält

3 große, reife Tomaten (jede ca. 200 g schwer)

3 Stangen Sellerie ohne Blätter

1 sehr kleine, dünne Gurke, entkernt und geschält

10 frische Basilikumblätter, jeweils in 3 Stücke zerpflückt

500 g knuspriges italienisches Brot (Toskanische Art, siehe Seite 75), mehrere Tage alt

2 Eßlöffel in Weinessig eingelegte, abgetropfte Kapern

Salz und frisch gemahlener schwarzer Pfeffer

½ Tasse Olivenöl

1½ Eßlöffel Rotweinessig

ZUM GARNIEREN

5 große, frische Basilikumblätter, jeweils in 3 Stücke zerpflückt

Einige rote Radicchio-Blätter

Pan bagnato o panzanella umbra
UMBRISCHER BROTSALAT

Zwiebel, Tomaten, Sellerie, Gurke, die 10 Basilikumblätter und das Brot ½ Stunde in kaltem Wasser einweichen. Danach das Brot ausdrücken und in einen Plastikbehälter geben.

Die Zwiebel würfelig schneiden und auf dem Brot verteilen. Jede Sellerie-Stange der Länge nach in 3 Streifen, die Streifen wiederum in 2,5 cm große Stücke schneiden. Die Selleriestücke über die Zwiebel streuen.

Die Gurke in ca. 1 cm dicke Scheiben schneiden und über dem Sellerie verteilen. Dann fügen Sie die zerpflückten Basilikumblätter, die Kapern und schließlich die in 1 cm große Würfel geschnittenen Tomaten hinzu. Den Plastikbehälter verschließen und vor dem Servieren mindestens 2 Stunden kühlstellen.

Füllen Sie den Inhalt in eine große Schüssel um. Salz und Pfeffer sowie Olivenöl und Weinessig hinzufügen. Vermengen Sie alles gut, und garnieren Sie den Salat vor dem Auftragen mit den restlichen Basilikumblättern und dem Radicchio.

FÜR 6 PERSONEN

In der Toskana heißt sie *fettunta*, in Umbrien und einigen anderen Gegenden *bruschetta*, aber beide Namen bezeichnen das gleiche: eine dicke Scheibe Landbrot, über dem Holzfeuer (oder im Ofen) geröstet und dann mit bestem Olivenöl überzogen. Oft wird das Brot gleich nach dem Rösten mit Knoblauch eingerieben.

Landbrot findet man hauptsächlich in Mittel- und Süditalien, wo auch dickflüssiges Öl hergestellt wird. Es ist interessant zu beobachten, daß das Brot im Norden Italiens, wo kein Öl produziert wird, viel »feiner«, und nicht so knusprig ist. Ligurien ist das einzige Olivenöl produzierende Gebiet, in dem wir den norditalienischen Brottypus finden; aber das Öl ist hier hell und nicht dickflüssig.

Fettunta gilt im allgemeinen als Gericht für den Spätherbst – die Jahreszeit, in der die Oliven frisch gepreßt werden –, aber man kann es auch im Sommer bekommen, wenn Tomaten und Basilikum reif werden. In Gebieten, wo es frische schwarze Trüffeln gibt, werden sie fein geschnitten und über die *fettunta* gestreut.

Links: Drei rustikale Gerichte aus knusprigem Brot. Die Zubereitung ist typisch für Mittelitalien. Von links nach rechts: Pappa al pomodoro con porri (Tomaten-Brotsuppe mit Lauch); Pan bagnato o panzanella umbra (Umbrischer Brotsalat); Fettunta o bruschetta al pomodoro (Fettunta oder Bruschetta mit Tomaten) – siehe auch die Abbildung auf dieser Seite. Die großen Terrakotta-Behälter nennt man orci. Sie werden in vielen verschiedenen Formen und Größen hergestellt. Man bewahrt darin das Olivenöl auf. Mit dem glänzenden Zinnkrug auf der linken Seite schöpft man das Öl aus den orci.

Fettunta o bruschetta al pomodoro
FETTUNTA ODER BRUSCHETTA MIT TOMATEN

18 Scheiben knuspriges italienisches Brot (Toskanische Art, siehe Seite 75), je 7x5 cm groß und 2,5 cm dick

2 geschälte und halbierte Knoblauchzehen

18 frische Basilikumblätter

½ Tasse Olivenöl

Salz und frisch gemahlener schwarzer Pfeffer

2 große, reife aber nicht überreife Tomaten (insgesamt ungefähr 500 g)

Den Backofen auf 190°C vorheizen. Die Brotscheiben auf die glänzende Seite einer Aluminiumfolie legen und von jeder Seite 10 Minuten rösten. Danach reiben Sie beide Seiten mit den halbierten Knoblauchzehen ein.

Die Basilikumblätter auf einer großen Platte anrichten und die Brotscheiben darauf legen.

Wärmen Sie das Öl in einer kleinen Pfanne bei sehr schwacher Hitze 5 Minuten an. Das warme Öl sofort über das Brot gießen. Salz und Pfeffer darüber streuen.

Die Tomaten quer in 2,5 cm dicke Scheiben schneiden und jede Scheibe halbieren. Auf jedes Brot eine halbe Tomatenscheibe legen und sofort servieren.

FÜR 6 PERSONEN

Eine besonders interessante *bruschetta*-Variante gibt es in Apulien, wo das knusprige Landbrot aus Altamura mit dem selbstproduzierten Öl zusammen verwendet wird. Erstaunlicherweise wird in diesem Gericht der für Süditalien charakteristische Knoblauch weggelassen. Statt dessen wird es durch die *ruchetta* (Senfrauke, ein Wildgemüse), die den Tomaten beigegeben wird, zu einer ungemein delikaten *bruschetta*.

Die Kombination von Landbrot und Olivenöl wenden die Italiener auch noch in einem anderen interessanten Gericht an: Es heißt *pappa* – oder Brotsuppe. Am bekanntesten ist wohl die florentinische Version. In anderen Gegenden der Toskana verändert man den Geschmack durch die Verwendung von Lauch. *Pappa* ißt man heiß oder auf Zimmertemperatur.

Bruschetta con ruchetta
BRUSCHETTA MIT SENFRAUKE

18 Scheiben knuspriges
italienisches Brot (Toskanische
Art, siehe Seite 75), je 7x5 cm
groß und 2,5 cm dick

2 große, reife aber nicht überreife
Tomaten

125 g Senfrauke (oder anderes
Wildgemüse)

½ Tasse Olivenöl

Salz und frisch gemahlener
schwarzer Pfeffer

Den Backofen auf 190°C vorheizen. Die Brotscheiben auf die glänzende
Seite einer Aluminiumfolie legen und ca. 10 Minuten von jeder Seite
rösten. Richten Sie das geröstete Brot auf einer großen Platte an.

Die Tomaten quer in 2,5 cm dicke Scheiben schneiden und jede Scheibe
halbieren. Legen Sie die Tomatenscheiben auf das Brot und verteilen Sie
das Gemüse darüber. Das Öl darauf gießen und mit Salz und Pfeffer
bestreuen. Sofort servieren.

FÜR 6 PERSONEN

Pappa al pomodoro con porri
TOMATEN-BROTSUPPE MIT LAUCH

Putzen Sie zunächst den Lauch: Die Enden mit den Wurzeln sowie die
grünen Blätter bis zu den weißen Stielen abschneiden. Die übriggebliebenen weißen Stangen in ca. ½ cm dicke Ringe schneiden. Legen Sie das
Gemüse anschließend ½ Stunde in kaltes Wasser. Danach abtropfen lassen und sehr gründlich unter fließendem kalten Wasser abspülen.

Erhitzen Sie das Öl bei mittlerer Temperatur in einer großen Kasserolle
– vorzugsweise aus Terrakotta. Sobald es heiß ist, den Lauch hineingeben
und 15 Minuten darin schmoren.

Inzwischen drehen Sie die Tomaten durch den Fleischwolf (den Vorsatz
mit kleinen Löchern benutzen). Danach geben Sie die Tomaten zum
Lauch. Salz und Pfeffer sowie die Peperoncini hinzufügen. Ungefähr
½ Stunde im geschlossenen Topf leise kochen lassen.

Das Brot in kleine Stücke schneiden und in die Kasserolle geben. Gut
mit den anderen Zutaten vermengen und 5 Minuten kochen lassen. Dann
gießen Sie die Brühe dazu, rühren noch einmal gut um und nehmen den
Topf vom Feuer. Zudecken und 1 Stunde stehenlassen.

Kurz vor dem Servieren die *pappa* gut umrühren und mit Salz und
Pfeffer abschmecken. Sie können die Suppe entweder noch einmal erhitzen oder so essen. Verteilen Sie die Suppe auf einzelne Suppentassen und
geben Sie auf jede Portion noch ein frisches Basilikumblatt sowie 2 Teelöffel Öl.

FÜR 6 PERSONEN

4 Stangen Lauch

½ Tasse Olivenöl

750 g frische Tomaten oder
italienische Dosentomaten
(Abtropfgewicht)

Salz und frisch gemahlener
schwarzer Pfeffer

½ Teelöffel zerdrückte
Peperoncini

500 g italienisches Brot
(Toskanische Art, siehe Seite
75), mehrere Tage alt

3 Tassen selbstgemachte
Hühnerbrühe

ZUM GARNIEREN

6 frische oder in Salz eingelegte
Basilikumblätter (siehe
Anmerkung auf Seite 45)

12 Teelöffel Olivenöl

Taralli sind Hefeteig-Ringe, die man in ganz Süditalien finden kann. Man bekommt sie in verschiedenen
Geschmacksrichtungen und kann sie als Brot, Vorspeise
oder Dessert essen. Das Besondere an der Zubereitung ist,
daß die gegangene Hefe vor dem Backen noch kurz gekocht wird.
Aus dem osteuropäischen Judentum stammt ein hörnchenförmiges
Gebäck, das auf die gleiche Weise zubereitet wird. Allerdings kann
man nur darüber spekulieren, ob es da vielleicht vor Jahrhunderten
wirklich einmal eine Verbindung gegeben hat. Es kommt mir
jedoch recht unwahrscheinlich vor, daß zwei Brotsorten mit glei-
cher Zubereitungsweise und Form ganz unabhängig voneinander
entstanden sein sollten.

Links: Bruschetta con ruchetta (*Bruschetta mit Senfrauke) auf der Hafen-
mauer im Schatten der Benediktiner-
Abtei von San Vito bei Bari. Rundherum liegen frische, grüne Feldpflanzen,
die man in ganz Süditalien roh als Salat
ißt. Dazu gehört ein kühler Weißwein.*

Rechts: ein Korb mit ringförmigen Taralli.

Seite 83: Apulische Brot- und Pizza-Spezialitäten vor der Kulisse des römischen Amphitheaters in Lecce. Das Theater wurde im ersten und zweiten Jahrhundert nach Christus unter der Herrschaft der Kaiser Trajan und Hadrian erbaut.

Taralli   TARALLI

FÜR DEN VORTEIG

1	Päckchen frische Hefe (oder ersatzweise Trockenhefe)
½	Tasse lauwarmes Wasser
1	Tasse Weizenmehl

FÜR DEN TEIG

1¾ Tassen Weizenmehl

2 Eßlöffel Olivenöl

2 extragroße Eier

2 Teelöffel Fenchelsamen

1 Teelöffel Salz

Schwarzer Pfeffer aus 10 Umdrehungen der Pfeffermühle

ZUSÄTZLICH

Grobkörniges Salz

1 extragroßes Ei

Bereiten Sie zunächst den Vorteig zu: Die Hefe in warmem Wasser in einer kleinen Schüssel unter Rühren mit einem Holzlöffel auflösen.

Die Tasse Mehl in eine größere Schüssel geben und eine Vertiefung ins Mehl drücken. Gießen Sie die aufgelöste Hefe in die Vertiefung. Arbeiten Sie mit einem Holzlöffel die Hälfte des Mehls in die Flüssigkeit ein. Dann decken Sie die Schüssel mit einem Baumwoll-Geschirrtuch zu und stellen sie an einen warmen, zugluftfreien Ort. Lassen Sie den Teig gehen, bis er sich auf das Doppelte seines Umfangs vermehrt hat (ungefähr 1 Stunde).

Bereiten Sie nun den Teig zu: Schütten Sie die 1¾ Tassen Mehl auf einem Teigbrett zu einem kleinen Hügel auf, und drücken Sie eine Vertiefung hinein. Geben Sie den Vorteig zusammen mit dem restlichen nicht eingearbeiteten Mehl hinein, und fügen Sie dann noch Öl, Eier, Fenchelsamen sowie Salz und Pfeffer hinzu. Mit einem Holzlöffel werden die Zutaten in der Vertiefung gut miteinander vermengt. Dann beginnt man das Mehl vom Rand der Vertiefung her nach und nach mit einzuarbeiten. Vermengen Sie alles miteinander bis auf 5 Eßlöffel Mehl. Den Teig mit den Handflächen kneten, bis er glatt und geschmeidig ist (ungefähr 5 Minuten).

Schneiden Sie den Teig in 4 Stücke. Mit vier Fingern jeder Hand die einzelnen Teigstücke leicht rollen, wobei die Hände allmählich von der Teigmitte zu den beiden Enden wandern. Fahren Sie damit fort, bis Sie eine ca. 60 cm lange Rolle haben. Diese schneiden Sie dann in 5 Teile (je 12 cm lang), die sie jeweils mit den beiden Enden zusammenbiegen, so daß sich ein Kringel ergibt. So verfahren Sie mit allen Teigstücken.

Stellen Sie die *taralli*, mit einem Baumwoll-Geschirrtuch bedeckt, 15 Minuten an einen warmen, zugluftfreien Ort.

Den Backofen auf 190°C vorheizen. Zwei Backbleche leicht mit Öl bestreichen.

Stellen Sie eine große Kasserolle mit kaltem Wasser auf mittlere Hitze, und streuen Sie grobkörniges Salz ein, sobald das Wasser zu kochen beginnt. Dann geben Sie jeweils 4 oder 5 *taralli* auf einmal ins Wasser und kochen sie 30 Sekunden.

Legen Sie ein Stück Pergamentpapier auf ein Brett. Mit einem Schaumlöffel heben Sie die kurz gekochten *taralli* aus dem Wasser auf das Papier. Von dort aus mit Hilfe eines Metallspatels auf das vorbereitete Backblech setzen.

Verquirlen Sie das Ei in einer kleinen Schüssel, und bestreichen Sie die Oberseite der *taralli* damit. 30 Minuten backen. Danach nehmen Sie die *taralli* aus dem Ofen und lassen sie auf einem Rost abkühlen.

ERGIBT CA. 20 TARALLI

In Apulien werden Tomaten, Zwiebeln und Oliven als Zutaten für Brotteig und als Pizzabelag verwendet. Manchmal stellt man diese *pizze* mit Kartoffelteig anstelle von Hefeteig her. Im folgenden Rezept werden Tomaten und Zwiebelringe in den Brotteig eingearbeitet und verleihen ihm einen sehr feinen, delikaten Geschmack.

Pane con pomodori e cipolle
BROT MIT TOMATEN UND ZWIEBELN

Die Zwiebeln in dünne Ringe schneiden und ½ Stunde in eine große Schüssel mit kaltem Wasser legen.

Einen kleinen Topf kaltes Wasser zum Kochen bringen und grobkörniges Salz einstreuen. Die Tomaten darin einige Minuten blanchieren und danach in eine Schüssel mit kaltem Wasser legen. Entfernen Sie Haut und Kerne, und lassen Sie die Tomatenstücke auf Küchenkrepp abtropfen.

Erhitzen Sie das Öl in einem kleinen Topf bei mittlerer Temperatur, und geben Sie dann die Tomaten und die abgetropften Zwiebelringe hinein. 5 Minuten kochen lassen, anschließend mit Salz, Pfeffer, Oregano und den Peperoncini würzen. Zudecken und weitere 10 Minuten garen lassen. Nehmen Sie den Topf vom Feuer, und füllen Sie den Inhalt in eine Steingut- oder Glasschüssel. Zudecken und bis zur Weiterverarbeitung beiseite stellen.

In der Zwischenzeit lösen Sie in einer kleinen Schüssel die Hefe in Wasser auf.

Geben Sie die 2 Tassen Mehl in eine Schüssel, und drücken Sie eine Vertiefung hinein. Dorthinein gießen Sie die aufgelöste Hefe. Mit Hilfe eines Holzlöffels arbeiten Sie die Hälfte des Mehls in die Flüssigkeit ein. Die Schüssel mit einem Baumwoll-Geschirrtuch zudecken und an einen warmen, zugluftfreien Ort stellen. Den Teig gehen lassen, bis er sich auf das Doppelte seines Umfangs vermehrt hat (ungefähr 1 Stunde).

Schütten Sie die 4 Tassen Mehl auf einem Teigbrett zu einem kleinen Hügel auf, und drücken Sie eine Vertiefung hinein. Geben Sie den Vorteig mit dem restlichen nicht eingearbeiteten Mehl hinein sowie das geschmorte Gemüse und Salz. Mit einem Holzlöffel werden die Zutaten in der Vertiefung sowie das Mehl bis auf 5 Eßlöffel langsam und sorgfältig miteinander vermengt. Kneten Sie den Teig mit den Handflächen vorsichtig 1 Minute lang. Anschließend wird er halbiert.

Bestreuen Sie ein Baumwoll-Geschirrtuch mit Mehl, und schlagen Sie den Teig darin ein. Gehen lassen, bis der Teig sich auf das Doppelte seines Umfangs vermehrt hat (ungefähr 1 Stunde).

Den Backofen auf 190°C vorheizen. Ein Backblech mit wenig Öl bestreichen. Den gegangenen Hefeteig auf das Backblech legen und 1 Stunde backen. Aus dem Ofen nehmen und das Brot zum Auskühlen ca. 1 Stunde auf ein Rost legen.

ERGIBT 2 BROTE

2 mittelgroße rote Zwiebeln, geschält

Grobkörniges Salz

4 mittelgroße, reife Tomaten (ungefähr 500 g Gesamtgewicht)

¼ Tasse Olivenöl

Salz und frisch gemahlener schwarzer Pfeffer

Eine Prise getrockneter Oregano

¼ Tasse zerdrückte Peperoncini

FÜR DEN VORTEIG

3 Päckchen frische Hefe (oder ersatzweise Trockenhefe)

1 Tasse lauwarmes Wasser

2 Tassen Weizenmehl

FÜR DEN BROTTEIG

4 Tassen Weizenmehl

Eine Prise Salz

NUDELN

Vorhergehende Doppelseite: Tagliatelle con dadi di prosciutto *(Tagliatelle mit Schinken-Cremesauce) werden in einem ausgehöhlten Parmesan-Käserad serviert.*

Nudeln werden hauptsächlich aus feingemahlenem Weizenmehl hergestellt. Zwar haben die gesundheitlichen Vorteile von Vollkornmehl manche Köche zu dem Versuch veranlaßt, Nudeln aus Vollkornmehl herzustellen, aber dieses Verfahren hat sich in Italien nicht durchgesetzt. Die Nudeln bekommen dann nämlich einen leicht säuerlichen Geschmack, und der Teig wird schwer.

Ein etwas gröber gemahlenes Mehl, das Grießmehl, wird für einige süditalienische Nudelspezialitäten verwendet. Nach meiner Erfahrung läßt man dabei aber die Eier weg. Die Idee, für die Herstellung von Eiernudeln Grieß zu verwenden, ist in den Köpfen ausländischer Küchenchefs entstanden und scheint mir ein Mißverständnis der italienischen Tradition der Nudelherstellung zu sein.

In Parma macht man einen Nudelteig aus Mehl, Eiern und Salz aber ohne Öl. Dieser wird zu *tagliatelle* geformt und nach einem Rezept verarbeitet, wie es so nur aus Parma selbst kommen kann: Kombiniert mit köstlichem, würfelig geschnittenem Parmaschinken, werden die Nudeln in einem ausgehöhlten Rad des weltberühmten *Parmigiano-Reggiano* serviert. Man kann diese besondere Note zwar nicht oft wiederholen, aber die Eigenart des Rezepts liegt eben gerade darin, daß die *tagliatelle* und die Sauce den Geschmack des Käserads vollständig aufnehmen. Die unübertreffliche Sauce für die *tagliatelle* besteht aus drei weltberühmten Zutaten, die pur und unverfeinert verwendet werden: Parmaschinken, Butter und Parmesan.

Tagliatelle con dadi di prosciutto
TAGLIATELLE MIT SCHINKEN-CREMESAUCE

FÜR DIE NUDELN

4   Tassen Weizenmehl

5   extragroße Eier

Eine Prise Salz

FÜR DIE SAUCE

125 g Parmaschinken am Stück

8   Eßlöffel Butter

1½ Tassen Schlagsahne

Salz und frisch gemahlener schwarzer Pfeffer

Eine Prise frisch geriebene Muskatnuß

¾   Tasse frisch geriebener Parmesan

ZUM KOCHEN DER NUDELN

Grobkörniges Salz

Die Nudeln stellt man aus den oben aufgeführten Zutaten her. Für die Herstellung von Hand oder mit einer manuellen Nudelmaschine häufen Sie das Mehl auf einem Teigbrett auf. Mit einer Gabel in die Mitte eine Vertiefung drücken und Eier und Salz hineingeben. (Wenn in einem anderen Nudelrezept Öl vorgeschrieben ist, wird es ebenfalls an dieser Stelle hinzugefügt.) Mit einer Gabel den Inhalt der Vertiefung vermengen und dann vom Rand her das Mehl rundherum mit einarbeiten.

Kneten Sie den Teig mit den Händen zu einer elastischen Kugel. Dann rollen Sie ihn mit einem Nudelholz oder mit der Nudelmaschine auf die benötigte Dicke aus. Schneiden Sie mit einem Messer oder Teigrad bzw. mit der Schneidevorrichtung der Nudelmaschine den Teig in die gewünschte Form.

Für die *tagliatelle* rollen Sie den Teig auf weniger als 2 mm Dicke aus oder benutzen die feinste Einstellung der Nudelmaschine. In ½ cm breite Streifen schneiden und bis zur Weiterverarbeitung beiseite stellen.

Bringen Sie einen großen Topf kaltes Wasser zum Kochen.

Inzwischen schneiden Sie den Schinken in ca. 1 cm große Würfel.

Lassen Sie die Butter in einer kleinen Kasserolle bei schwacher Hitze zergehen, und geben Sie dann den Schinken hinein. 1 Minute leicht schmoren lassen.

Streuen Sie grobkörniges Salz in das kochende Wasser, und geben Sie die Nudeln hinein. Nachdem das Wasser wieder zu sieden begonnen hat, noch ½ bis 1 Minute kochen lassen, je nach Trockenheit der Nudeln. Danach lassen Sie die Nudeln abtropfen und geben sie in den Topf zum Schinken.

Sofort die Sahne über die Nudeln gießen und mit Salz, Pfeffer und Muskatnuß würzen. Vermengen Sie alles gut, und heben Sie dann den Käse unter. In eine vorgewärmte Schüssel füllen und sofort auftragen.

FÜR 8 PERSONEN

D er violette *crocus sativus* gehört zur Familie der Schwertli-liengewächse. Diese trägt die lateinische Bezeichnung *iridaceae,* was soviel wie »von prächtiger Farbe« heißt. Die Blütennarben sind die begehrten Safranfäden. *Crocus sativus* kam ursprünglich aus Persien und war in der ganzen antiken Welt als Heilkraut bekannt. Er wird in den ägyptischen Papyrusrollen, im hebräischen »Lied der Lieder« und in der griechischen »Ilias« erwähnt.

Zum Kochen verwendete man Safran zuerst in Europa gegen Ende des Mittelalters bzw. zu Beginn der Renaissance. Es entwickelte sich eine ganze Kategorie von *ginestra,* d. h. gelben Speisen. Trotz der Kostspieligkeit dieses Gewürzes wurde eine Prise Safran in so vielen Rezepten vorgeschrieben, daß man in italienischen Kochbüchern des 14. Jahrhunderts lesen kann: »... und fügen Sie wie gewöhnlich Salz, Pfeffer und Safran hinzu.« Man sollte nicht vergessen, daß auch schwarzer Pfeffer damals ein Luxus war.

Obwohl spanischer Safran am bekanntesten ist, läßt sich die Pflanze ohne Schwierigkeiten auch an vielen anderen Orten ziehen. Ein Großteil des in Italien verwendeten Safran ist auch dort gewachsen, und die Qualität ist gut. Besonders geschätzt wird der Safran aus der Gegend um L'Aquila in den Abruzzen.

Daß das Gewürz so teuer ist, liegt einerseits daran, daß es von einer seltenen Pflanze stammt und andererseits an dem Arbeitsaufwand, den das Sammeln der Stempel erfordert; denn man braucht eine enorme Menge davon, um auch nur ein wenig Safran herzustellen. Es ist ratsam, Safranfäden anstelle von fertig gemahlenem Gewürz zu kaufen, da letzteres mit schlechterem Safran vermischt sein kann.

Die Färbung ist zwar eine willkommene Begleiterscheinung, aber der Hauptgrund für die Verwendung von Safran im Nudelteig ist das Aroma. Besonders gut paßt Safran zu Kalbshachse, wie wir auch im folgenden Saucenrezept sehen werden. (In Italien gelten Nudeln und Reis nicht als Beilagen zum Hauptgericht. Wichtigste Ausnahme ist die Kombination von Safran-Reis mit *Ossobuco alla milanese.)*

Traditionsgemäß wird Safran mit Mörser und Stößel aus Marmor zerkleinert. Durch die Beschaffenheit des Marmors kommt gerade soviel Reibung zustande, wie nötig ist, um die weichen Safran-Fäden zu mahlen, ohne daß das Pulver in die Marmoroberfläche eindringt. Bei Pasta allo zafferano (Safran-Nudeln) werden die kräftig gelben, frischen Nudeln mit einer Kalbfleischsauce serviert.

Pasta allo zafferano
SAFRAN-NUDELN

FÜR DIE SAUCE

3 mittelgroße Stangen Lauch

¼ Tasse Olivenöl

2 Eßlöffel Butter

1 Scheibe Kalbshachse, 4 cm dick, mit Knochen und Mark in der Mitte

1 Eßlöffel Weizenmehl

½ mittelgroße, geschälte rote Zwiebel

1 kleine Stange Sellerie

1 kleine, geschabte Karotte

1 kleines Stück Zitronenschale

1 Tasse trockener Weißwein

3 Tassen italienische Dosentomaten, abgetropft

1 Eßlöffel Tomatenmark

Salz und frisch gemahlener schwarzer Pfeffer

ZUSÄTZLICH

1 große, geschälte Knoblauchzehe

Die Blätter von 15 Zweigen Petersilie

4 frische oder in Salz eingelegte Salbeiblätter (siehe Anmerkung auf Seite 43)

Die abgeriebene Schale von 1 Zitrone

2 Eßlöffel Butter

FÜR DIE NUDELN

4 Tassen Weizenmehl

5 extragroße Eier

1 Prise Salz

1 knapper Teelöffel gemahlener Safran

ZUM KOCHEN DER NUDELN

Grobkörniges Salz

Schneiden Sie vom Lauch die Enden mit den Wurzeln sowie die grünen Blätter bis zu den weißen Stielen ab. Die übriggebliebenen Stiele in ca. 1 cm dicke Ringe schneiden. Legen Sie die Ringe in kaltes Wasser, bis sich der Sand daraus gelöst hat (ungefähr ½ Stunde).

Erhitzen Sie Öl und Butter bei mittlerer Temperatur in einer Kasserolle. Sobald die Butter ganz zerlaufen ist, lassen Sie die Lauchringe abtropfen und geben sie in die Kasserolle. 5 Minuten schmoren lassen.

Umwickeln Sie die Beinscheibe mit einem Faden, damit sie beim Kochen nicht auseinanderfällt. Mit einem Eßlöffel Mehl von beiden Seiten goldbraun schmoren (ungefähr 4 Minuten auf jeder Seite).

Inzwischen Zwiebel, Sellerie, Karotte und Zitronenschale zusammen auf einem Brett fein hacken. Ebenfalls in den Topf geben und weitere 2 Minuten schmoren lassen. Dann gießen Sie den Wein dazu und lassen ihn bei schwacher Hitze 20 Minuten einkochen. Die ganzen Tomaten und das Tomatenmark hinzufügen, den Topf schließen und 40 Minuten leise kochen lassen. Gelegentlich umrühren und mit Salz und Pfeffer abschmecken. Das Fleisch umdrehen, den Topf wieder schließen und noch einmal 25 Minuten leise kochen lassen. Danach legen Sie die Beinscheibe auf ein Brett und entfernen Faden und Knochen.

Drehen Sie Gemüse und Fleisch durch den Fleischwolf (den Vorsatz mit mittelgroßen Löchern benutzen). Lassen Sie die Sauce im offenen Topf bei mittlerer Hitze noch einmal 15 Minuten leise kochen. Mit Salz und Pfeffer abschmecken. Wenn die Sauce fertig ist, stellen Sie sie im geschlossenen Topf bis zur Verwendung beiseite.

Knoblauch, Petersilie und Salbeiblätter zusammen auf einem Brett fein hacken und in eine kleine Steingut- oder Glasschüssel geben. Fügen Sie die geriebene Zitronenschale hinzu, und vermengen Sie alles gut mit einem Holzlöffel. Die Schüssel zudecken und bis zur Verwendung beiseite stellen.

Stellen Sie die Nudeln mit den oben angegebenen Zutaten und Mengen nach den Anweisungen auf den Seiten 86 und 87 her. Der Safran wird zusammen mit Eiern und Salz in die ins Mehl gedrückte Vertiefung gegeben.

Rollen Sie den Nudelteig von Hand oder mit der Nudelmaschine bei Feineinstellung auf weniger als 2 mm Stärke aus, und schneiden Sie aus dem Teig *tagliatelle*.

Den geschnittenen Teig legen Sie bis zur Weiterverarbeitung – mindestens aber 15 Minuten – zum Trocknen auf Baumwoll-Geschirrtücher. Die Kochzeit richtet sich dann nach der Trockenheit des Teigs.

Bringen Sie viel kaltes Wasser zum Kochen, und streuen Sie dann grobkörniges Salz ein. Lassen Sie die Butter auf einer großen Servierplatte über dem kochenden Wasser zerlaufen. Die Sauce wird wieder erhitzt.

Wenn die Butter geschmolzen ist, nehmen Sie die Platte vom Topf und geben die Nudeln in das kochende Salzwasser. Je nach Trockenheit des Teigs sollten sie zwischen 40 Sekunden und 1 Minute kochen. Die Nudeln abtropfen lassen und auf die Platte mit der zerlaufenen Butter geben. Gießen Sie die Sauce darüber, und vermengen Sie sie mit den Nudeln. Die aromatischen gehackten Kräuter aus der kleinen Schüssel darüber streuen und sofort servieren.

FÜR 8 PERSONEN

Der leicht grünliche Farbton der selbstgemachten Spaghetti im folgenden Rezept wird durch die unreife, grüne Tomate hervorgerufen, die ungekocht püriert und dann in den Nudelteig eingearbeitet wird. Ihr besonderer, leicht herber Geschmack, der aber doch schon die Süße der reifen Tomate verrät, ergänzt sich hervorragend mit der vollen Reife der frischen, roten Tomaten, die für die Sauce verwendet werden. Ein paar frische Basilikumblätter runden den Geschmack ab.

Pürierte grüne Tomaten gehören in die recht kleine Gruppe von Nahrungsmitteln, die sich zur Verarbeitung im Nudelteig eignen. Außerdem gehören dazu auch noch pürierte glockenförmige Paprika, getrocknete wilde Pilze, der klassische Spinat in grünen Nudeln, rote Rüben oder Tomaten in roten Nudeln und Kakao in Schokoladennudeln (s. Anmerkung).

Spaghettti alla prematura
GRÜNE TOMATENSPAGHETTI

FÜR DIE NUDELN

1 mittelgroße grüne Tomate

2¾ Tassen Weizenmehl

2 extragroße Eier

2 Teelöffel Olivenöl oder ein anderes Pflanzenöl

Eine Prise Salz

ZUM KOCHEN DER NUDELN

Grobkörniges Salz

FÜR DIE SAUCE

750 g reife Tomaten oder italienische Dosentomaten (Abtropfgewicht)

¼ Tasse Olivenöl

1 Eßlöffel Butter

1 mittelgroße Knoblauchzehe, geschält aber unzerkleinert

Salz und frisch gemahlener schwarzer Pfeffer

Die Blätter von 10 Zweigen Petersilie

3 frische oder in Salz eingelegte Basilikumblätter (siehe Anmerkung auf Seite 43)

ZUSÄTZLICH

8 Eßlöffel Butter

6 frische Basilikumblätter

Stellen Sie zunächst die Nudeln her: Die Tomate entstielen, vierteln und die Kerne herauslösen. In einem Mixer oder mit einem Handrührgerät pürieren.

Stellen Sie die Nudeln mit den nebenstehenden Zutaten und Mengen her. Die pürierte Tomate geben Sie zusammen mit den Eiern, dem Öl und dem Salz in die ins Mehl gedrückte Vertiefung. Gehen Sie nach den Anweisungen auf den Seiten 86 und 87 vor.

Mit der Nudelmaschine den Teig auf 3 mm Stärke ausziehen und in 3 mm breite Streifen schneiden. Stellen Sie die vorbereiteten Nudeln vorläufig beiseite.

Bereiten Sie nun die Sauce zu: Die reifen Tomaten entstielen, vierteln und die Kerne herauslösen.

Erhitzen Sie Öl und Butter in einem schweren Topf bei mittlerer Temperatur. Sobald die Butter ganz zerlaufen ist, geben Sie den Knoblauch hinein und lassen ihn 5 Minuten darin schmoren. Anschließend den Knoblauch entfernen und die Tomaten in den Topf geben. Verringern Sie die Hitzezufuhr, und schließen Sie den Topf. 15 Minuten unter gelegentlichem Umrühren mit einem Holzlöffel kochen lassen. Mit Salz und Pfeffer abschmecken.

Auf einem Brett die Petersilie fein hacken und die Basilikumblätter in Drittel zerpflücken. Beides in die Sauce geben, den Topf wieder schließen und weitere 5 Minuten kochen lassen.

Bringen Sie einen großen Topf kaltes Wasser zum Kochen.

Inzwischen drehen Sie den Inhalt des Topfes durch einen Fleischwolf (benutzen Sie dazu den Vorsatz mit kleinen Löchern). Lassen Sie die Sauce bei schwacher Hitze noch einmal ca. 3 Minuten kochen. Mit Salz und Pfeffer abschmecken.

Streuen Sie grobkörniges Salz in das kochende Wasser ein. Die Nudeln hineingeben und je nach Trockenheit des Teigs zwischen 1 und 3 Minuten kochen.

Die Teller vorwärmen. Lassen Sie die Butter in einem Wasserbad zergehen. Die Nudeln abtropfen lassen und auf eine große Servierplatte geben. Die zerlaufene Butter darübergießen und unterziehen.

Jede Portion Nudeln krönen Sie mit etwas Sauce und einem ganzen Basilikumblatt. Heiß servieren.

FÜR 6 PERSONEN

Anmerkung: *Ich habe diese Nudelart ebenso wie Safrannudeln vor einigen Jahren wieder in Erinnerung gerufen. Seitdem erfreut sie sich mit manchen Abwandlungen bei den Chefs der italienischen und französischen Küche wachsender Beliebtheit.*

Nudeln mit ganzen frischen Petersilienblättern sind typisch für Apulien. Andere Kräuter werden fein gehackt, bevor man sie in den Teig einarbeiten kann, Petersilie jedoch wird traditionsgemäß nur in ganzen Blättern verarbeitet – wahrscheinlich, weil sie beim Zerkleinern ihre Farbe verlieren würde. Außerdem ist die schöne Zeichnung, die durch die Blätter im Teig entsteht, Grund genug, sie ganz zu lassen. Bei dem im folgenden beschriebenen Teig gibt es noch eine weitere Besonderheit: Der geriebene Käse wird nicht am Schluß über die gekochten Nudeln gestreut sondern direkt in den Teig eingearbeitet. Die meisten Nudelarten in dieser Gegend werden ohne zusätzlichen geriebenen Käse gegessen.

Den Petersiliennudelteig schneidet man üblicherweise in *quadri* oder *quadrucci* unterschiedlicher Größe. Sie werden normalerweise in einer Puterbrühe, mit Lammsauce oder mit zerlassener Butter und Basilikumblättern serviert.

Quadrucci in brodo
QUADRUCCI IN BRÜHE

FÜR DIE BRÜHE

1 kg dunkles Puterfleisch mit Knochen

Grobkörniges Salz

1 mittelgroße, geschälte rote Zwiebel

1 Stange Sellerie

1 mittelgroße, geschabte Karotte

1 mittelgroße Knoblauchzehe, geschält aber unzerkleinert

1 ganze Kirschtomate

5 Zweige Petersilie

Das Eiweiß von 3 extragroßen Eiern

FÜR DIE NUDELN

3½ Tassen Weizenmehl

½ Tasse frisch geriebener Parmesan

5 extragroße Eier

Eine Prise Salz

Pfeffer aus 6 Umdrehungen der Pfeffermühle

Die Blätter von 30 Zweigen Petersilie

Bereiten Sie zunächst die Brühe vor: Geben Sie das Fleisch, grobkörniges Salz, die ganze Zwiebel, Sellerie, Karotte, Knoblauch, Tomate und Petersilienzweige in einen großen Suppentopf. Gießen Sie 4 l kaltes Wasser dazu, und stellen Sie den offenen Topf auf mittlere Hitze. 2 Stunden leise kochen lassen und den Schaum, der sich an der Oberfläche bildet, zwischendurch abschöpfen.

Nehmen Sie das Fleisch aus dem Topf, und heben Sie es für ein anderes Gericht auf. Gießen Sie den restlichen Topfinhalt durch ein feines Sieb in eine große Schüssel, damit das Gemüse und andere Rückstände darin hängenbleiben. Die Brühe auskühlen lassen und die Schüssel dann über Nacht in den Kühlschrank stellen, damit sich das Fett an der Oberfläche absetzen kann.

Mit einem Metallspatel das abgesetzte Fett abnehmen und die Brühe anschließend klären. 4 Eßlöffel Suppe in eine kleine Schüssel geben und mit den Eiweiß mischen. Das Eiweiß-Suppen-Gemisch in die restliche kalte Brühe gießen und mit einem Schneebesen gut verquirlen. Gießen Sie das Ganze in einen Topf, und stellen Sie ihn bei schwacher Hitze auf die Herdplatte. Halb zugedeckt leise kochen lassen, bis das Eiweiß mit den restlichen Rückständen an die Oberfläche steigt und die Brühe klar wird (ca. 10 Minuten).

In der Zwischenzeit legen Sie ein feuchtes Baumwoll-Geschirrtuch für 5 Minuten ins Tiefkühlfach. Dann spannen Sie es über ein Sieb und gießen die Brühe hindurch, um sie endgültig zu klären. Sie darf keine Rückstände mehr aufweisen.

Die Nudeln mit den oben angegebenen Zutaten herstellen und den geriebenen Parmesan zusammen mit Salz, Pfeffer und Eiern in die ins Mehl gedrückte Vertiefung geben. Gehen Sie nach den Anweisungen auf den Seiten 86 und 87 vor.

Ziehen Sie den Teig von Hand oder mit der Nudelmaschine auf eine Stärke von 3 mm aus. Die halbe Länge des Teigstreifens belegen Sie mit den ganzen Petersilienblättern. Die andere Hälfte darüberschlagen und beide Schichten gut zusammendrücken. Nun wird der Teig auf 2 mm Stärke weiter ausgerollt. Schneiden Sie mit einem gezackten Teigschneider 5 cm große Quadrate aus.

Die Brühe zum Kochen bringen und die Nudeln hineingeben. Je nach Trockenheit des Teigs 1 bis 3 Minuten kochen. Heiß und ohne Käse servieren.

FÜR 12 PERSONEN

*Zwei typisch apulische Bohnen-
gerichte – links* Purea di fave con cicoria *(Saubohnen-Püree mit Löwenzahngemüse), rechts* Cavatelli con fagioli *(Nudeln und Bohnen auf Apulische Art).*

Cavatelli werden aus dem gleichen Nudelteig gemacht wie
orecchiette. Die Herstellung von *cavatelli* beginnt mit der
Zubereitung von *orecchiette* (siehe Seite 110). Die ohrenför-
migen Nudeln werden dann aber nicht in ihrer konkaven
Form belassen sondern einzeln mit der Hand aufgerollt. In Apulien
gibt es ein Gericht, in dem *cavatelli* mit *cannellini*-Bohnen kombiniert
werden. Manchmal werden über das fertige Gericht einige Spritzer
mit roten Pfefferschoten gewürztes Olivenöl verteilt – das Gegenstück zum toskanischen *olio santo.* Anders als das *olio santo,* das nur
zusammen mit Brühe verwendet wird, gibt man das apulische
scharfe Öl auch zu einigen Nudel- und Bohnengerichten sowie zu
minestrone.

Ein aus *pasta e fagioli*-Resten bestehendes Gericht war früher bei
den ärmeren Leuten besonders beliebt. Dazu höhlte man ein knuspriges Landbrot aus und füllte es mit Nudeln und Bohnen. Beim Essen
löffelte man beides aus dem Brotlaib und brach dann Stücke vom Brot
ab, das vom Geschmack des Gerichts ganz durchzogen war.

Cavatelli con fagioli
NUDELN UND BOHNEN AUF APULISCHE ART

1	Tasse getrocknete weiße Bohnen (siehe Anmerkung auf Seite 63)	5	Eßlöffel Olivenöl
1	kleine, geschälte rote Zwiebel	2	Knoblauchzehen, geschält aber unzerkleinert
2	mittelgroße Stangen Sellerie	2	ganze Lorbeerblätter

94

Salz und frisch gemahlener
schwarzer Pfeffer

Eine Prise zerdrückte Peperoncini

6 Tassen kaltes Wasser

500 getrocknete *cavatelli*,
vorzugsweise aus Italien
importiert, oder frische *cavatelli*,
die Sie aus den folgenden
Zutaten herstellen (siehe
Anmerkung):

1 Tasse Grieß

2 Tassen Weizenmehl

Eine Prise Salz

1 Tasse kaltes Wasser

ZUM KOCHEN DER NUDELN

Grobkörniges Salz

ZUM SERVIEREN

6 Eßlöffel Olivenöl

Frisch gemahlener schwarzer
Pfeffer

Weichen Sie die Bohnen über Nacht in einer kleinen Schüssel mit kaltem Wasser ein. Am nächsten Morgen hacken Sie Zwiebel und Sellerie auf einem Brett fein.

Das Öl in einer schweren Kasserolle bei mittlerer Temperatur erhitzen und die gehackten Zutaten sowie Knoblauch und Lorbeerblätter hinzufügen. 5 Minuten leicht anschmoren lassen; dann Salz und Pfeffer sowie die Prise Peperoncini hinzufügen. 1 Tasse Wasser dazugießen, den Topf schließen, das Ganze zum Sieden bringen und dann 30 Minuten kochen lassen. Knoblauch und Lorbeerblätter anschließend wegwerfen.

Den Topfinhalt durch den Fleischwolf (Vorsatz mit mittelgroßen Löchern benutzen) drehen und dann das zerkleinerte Gemüse wieder in die Kasserolle geben. Gießen Sie die restlichen 5 Tassen Wasser dazu. Die Bohnen abtropfen lassen, unter fließendem kaltem Wasser abspülen und ebenfalls in die Kasserolle geben. Stellen Sie den Topf auf mittlere Hitze, und verringern Sie die Wärmezufuhr, sobald das Wasser zu kochen beginnt. Jetzt schließen Sie den Topf (aber nicht ganz) und lassen das Ganze ungefähr 1 Stunde kochen. Wenn die Bohnen gar sind, sollte ihre Form noch erhalten und das Wasser auf die Hälfte eingekocht sein.

Einen großen Topf kaltes Wasser zum Kochen bringen und grobkörniges Salz einstreuen. Dann geben Sie die Nudeln hinein und kochen sie *al dente*. (Die selbstgemachten Nudeln kochen Sie zwischen 5 und 10 Minuten, je nach Trockenheit des Teigs, die gekauften Nudeln je nach Sorte 9 bis 12 Minuten.)

Inzwischen lassen Sie die Bohnen über einer kleinen Schüssel abtropfen und gießen die Kochflüssigkeit in den Topf zurück. Bei mittlerer Hitze ungefähr 2 Minuten einkochen lassen.

Die Nudeln abtropfen lassen und in die Kasserolle geben. Mit Salz und Pfeffer abschmecken und gut umrühren. 1 Minute weiterkochen und die Bohnen hinzufügen. Gut umrühren und sofort servieren. Zuvor geben Sie aber noch einen Eßlöffel Öl und einen Hauch schwarzen Pfeffer über jede Portion.

FÜR 6 PERSONEN

ANMERKUNG: *Wenn Sie* cavatelli *selbst machen wollen, richten Sie sich nach den Anweisungen für* orecchiette *auf Seite 110 und den in der Einführung zu diesem Rezept gegebenen Hinweisen.*

Mangold, alleine oder mit Spinat, und ein Hauch nur in Parma zu findender Wiesenkräuter – dieses gekochte grüne Gemüse bildet die Grundlage der Füllung für *Tortelli di erbette.* Ohne die besonderen Wiesenkräuter aus Parma ist das Gericht zwar nicht ganz so wie es sein sollte; aber der Geschmacksunterschied, den ihr Fehlen bewirkt, ist derart gering, daß man wahrscheinlich aus Parma sein muß, um sie zu vermissen. Die Bewohner von Parma verbrauchen übrigens erstaunliche Mengen an Parmesan und Butter. Ich habe die Zutaten auf Mengen reduziert, die wohl kaum als sparsam zu bezeichnen sind, von den Parmaern aber sicher dennoch für unzureichend gehalten würden.

Tortelli alla parmigiana o di erbette
TORTELLI PARMA

FÜR DIE FÜLLUNG

1 kg Mangold

500 g Spinat

Grobkörniges Salz

500 g Vollmilch-Ricotta
(ersatzweise Sahnequark), s.
Seite 301

4 extragroße Eier

200 g frisch geriebener Parmesan

4 Eßlöffel Butter auf
Zimmertemperatur

Salz und frisch gemahlener
schwarzer Pfeffer

Frisch geriebene Muskatnuß

FÜR DIE NUDELN

4 Tassen Weizenmehl

5 extragroße Eier

Eine Prise Salz

ZUM KOCHEN DER NUDELN

Grobkörniges Salz

FÜR DIE SAUCE

16 Eßlöffel ungesalzene Butter

1 Tasse frisch geriebener
Parmesan

Bereiten Sie zunächst die Füllung zu: Mangold und Spinat gründlich waschen und die dicken Stiele entfernen.

Bringen Sie einen großen Topf kaltes Wasser zum Kochen. Grobkörniges Salz einstreuen und das Gemüse hineingeben. 10 Minuten kochen, danach abtropfen lassen und unter fließendem kalten Wasser abschrecken. Das gekochte Gemüse ausdrücken und auf einem Brett fein hacken. Geben Sie den *Ricotta* (oder Sahnequark) mit den Eiern, dem gehackten Gemüse, Parmesan und Butter in eine große Schüssel. Mit Salz, Pfeffer und Muskatnuß würzen und alle Zutaten mit einem Holzlöffel zu einer geschmeidigen Masse verrühren. Dann decken Sie die Schüssel zu und stellen sie in den Kühlschrank.

Stellen Sie den Nudelteig mit den oben angegebenen Zutaten her. Befolgen Sie dabei die Anweisungen auf den Seiten 86 und 87.

Rollen Sie den Teig zu einer weniger als 2 mm dicken Schicht aus, oder benutzen Sie die Nudelmaschine auf kleinster Einstellung.

Für die *tortelli* brauchen Sie pro Stück einen halben Eßlöffel von der Füllung. Rücken Sie auf der ausgerollten Teigplatte 2,5 cm vom Rand nach innen, und setzen Sie von dort aus in 2 Längsreihen kleine Häufchen von der Füllmasse im Abstand von 2,5 cm auf den Teig. Die beiden Reihen sollen aber nur über die halbe Länge der Teigplatte gehen. Dann schlagen Sie die andere Hälfte des Teigs darüber und drücken ihn schnell rund um die Häufchen fest. Mit einem gezackten Teigrad schneiden Sie 5 cm große Quadrate aus, die Sie an den Rändern zusammendrücken (siehe Anmerkung).

Bringen Sie einen großen Topf kaltes Wasser zum Kochen. Lassen Sie die Butter für die Sauce im Wasserbad zergehen.

Wenn das Wasser zu kochen beginnt, streuen Sie grobkörniges Salz ein und geben die *tortelli* hinein. Je nach Trockenheit des Teigs 1 bis 2 Minuten kochen.

Gießen Sie ¼ Tasse von der geschmolzenen Butter auf eine große Servierplatte. Mit einem Schaumlöffel geben Sie die *tortelli* aus dem Topf auf die Platte. Legen Sie die Nudeln in mehreren Schichten übereinander. Dazwischen kommt jeweils etwas Parmesan und ein wenig zerlassene Butter. Heiß servieren.

FÜR 8 PERSONEN

ANMERKUNG: *Am besten füllt man die Nudeln, solange der Teig noch ganz frisch ist. Sollte er schon etwas angetrocknet sein, feuchten Sie die Ränder mit Wasser oder geschlagenem Eiweiß an. Dann haften sie besser.*

Die Kirche der Madonna della Steccata in Parma aus dem 16. Jahrhundert ist ein prächtiges Beispiel für die Bauweise der Klassik. Im Vordergrund ist auf einer Terrasse das berühmte Nudelgericht Tortelli alla parmigiana *angerichtet.*

Ein weiteres für Parma typisches Gericht mit gefüllten Nudeln sind *anolini.* Im Gegensatz zu den quadratischen *tortelli* sind sie rund und haben glatte Ränder. Der Begriff *anolini* ist eine Abwandlung des Namens, den der parmesanische Dialekt für *ravioli* hat. Schon der große Renaissance-Küchenchef Scappi erwähnte im 16. Jahrhundert die *anolini.* Zu dem von ihm illustrierten Küchengerät gehört ein *anolini*-Schneider.

Während es für *Tortelli alla parmigiana* nur eine klassische Füllung gibt, nämlich mit *erbette,* kann man *anolini* auf vielerlei Arten füllen. Nur geriebener Parmesan gehört zu allen Variationen. *Anolini* werden meistens in Brühe gegessen. Sogar wenn sie mit einer Sauce zubereitet werden, kocht man sie vorher in Brühe anstelle von Salzwasser. Die im folgenden beschriebene Füllung aus Kalbshirn und Schinken ist eines meiner Lieblingsgerichte.

Anolini al ragù di prosciutto
ANOLINI MIT SCHINKEN-SAUCE

FÜR DIE SAUCE

60 g getrocknete Steinpilze oder
    Röhrlinge

125 g luftgetrockneter Schinken

125 g gekochter Schinken

1   mittelgroße rote Zwiebel,
    geschält

6   Eßlöffel Butter

500 g frische Tomaten oder
    italienische Dosentomaten
    (Abtropfgewicht)

Salz und frisch gemahlener
    schwarzer Pfeffer

½   Tasse Schlagsahne

FÜR DIE FÜLLUNG

250 g Kalbshirn

Grobkörniges Salz

4   Eßlöffel Butter

5   frische oder in Salz eingelegte
    Salbeiblätter (siehe Anmerkung
    auf Seite 43)

Salz und frisch gemahlener
    schwarzer Pfeffer

125 g luftgetrockneter Schinken

4   Eßlöffel frisch geriebener
    Parmesan

Das Eigelb von einem extragroßen
    Ei

125 g Ricotta-Käse, vorzugsweise
    aus Vollmilch, oder Sahnequark
    (s. Seite 301)

Eine Prise frisch geriebene
    Muskatnuß

FÜR DEN NUDELTEIG

4   Tassen Weizenmehl

5   extragroße Eier

Eine Prise Salz

ZUM KOCHEN DER NUDELN

4 l selbstgemachte Hühnerbrühe

Grobkörniges Salz

ZUSÄTZLICH

8   Eßlöffel frisch geriebener
    Parmesan

Bereiten Sie zunächst die Sauce zu: Weichen Sie die Pilze ½ Stunde in einer Schüssel mit lauwarmem Wasser ein. Lassen Sie sie danach abtropfen, und vergewissern Sie sich, daß kein Sand mehr an den Stielen haftet. Zerkleinern Sie Pilze, rohen und gekochten Schinken grob mit dem Fleischwolf.

Die Zwiebel auf einem Brett fein hacken.

Lassen Sie die Butter in einer großen, schweren Kasserolle zergehen, und schmoren Sie die gehackte Zwiebel 2 Minuten darin an. Die zerkleinerten Zutaten hinzufügen und weitere 15 Minuten schmoren lassen.

Drehen Sie die Tomaten durch den Fleischwolf (dazu den Vorsatz mit kleinen Löchern benutzen), und geben Sie sie anschließend in die Kasserolle. Gut umrühren und mit Salz und Pfeffer abschmecken. Den Topf zudecken und 20 Minuten kochen lassen. Lassen Sie die fertige Sauce im geschlossenen Topf stehen, bis die Nudeln gekocht sind. Dann erst wird die Sahne zugegeben.

Nun bereiten Sie die Füllung zu: Blanchieren Sie das Hirn 2 Minuten in kochendem Wasser mit grobkörnigem Salz. Danach ziehen Sie unter fließendem kalten Wasser die großen Häute ab.

Lassen Sie die Butter in einem kleinen Topf ganz zergehen. Hirn und Salbei hineingeben, mit Salz und Pfeffer abschmecken und 3 Minuten schmoren lassen. Nehmen Sie den Topf vom Feuer, und lassen Sie das Hirn 15 Minuten abkühlen. Die Salbeiblätter werden weggeworfen.

Schinken und Hirn mit dem eigenen Saft im Fleischwolf grob mahlen und in eine Steingut- oder Glasschüssel geben. Parmesan, Eigelb und den Ricotta hinzufügen; würzen Sie mit Salz, Pfeffer und Muskatnuß, und vermischen Sie alle Zutaten gut mit einem Holzlöffel. Die Schüssel zudecken und beiseite stellen, bis die Nudeln fertig sind.

Stellen Sie den Nudelteig mit den oben angegebenen Zutaten her. Gehen Sie dabei nach den Anweisungen auf den Seiten 86 und 87 vor.

Mit der Nudelmaschine auf Feineinstellung oder von Hand rollen Sie den Teig auf knapp 2 mm Stärke aus.

Setzen Sie auf eine ca. 12 cm breite Teigplatte kleine Häufchen von der Füllung (jeweils 1 gehäufter Teelöffel). Beginnen Sie 2,5 cm von den Rändern entfernt, und ordnen Sie die Häufchen in Abständen von jeweils 5 cm voneinander in 2 Längsreihen an. (Auf ein schmaleres Stück Nudelteig setzen Sie entsprechend nur eine Reihe.) Eine zweite Lage Teig darüberlegen und an den Rändern fest aufeinanderdrücken. Zum Ausstechen der runden *anolini* benutzen Sie eine Ausstechform mit ca. 4 cm Durchmesser und glatten Rändern. Die ausgeschnittenen Formen hochnehmen und die Ränder fest zusammendrücken (siehe Anmerkung auf Seite 96).

Bringen Sie die Brühe zum Kochen und schmecken Sie mit Salz ab. Dann fügen Sie die *anolini* hinzu und kochen sie je nach Trockenheit des Teigs 1 bis 3 Minuten.

Inzwischen erhitzen Sie die Sauce und geben die Sahne hinein. Gut umrühren, so daß alles gründlich vermischt ist und mit Salz und Pfeffer abschmecken. Die Hälfte der Sauce schöpfen Sie auf eine große, angewärmte Servierplatte. Mit einem Schaumlöffel heben Sie die fertigen *anolini* darauf. Vermischen und die restliche Sauce darüber gießen. Mit Parmesan bestreuen und sofort servieren.

FÜR 8 PERSONEN

udelfüllungen mit Fisch sind keine Erfindung der *nuova cucina* – davon zeugen die berühmten Verwandten von *tortelli* und *ravioli*: Nudeldreiecke mit saftiger Füllung. Der dafür verwendete Fisch wird zuerst gewürzt und gebacken. Ein ungewöhnlicher Bestandteil ist die Majoransauce mit Schlagsahne.

Triangoli di pesce
NUDELDREIECKE MIT FISCHFÜLLUNG

Bereiten Sie zunächst die Füllung zu: Den Spinat sorgfältig putzen und die dicken Stiele entfernen. Wässern Sie ihn ½ Stunde in einer großen Schüssel mit kaltem Wasser.

Einen großen Topf kaltes Wasser zum Kochen bringen und grobkörniges Salz einstreuen. Den Spinat 10 Minuten darin kochen. Anschließend abtropfen lassen und unter fließendem kalten Wasser abschrecken. Drücken Sie den Spinat fest aus, und hacken Sie ihn auf einem Brett fein.

Wässern Sie den Fisch ½ Stunde in kaltem Wasser mit grobkörnigem Salz. Den Backofen auf 190°C vorheizen.

Petersilie und Knoblauch auf einem Brett zusammen fein hacken.

Bestreichen Sie mit dem Eßlöffel Öl die glänzende Seite einer Aluminiumfolie, und legen Sie den Fisch darauf. Mit Petersilie und Knoblauch sowie Salz und Pfeffer bestreuen. Schlagen Sie den Fisch in die Folie ein, und backen Sie ihn 20 Minuten. Aus dem Ofen nehmen und das Folienpaket auf einem Teller öffnen.

Befreien Sie den Fisch von Haut und Gräten. Geben Sie Fischfleisch und die Garflüssigkeit zusammen in eine große Schüssel. Den gehackten Spinat untermischen und Salz, Pfeffer, Ricotta, Ei und Eigelb hinzufügen. Vermengen Sie alle Zutaten gut miteinander. Die Schüssel zudecken und bis auf weiteres in den Kühlschrank stellen.

Stellen Sie den Nudelteig mit den oben angegebenen Zutaten und Mengen her. Gehen Sie dabei nach den Anweisungen auf den Seiten 86 und 87 vor. Mit der Nudelmaschine auf Feineinstellung oder von Hand rollen Sie den Teig auf knapp 2 mm Stärke aus. Schneiden Sie mit einem gezackten Teigschneider den Nudelteig in ca. 6 cm große Quadrate.

Setzen Sie einen gehäuften Teelöffel von der Füllung in die Mitte jedes Quadrats. Schlagen Sie dann die beiden Hälften eines Teigquadrats so aufeinander, daß sich ein Dreieck ergibt, und drücken Sie die Ränder aufeinander (siehe Anmerkung auf Seite 96). So gehen Sie mit allen Teigstücken vor. Setzen Sie die Dreiecke auf Baumwoll-Geschirrtücher, und lassen Sie sie bis zur Weiterverarbeitung liegen.

Bereiten Sie nun die Sauce zu: Zwiebel, Knoblauch und Petersilie auf einem Brett zusammen fein hacken. Butter und Öl in einem großen, schweren Topf bei mittlerer Temperatur erhitzen. Sobald die Butter ganz geschmolzen ist, geben Sie die gehackten Zutaten hinein. Die Hitzezufuhr verringern und 20 Minuten schmoren lassen.

In der Zwischenzeit einen großen Topf kaltes Wasser zum Kochen bringen und grobkörniges Salz einstreuen. Die *triangoli* hineingeben und je nach Trockenheit des Nudelteigs 1 bis 2 Minuten kochen.

Mit einem Schaumlöffel werden die *triangoli* aus dem kochenden Wasser gehoben und in die Schüssel mit der Sauce gegeben. Sahne, Majoran sowie Salz und Pfeffer hinzufügen. Rühren Sie vorsichtig um, so daß die Sahne von den Nudeln aufgenommen wird. Die Nudeln mit der Sauce schnell auf eine vorgewärmte Servierplatte geben, mit Basilikum überstreuen und sofort servieren.

FÜR 8 PERSONEN

ANMERKUNG: *Ob Sie zu diesem Gericht Käse reichen, bleibt Ihnen überlassen. Die meisten Italiener kombinieren Fisch nicht gern mit Käse.*

FÜR DIE FÜLLUNG
1 kg Spinat

Grobkörniges Salz

1 Scheibe magerer Fisch wie Seebarsch oder Zackenbarsch (ungefähr 500 g mit Gräten)

Die Blätter von 15 Zweigen Petersilie

1 geschälte Knoblauchzehe

1 Eßlöffel Olivenöl

Salz und frisch gemahlener schwarzer Pfeffer

125 g Vollmilch-Ricotta oder Sahnequark (s. Seite 301)

1 extragroßes Ei

Das Eigelb von 1 extragroßen Ei

FÜR DEN NUDELTEIG
4 Tassen Weizenmehl

5 extragroße Eier

Eine Prise Salz

FÜR DIE SAUCE
1 kleine rote Zwiebel, geschält

2 mittelgroße, geschälte Knoblauchzehen

Die Blätter von 25 Zweigen Petersilie

½ Tasse Olivenöl

4 Eßlöffel Butter

½ Tasse Schlagsahne

1 knapper Eßlöffel getrockneter Majoran

Salz und frisch gemahlener schwarzer Pfeffer

ZUM KOCHEN DER NUDELN
Grobkörniges Salz

ZUM GARNIEREN
10 frische oder in Salz eingelegte Basilikumblätter (siehe Anmerkung auf Seite 43), jeweils in 3 Stücke zerpflückt

Zutaten für Triangoli di pesce *(Nudeldreiecke mit Fischfüllung).*

Gefüllte Lasagne stammen aus Neapel und werden oft mit langen, ziemlich dicken Rechteckplatten aus getrocknetem Nudelteig zubereitet. Ich stelle Ihnen hier eine weniger bekannte, dafür aber raffiniertere Version des neapolitanischen Gerichts vor. Sie stammt gleichfalls aus Neapel: Die Rechtecke aus selbstgemachtem grünen Nudelteig sind dünn und leicht, und der Mozzarella-Käse wird nicht in Scheiben geschnitten sondern grob gerieben. Zur Füllung gehören weder Eier noch Fleisch, dafür eine ganz leichte Tomatensauce. Wie bei allen neapolitanischen Gerichten sollten Sie entweder importierte San Marzano-Tomaten in Dosen oder frische reife Tomaten mit vollem Geschmack verwenden.

Lasagne verdi alla napoletana
GRÜNE LASAGNE AUF NEAPOLITANISCHE ART

Stellen Sie den Nudelteig aus den oben angegebenen Zutaten her. Gehen Sie dabei nach den Anweisungen auf den Seiten 86 und 87 vor. Der gehackte Spinat wird zusammen mit allen anderen Zutaten in die ins Mehl gedrückte Vertiefung gegeben.

Rollen Sie den Teig mit der feinsten Einstellung an der Nudelmaschine aus. Schneiden Sie dann mit einem gezackten Teigrad ungefähr 13 cm lange Teigplatten ab. Die Nudelplatten in kochendes Salzwasser legen. 5 Sekunden nachdem das Wasser wieder zu sieden begonnen hat, nehmen Sie sie wieder heraus und legen sie in eine große Schüssel mit kaltem Wasser, dem die 2 Eßlöffel Olivenöl beigesetzt wurden. Wenn alle Teigplatten vorgekocht sind, legen Sie sie auf feuchte Baumwoll-Geschirrtücher. Darüber breiten Sie noch eine Lage feuchte Tücher.

Bereiten Sie jetzt die Tomatensauce zu: Öl und Knoblauch in einem Topf auf mittlere Hitze stellen. 1 Minute schmoren lassen. Sobald der Knoblauch etwas angebräunt ist, fügen Sie die Tomaten hinzu. Die Hitzezufuhr verringern, den Topf schließen und ca. 25 Minuten leise kochen lassen. Mit Salz und Pfeffer abschmecken. Drehen Sie den Inhalt des Topfes durch den Fleischwolf (Vorsatz mit kleinen Löchern benutzen), und stellen Sie die Sauce anschließend wieder auf mittlere Hitze. Im offenen Topf ca. 15 Minuten einkochen lassen. Dann füllen Sie die Sauce in eine Steingut- oder Glasschüssel und lassen sie ganz auskühlen (ca. 1 Stunde). Die Sauce kann bis zu einem Tag im voraus zubereitet werden.

Nun bereiten Sie die Käsefüllung zu: Den Ricotta in eine Schüssel geben und Parmesan, Butter, Salz, Pfeffer und Muskatnuß hinzufügen. Alle Zutaten mit einem Holzlöffel gut verrühren.

FÜR DEN NUDELTEIG

3½ Tassen Weizenmehl

2 extragroße Eier

2 Teelöffel Olivenöl oder ein anderes Pflanzenöl

1 gehäufter Eßlöffel gekochter und fein gehackter Spinat (von 250 g frischen Spinatblättern; die Stiele vor dem Kochen entfernen)

Eine Prise Salz

ZUM KOCHEN DER NUDELN

Grobkörniges Salz

2 Eßlöffel Olivenöl oder ein anderes Pflanzenöl

FÜR DIE TOMATENSAUCE

¼ Tasse Olivenöl

3 Knoblauchzehen, geschält aber unzerkleinert

1¼ kg frische Tomaten oder italienische Dosentomaten (Abtropfgewicht)

Salz und frisch gemahlener schwarzer Pfeffer

Auf einer groben Reibe den Mozzarella in eine andere Schüssel reiben und mit Salz und Pfeffer würzen.

Den Backofen auf 190°C vorheizen.

Im nächsten Schritt werden alle Zutaten zusammengebracht. Dazu streichen Sie zunächst eine ca. 34 × 22 cm große Auflaufform mit reichlich Öl aus. Dann belegen Sie den Boden mit Teigplatten und lassen etwa 2,5 cm Teig über die Ränder der Backform hängen. Darauf geben Sie ein Viertel der Tomatensauce. Ein Viertel der Basilikumblätter darüber streuen (siehe Anmerkung). Die nächste Schicht Nudelteig soll gerade die Tomatensauce bedecken aber nicht überhängen. Diese Lage wird nun mit einem Drittel von dem Ricotta-Gemisch bedeckt. Wieder eine Schicht Nudelteig darüberlegen und mit einem Drittel von dem geriebenen Mozzarella bestreuen. So schichten Sie alle Teigplatten aufeinander und wechseln die 3 verschiedenen Füllungen in derselben Reihenfolge ab. Die letzte Lage sollte aus Mozzarella bestehen, über den Sie 3 Teigrechtecke legen. Den überhängenden Teig schlagen Sie nun über die letzte Schicht. Die restliche Tomatensauce darüber gießen und mit dem verbliebenen Basilikum bestreuen (siehe Anmerkung).

Das Ganze wird im Ofen 25 Minuten gebacken. Nachdem Sie das Gericht aus dem Ofen genommen haben, lassen Sie es vor dem Servieren noch 15 Minuten stehen.

FÜR 8 BIS 10 PERSONEN

ANMERKUNG: *Wenn Sie keine frischen Basilikumblätter bekommen können und statt dessen in Salz eingelegte verwenden, geben Sie sie in die kochende Tomatensauce. Bevor Sie die Sauce durch den Fleischwolf drehen, nehmen Sie die Blätter wieder heraus.*

FÜR DIE RICOTTA-FÜLLUNG

500 g Ricotta oder Sahnequark

4   Eßlöffel frisch geriebener Parmesan

4   Eßlöffel Butter auf Zimmertemperatur

Salz und frisch gemahlener schwarzer Pfeffer

Eine Prise frisch geriebene Muskatnuß

FÜR DIE MOZZARELLA-FÜLLUNG

250 g Mozzarella (Büffelmilchkäse)

Salz und frisch gemahlener schwarzer Pfeffer

ZUSÄTZLICH

20 g frische Basilikumblätter (siehe Anmerkung)

Als Krönung der Nudelkochkunst könnte man vielleicht den *timballo* aus Nudelteig bezeichnen. Dieses Gericht eignet sich vorzüglich für festliche und offizielle Anlässe. Das Teiggefäß wird je nach Füllung anders hergestellt. Seinen Geschmack erhält dieser Teig durch Muskatnuß, etwas Zucker und Salz. Die halbmondförmigen *tortelli* werden mit einer stark nach Knoblauch schmeckenden Masse gefüllt, die besonders gut zum Muskatnußaroma des *timballo* paßt. Obwohl das Gefäß selbst mehr etwas fürs Auge ist und nicht gegessen wird, nehmen die darin gebackenen Nudeln etwas vom Geschmack der Kruste an.

Timballo di mezzelune
TIMBALLO MIT HALBMONDNUDELN

FÜR DIE SAUCE

125 g luftgetrockneter Schinken am Stück

60 g durchwachsener Speck am Stück

1 ganze Hühnerbrust, ungefähr 500 g, gehäutet und ohne Knochen

500 g Rinderlendenfleisch ohne Knochen am Stück

FÜR DIE TEIGSCHÜSSEL

12 Eßlöffel Butter

5 Tassen Weizenmehl

Das Eigelb von 2 extragroßen Eiern

1 Tasse kaltes Wasser

4 Eßlöffel Olivenöl

1 Eßlöffel körniger Streuzucker

Eine Prise Salz

Eine Prise frisch geriebene Muskatnuß

FÜR DIE GLASUR

1 extragroßes Ei

FÜR DIE FÜLLUNG

8 Eßlöffel Butter

125 g Rinderlendenfleisch ohne Knochen

2 Knoblauchzehen, geschält aber unzerkleinert

3 Gewürznelken

Salz und frisch gemahlener schwarzer Pfeffer

½ Tasse warme, selbstgemachte Rinderbrühe

½ Tasse frisch geriebener Parmesan

½ Tasse ungewürzte Semmelbrösel

Stellen Sie zunächst die Teigschüssel her: Die Butter in eine kleine Schüssel geben und im Wasserbad zergehen lassen, danach ½ Stunde abkühlen lassen.

Das Mehl auf einem Brett zu einem kleinen Hügel aufhäufen und eine Vertiefung hineindrücken. Dorthinein gießen Sie die geschmolzene Butter und fügen anschließend Eigelb, Wasser, Öl, Zucker, Salz und Muskatnuß hinzu. Mit einer Gabel vermischen Sie die Zutaten. Dann arbeiten Sie vom Rand der Vertiefung her soviel Mehl mit ein, daß noch eine Tasse Mehl übrig bleibt. Mit den Händen kneten Sie dann 2 Minuten lang und formen eine Kugel. Diese schlagen Sie in ein mit Mehl bestreutes Baumwoll-Geschirrtuch ein und lassen sie an einem kühlen Ort 2 Stunden liegen.

Bereiten Sie nun die Füllung zu: In einem kleinen, schweren Topf die Butter bei mittlerer Hitze zergehen lassen. Das Fleisch hineingeben und 4 Minuten darin anschmoren. Fügen Sie Knoblauch und Nelken sowie Salz und Pfeffer hinzu. Im geschlossenen Topf 2 Minuten kochen lassen. Die Brühe dazu gießen, den Topf wieder schließen und bei mittlerer Hitze 15 Minuten weiterkochen lassen. Dann werden Knoblauch und Nelken herausgenommen. Das Fleisch im Fleischwolf fein mahlen und mit der Flüssigkeit wieder zurück in den Topf geben. Gut umrühren. Den Topf auf mittlere Hitze stellen und noch einmal umrühren. Vom Feuer nehmen und den Inhalt zum vollständigen Auskühlen ungefähr 1 Stunde lang in eine Steingut- oder Glasschüssel füllen. Danach fügen Sie Parmesan und Semmelbrösel hinzu, schmecken mit Salz und Pfeffer ab und vermischen alle Zutaten gut. Decken Sie die Schüssel zu und stellen Sie sie bis zur Verwendung beiseite.

Als nächstes wird die Sauce zubereitet: Schinken, Speck, Hühnerbrust und Rindfleisch mit dem Fleischwolf grob zerkleinern. Die Wurst häuten und in eine Schüssel geben. Das zerkleinerte Fleisch hinzufügen und mit einem Holzlöffel umrühren.

Karotte, Zwiebel, Sellerie, Knoblauch und Petersilie auf einem Brett fein hacken.

Butter und Öl in einer Kasserolle – möglichst aus Terrakotta – bei mittlerer Temperatur erhitzen. Sobald die Butter ganz geschmolzen ist, geben Sie das zerkleinerte Fleisch hinein und schmoren es 2 Minuten darin. Dann kommt das gehackte Gemüse dazu und wird unter gelegentlichem Umrühren so lange geschmort, bis die Zwiebel glasig ist (ungefähr 15 Minuten).

Das Tomatenmark in der heißen Brühe auflösen und in die Kasserolle gießen. Mit Salz und Pfeffer abschmecken und im geschlossenen Topf 1½ Stunden leise kochen lassen. Gelegentlich umrühren. Lassen Sie die Sauce im geschlossenen Topf stehen, bis Sie sie benötigen.

Stellen Sie den Nudelteig mit den oben angegebenen Zutaten her. Gehen Sie dabei nach den Anweisungen auf den Seiten 86 und 87 vor.

Rollen Sie den Teig auf knapp 2 mm Stärke bzw. mit der feinsten Einstellung der Nudelmaschine aus.

Für die *tortelli* nehmen Sie jeweils einen Teelöffel von der Füllung und setzen kleine Häufchen in 2 Reihen auf den Teig. Dabei lassen Sie zu den Rändern hin 2,5 cm Platz. Dann schlagen Sie die Ränder über die Häufchen und drücken rundherum die beiden Teigschichten fest aufeinander. Schneiden Sie nun Halbmonde bzw. Halbkreise aus. Nach dem Ausstechen die Ränder rundherum aufeinander drücken (siehe Anmerkung auf Seite 96).

1	süße italienische Wurst ohne Fenchelsamen oder 80 g feingehacktes Schweinefleisch	
1	große, geschabte Karotte	

1	mittelgroße, geschälte rote Zwiebel
1	Stange Sellerie
1	mittelgroße, geschälte Knoblauchzehe

Den Backofen auf 190°C vorheizen.

Machen Sie nun die Teigschüssel fertig. Den Teig aus dem Tuch nehmen und auf einem Nudelbrett 2 Minuten durchkneten. Bestreuen Sie mit dem restlichen Mehl das Brett und schneiden Sie den Teig in 3 gleichgroße Stücke. Rollen Sie mit dem Nudelholz ein Stück auf 0,5 cm Stärke aus. Danach stellen Sie den »Deckel« für den *timballo* her, indem Sie den Boden einer Springform von 25 cm Durchmesser auf den ausgerollten Teig legen und mit einem gezackten Teigrad rundherum schneiden.

Ein Backblech buttern und den *timballo*-Deckel darauflegen. Mit Hilfe einer Gabel überziehen Sie den ganzen Deckel mit Einstichen, damit sich der Teig beim Backen nicht wölbt. Ein 5 cm großes Teigquadrat setzen Sie als Griff in die Mitte des *timballo*-Deckels.

Für die Glasur verschlagen Sie das Ei in einer kleinen Schüssel und verstreichen es mit einem Küchenpinsel auf der Oberfläche des Deckels.

Der Deckel wird gebacken, bis der Teig goldbraun ist.

Währenddessen rollen Sie das nächste Stück Teig auf dieselbe Stärke wie das erste aus. Schneiden Sie daraus den Boden für den *timballo*, indem Sie wieder den Boden der Springform auf den Teig legen, aber in einem Abstand von gut einem Zentimeter um ihn herumschneiden.

Die Springform wieder zusammensetzen und buttern. Legen Sie den *timballo*-Boden in die Springform. Der überstehende Teig wird am Rand der Backform entlang hochgebogen.

Nehmen Sie nun das dritte Stück Teig und rollen Sie es zu einem Streifen aus, der in der Länge dem Umfang der Springform entspricht. Er ist für die Seitenwand des *timballo* gedacht. Mit dem Nudelholz rollen Sie den Teigstreifen auf eine Breite von 9 cm aus. Drücken Sie nun den Teig rundherum gegen die Innenwand der Springform und zwar so, daß er innerhalb des überlappenden *timballo*-Bodens aufliegt.

Drücken Sie mit der Handfläche den über die Oberkante der Springform hängenden Teig nieder und schneiden Sie ihn dann mit einer Küchenschere ab.

Legen Sie ein Stück Aluminiumfolie mit der glänzenden Seite nach oben locker in den *timballo* und beschweren Sie es mit getrockneten Hülsenfrüchten, damit sich der Teig beim Backen nicht wölbt.

Wenn der Teig in den Ofen kommt, sollte der Deckel fertig gebacken sein. Aus dem Ofen nehmen und auskühlen lassen.

Wenn die Teigschüssel nahezu fertig gebacken ist, bringen Sie einen großen Topf kaltes Wasser zum Kochen und streuen grobkörniges Salz ein. Die Nudeln hineingeben und je nach Trockenheit des Teigs 1 bis 3 Minuten kochen.

Nehmen Sie die Teigschüssel aus dem Ofen und entfernen Sie die Aluminiumfolie mit den Hülsenfrüchten. Lassen Sie den Teig in der Form.

Mit einem Schaumlöffel geben Sie die gekochten Nudeln zu der Sauce in die Kasserolle. Sahne und Parmesan hinzufügen und gut vermengen. Die Nudeln mit Sauce in den *timballo* füllen und darüber 4 Eßlöffel in kleine Stücke geschnittene Butter verteilen. Den Deckel auf den *timballo* setzen und 15 Minuten backen.

Aus dem Ofen nehmen und 2 Minuten auskühlen lassen. Dann setzen Sie die Springform auf eine große Platte und nehmen sie vom Teig ab. Sofort auftragen. Zum Servieren den Deckel abnehmen und mit einem Löffel die einzelnen Portionen entnehmen.

FÜR 8 PERSONEN

	Die Blätter von 10 Zweigen Petersilie
6	Eßlöffel Butter
1	Eßlöffel Olivenöl
1	Tasse trockener Rotwein
2	Eßlöffel Tomatenmark
2	Tassen heiße, selbstgemachte Hühnerbrühe
	Salz und frisch gemahlener schwarzer Pfeffer

FÜR DEN NUDELTEIG

4	Tassen Weizenmehl
5	extragroße Eier
	Eine Prise Salz

ZUM KOCHEN DER NUDELN

Grobkörniges Salz

ZUSÄTZLICH

1	Tasse Schlagsahne
¼	Tasse frisch geriebener Parmesan
4	Eßlöffel Butter

Nächste Doppelseite: Timballo di mezzelune *(Timballo mit Halbmondnudeln). Gefäß, Deckel und Griff sind aus Nudelteig.*

In Süditalien gibt es eine uralte Methode der Tomatenkonservie-
rung, die heute noch genauso praktiziert wird wie vor der
Erfindung der Konservendose. Die Tomaten werden im Freien
aufgehängt, so daß die Haut an der Luft ganz leicht antrocknet.
Anschließend hängt man sie im Haus auf, wo sie sich das ganze Jahr
über halten. Durch die Verstärkung des normalen Reifungsprozesses
wird die Haut ganz dünn und löst sich vom Fruchtfleisch. Obwohl
die Haut etwas weich wird, bleibt das Fleisch gehaltvoll und saftig
wie bei einer frischen Tomate. (Es handelt sich dabei jedoch nicht um
die sonnengetrockneten Tomaten, die es in Dosen zu kaufen gibt.)

Kirschtomaten lassen sich auf diese Weise am besten haltbar
machen. Sie werden in Italien überhaupt nicht frisch gegessen sondern nur luftgetrocknet. Man verwendet sie dort weder für Salate
noch für Dips.

Für die Zubereitung von *Spaghetti alla Sangiovannina* kann man den
Geschmack getrockneter Kirschtomaten annähernd nachahmen,
indem man frische Tomaten auf einem Backblech 5 Minuten bei
190°C in den Ofen schiebt. Die Haut trocknet und löst sich dann vom
Fruchtfleisch. Das Ergebnis kommt dem Original sehr nah. Außerdem verwendet man für dieses Gericht keine frischen sondern
getrocknete Spaghetti.

Spaghetti alla Sangiovannina
SPAGHETTI MIT LUFTGETROCKNETEN KIRSCHTOMATEN

500 g frische, reife Tomaten (als
Ersatz für luftgetrocknete
Kirschtomaten)

3 geschälte Knoblauchzehen

½ Tasse Olivenöl

Salz und frisch gemahlener
schwarzer Pfeffer

1 Teelöffel getrocknete und
zerdrückte Peperoncini

Grobkörniges Salz

500 g getrocknete Spaghetti,
vorzugsweise italienische
Importware

Die Blätter von 25 Zweigen
Petersilie

ZUM KOCHEN DER NUDELN

Grobkörniges Salz

Bringen Sie einen großen Topf kaltes Wasser für die Nudeln zum Kochen.

Währenddessen bereiten Sie die Sauce zu: Den Backofen auf 190°C vorheizen. Die Tomaten auf einem Backblech für 5 Minuten in den Ofen schieben.

Aus dem Ofen nehmen und 10 Minuten abkühlen lassen. Die Tomaten
halbieren; Kerne und Haut werden nicht entfernt.

Den Knoblauch auf einem Brett grob hacken.

Das Öl in einer großen Kasserolle bei mittlerer Temperatur erhitzen. Den
Knoblauch hineingeben und 2 Minuten darin schmoren. Dann stellen Sie die
Temperatur sehr hoch und geben die Tomaten dazu. Weitere 5 Minuten
schmoren lassen. (Auch bei sehr großer Hitze werden sich die Tomaten nicht
ganz auflösen.) Mit Salz, Pfeffer und den Peperoncini würzen.

Streuen Sie grobkörniges Salz in das siedende Nudelwasser und geben Sie
dann die Nudeln hinein. Mit einem Holzlöffel umrühren und den Topf
schließen, damit das Wasser so schnell wie möglich wieder zu kochen
beginnt. Dann nehmen Sie den Deckel ab und kochen die Nudeln *al dente* (je
nach Sorte zwischen 9 und 12 Minuten).

Die Nudeln abtropfen lassen und in die Kasserolle mit der Sauce geben.
Mit der Petersilie bestreuen, gut vermischen und sofort servieren. Zu diesem
Gericht wird kein Käse gereicht.

FÜR 4 BIS 6 PERSONEN

O recchiette, kleine ohrenförmige Nudeln, werden aus einer langgezogenen Teigrolle hergestellt, von der man ca. 1 cm dicke Scheibchen abschneidet. Mit dem Daumen drückt man sie flach. Durch eine Drehung des Daumens im Uhrzeigersinn entsteht die Form eines kleinen Ohrs.

Orecchiette con cavolfiore
ORECCHIETTE MIT BLUMENKOHL

500 g getrocknete *orecchiette*, vorzugsweise italienische Importware, oder frische *orecchiette*, die Sie aus folgenden Zutaten herstellen:

FÜR DIE SELBSTGEMACHTEN NUDELN

1   Tasse Grieß

2   Tassen Weizenmehl

1   Tasse kaltes Wasser

Eine Prise Salz

ZUM KOCHEN DER NUDELN

Grobkörniges Salz

FÜR DEN BLUMENKOHL

1   großer Blumenkohl, ungefähr 1 kg schwer (nach dem Entfernen der großen Blätter)

Grobkörniges Salz

2   große Knoblauchzehen, geschält aber unzerkleinert

5   ganze Sardellen in Salz oder 10 Sardellenfilets in Öl, abgetropft

Die Blätter von 20 Zweigen Petersilie

¾   Tasse Olivenöl

Salz und frisch gemahlener schwarzer Pfeffer

WAHLWEISE

½   Teelöffel zerdrückte Peperoncini

Wenn Sie das Gericht mit frischen *orecchiette* zubereiten, stellen Sie den Nudelteig mit den nebenstehend angegebenen Zutaten her und gehen dabei genau nach den Anweisungen auf den Seiten 86 und 87 vor.

Wässern Sie den Blumenkohl ½ Stunde in einer großen Schüssel mit kaltem Wasser. Bringen Sie einen großen Topf kaltes Wasser zum Kochen und streuen Sie grobkörniges Salz ein.

Den Blumenkohl in Röschen zerlegen und die Strünke entfernen. Die Röschen zusammen mit dem Knoblauch in das kochende Wasser geben. 3 Minuten kochen, dann abtropfen lassen und das Kochwasser aufheben. Stellen Sie den Blumenkohl in einer Schüssel beiseite. Der Knoblauch wird weggeworfen.

Wenn Sie in Salz eingelegte Sardellen verwenden, waschen Sie sie unter fließendem kalten Wasser. Gräten und das am Fleisch klebende Salz entfernen.

Bringen Sie das Blumenkohlwasser wieder zum Kochen.

Inzwischen die Petersilie auf einem Brett fein hacken.

Das Öl in einer großen Kasserolle bei mittlerer Hitze erwärmen, die Kasserolle vom Feuer nehmen und die Sardellenfilets hineingeben. Zerdrücken Sie die Filets mit einer Gabel.

Geben Sie die Nudeln in das kochende Wasser. Kochen Sie sie *al dente*, bei frischen Nudeln je nach Trockenheit des Teigs zwischen 5 und 10 Minuten, bei getrockneten Nudeln je nach Sorte 9 bis 12 Minuten.

Die Nudeln abtropfen lassen und in den Topf mit den Sardellen geben. Auf mittlere Hitze stellen, gut umrühren und den gekochten Blumenkohl hinzufügen. Mit Salz und Pfeffer abschmecken und alles gut miteinander vermengen. 5 Minuten garen lassen. Wenn Sie Peperoncini verwenden wollen, geben Sie sie jetzt hinzu. Mit Petersilie bestreuen und sofort servieren.

FÜR 6 PERSONEN

Oben: Eine Straße im alten Teil von Bari. Eine Frau stellt die ortseigene Nudelsorte her. Die Leute kaufen bei ihr für den täglichen Bedarf ein. Unten: Orecchiette trocknen auf einem Drahtsieb. Sie werden Stück für Stück kontrolliert, damit sie nicht aneinanderkleben. Darunter liegt eine Teigplatte mit Petersilienblättern.
Links: Orecchiette con cavolfiore (Orecchiette mit Blumenkohl).

Frischer Thun- und Schwertfisch sind in Süditalien jederzeit zu bekommen, und es gibt viele phantasievolle Rezepte dafür. Fisch kommt im Süden bei weitem häufiger als Fleisch auf den Tisch. Ein besonders beliebtes Gericht ist marinierter Fisch mit getrockneten Röhrennudeln. Große Röhrennudeln wie z. B. *rigatoni* oder *penne rigate* passen hervorragend zu den dicken Stücken Fisch. Sowohl Thun- als auch Schwertfisch nehmen sehr gut den Geschmack von pikanten Saucen aus Kapern, Oliven, Sardellen und in Weinessig eingelegten Paprikaschoten an.

Pasta con tonno fresco
NUDELN MIT FRISCHEM THUNFISCH

1	Scheibe frischer Thun- oder Schwertfisch, ca. 1 kg mit Gräten

Grobkörniges Salz

2	Lorbeerblätter
5	schwarze Pfefferkörner
1	Teelöffel Rotweinessig

Die Blätter von 20 Zweigen Petersilie

2	kleine, geschälte Knoblauchzehen
1	rote oder gelbe, glockenförmige Paprikaschote, in Weinessig eingelegt, abgetropft
1	Tasse Olivenöl
½	Teelöffel getrocknete und zerdrückte Peperoncini

Der Saft von 1 Zitrone

Salz und frisch gemahlener schwarzer Pfeffer

500 g getrocknete, kurze Nudeln wie *rigatoni, penne rigate, fusilli, chicciole* usw., vorzugsweise italienische Importware

ZUM KOCHEN DER NUDELN

Grobkörniges Salz

Den frischen Fisch waschen und in eine Schüssel mit kaltem Wasser und grobkörnigem Salz legen.

Eine Kasserolle mit 8 Tassen Wasser, einem gehäuften Teelöffel grobkörnigem Salz, den Lorbeerblättern, Pfefferkörnern und dem Weinessig auf mittlere Hitze stellen. Wenn das Wasser zu sieden beginnt, legen Sie die ganze Scheibe Fisch hinein und kochen sie 15 Minuten.

Währenddessen auf einem Brett die Petersilie grob sowie die Paprikaschote und den Knoblauch fein hacken. Die gehackten Zutaten in eine Steingut- oder Glasschüssel geben und Öl, Peperoncini, Zitronensaft, Salz und Pfeffer hinzufügen.

Heben Sie den Fisch mit einem Schaumlöffel aus dem Kochwasser in die Schüssel mit der Marinade. Zudecken und für mindestens 2 Stunden in den Kühlschrank stellen.

Einen großen Topf kaltes Wasser zum Kochen bringen und grobkörniges Salz einstreuen. Die Nudeln hineingeben und mit einem Holzlöffel umrühren, damit sie nicht aneinanderkleben. Den Topf zudecken und das Wasser so schnell wie möglich wieder zum Kochen bringen. Sobald es den Siedepunkt erreicht hat, den Deckel abnehmen und die Nudeln *al dente* kochen (je nach Sorte 9 bis 12 Minuten).

Lassen Sie die Nudeln abtropfen, und geben Sie sie in eine große Schüssel. Den Fisch von den Gräten befreien und zu den Nudeln geben. Gießen Sie die Marinade dazu. Mischen Sie nun den Fisch unter die Nudeln, wobei er in Stücke zerfällt. Sofort servieren.

FÜR 6 PERSONEN

In den italienischen Urlaubsorten am Meer sind die Strände oft in privat geführte *bagni* aufgeteilt, die Kabinen, Strandkörbe und Sonnenschirme verleihen. Die meisten ihrer Gäste kommen regelmäßig jedes Jahr. Man kann beim *bagnino*, dem beaufsichtigenden Bademeister, Boote ausleihen oder Schwimmunterricht nehmen. Einige *bagni* haben ihr eigenes Restaurant direkt am Strand. Und diese Restaurants sind manchmal die besten am ganzen Ort. Natürlich bekommt man dort Fisch und Meeresfrüchte.

Spaghetti della Pina sind eine Spezialität von Pina, der Besitzerin des *Bagno Bruno* in Forte dei Marmi.

Nächste Doppelseite: Pesce alla griglia (*ganzer Fisch vom Grill*) *und* Spaghetti della Pina (*Spaghetti auf Pinas Art*), *serviert am Strand von Forte dei Marmi. Dazu gibt es einen toskanischen Weißwein. Selbst in dieser zwanglosen Umgebung werden die Nudeln vor dem Fisch gegessen und nicht gleichzeitig serviert. Der Fisch ist mit frischem und gekochtem Rosmarin garniert (Rezepte nebenstehend u. S. 156).*

Spaghetti della Pina
SPAGHETTI AUF PINAS ART

500 g Miesmuscheln

500 g Venusmuscheln

Grobkörniges Salz

1 halbierte Zitrone

1 kleines Stück Zitronenschale

Die Blätter von 15 Zweigen Petersilie

2 mittelgroße, geschälte Knoblauchzehen

½ Tasse Olivenöl

500 g frische Tomaten oder italienische Dosentomaten (Abtropfgewicht)

4 frische oder in Salz eingelegte Basilikumblätter (siehe Anmerkung auf Seite 43), jeweils in 3 Stücke zerpflückt

Salz und frisch gemahlener schwarzer Pfeffer

3 Eßlöffel Rotweinessig

500 g getrocknete Spaghetti, vorzugsweise italienische Importware

ZUM KOCHEN DER NUDELN

Grobkörniges Salz

ZUM GARNIEREN

Die Blätter von 15 Zweigen Petersilie

Bürsten Sie die Muscheln sorgfältig unter fließendem kalten Wasser. Dann legen Sie sie zusammen in eine Schüssel mit kaltem Wasser und der Zitronenhälfte.

Zitronenschale, Petersilie und Knoblauch zusammen auf einem Brett fein hacken. Erwärmen Sie die Hälfte des Olivenöls in einer schweren Kasserolle bei mittlerer Hitze, und geben Sie die gehackten Zutaten hinein. 2 Minuten darin schmoren lassen. Lassen Sie die Muscheln abtropfen, und geben Sie sie dann ebenfalls in die Kasserolle. Im geschlossenen Topf 10 Minuten kochen.

Unterdessen schneiden Sie die Tomaten in kleine Stücke und drehen sie durch einen Fleischwolf (Vorsatz mit kleinen Löchern benutzen).

In einem kleinen Topf erwärmen Sie das restliche Öl bei mittlerer Hitze. Dann geben Sie die Tomaten und das Basilikum hinein. Mit Salz und Pfeffer würzen, den Topf schließen und 5 Minuten leise kochen lassen.

Den Weinessig in den Topf zu den Schalentieren gießen, mit Salz und Pfeffer abschmecken und den Weinessig 2 Minuten einkochen lassen.

Die vorbereitete Tomatensauce in die Kasserolle gießen, gut umrühren und weitere 2 Minuten kochen lassen.

Bringen Sie einen großen Topf kaltes Wasser zum Kochen, und streuen Sie grobkörniges Salz ein. Die Nudeln in das siedende Wasser geben, mit einem Holzlöffel umrühren und den Topf sofort wieder schließen, damit das Wasser so schnell wie möglich wieder zu kochen beginnt. Dann nehmen Sie den Deckel ab und kochen die Nudeln *al dente* (je nach Sorte 9 bis 12 Minuten).

Die Nudeln abtropfen lassen und auf eine große, vorgewärmte Servierplatte geben. Die Sauce mit den Muscheln darüber gießen und unterheben. Vor dem Servieren noch mit der Petersilie bestreuen.

FÜR 4 BIS 6 PERSONEN

Lumachelle al tartufo (*Lumachelle mit schwarzer Trüffelsauce*). *Schwarze und weiße Trüffeln sind in den letzten Jahren so beliebt geworden, daß die früher erschwinglichen Preise für Trüffeln in Dosen in Italien und Frankreich in geradezu schwindelnde Höhen geklettert sind.*

Lumachelle al tartufo ist ein umbrisches Gericht aus Nudeln mit einer Sauce, für die man schwarze Trüffeln und eine Forelle benötigt. Die Forelle wird im ganzen belassen und nach dem Kochen entfernt; sie verleiht der Sauce nur das Aroma. Es wäre allerdings Verschwendung, diesen delikaten Fisch wegzuwerfen, der zudem ganz von der Trüffelflüssigkeit mit nußartigem Geschmack durchzogen ist. Man kann die Forelle als Imbiß zwischendurch essen. Auf keinen Fall aber soll sie zur selben Mahlzeit wie die Nudeln serviert werden.

Wie schon der Name besagt, haben *lumachelle* die Form von Landschnecken.

Lumachelle al tartufo
LUMACHELLE MIT SCHWARZER TRÜFFELSAUCE

1 mittelgroße rote Zwiebel, geschält

2 Knoblauchzehen, geschält aber unzerkleinert

¼ Tasse Olivenöl

Die Zwiebel in Achtel schneiden und zusammen mit Knoblauch, Öl und Butter in einem schweren Topf auf mittlere Hitze stellen. Wenn die Butter geschmolzen ist, weiterschmoren lassen, bis die Zwiebel glasig ist (ungefähr 5 Minuten). Mit einem Schaumlöffel entfernen Sie Zwiebel und Knoblauch. Dann legen Sie die ganze Forelle in den Topf und schmoren sie von jeder Seite 2 Minuten.

Die Tomaten durch den Fleischwolf drehen (den Vorsatz mit kleinen Löchern benutzen) und anschließend in den Topf mit der Forelle geben. Mit Salz und Pfeffer abschmecken und 15 Minuten leise kochen lassen.

In der Zwischenzeit bringen Sie einen großen Topf kaltes Wasser zum Kochen und streuen grobkörniges Salz ein.

Wenn die Sauce fertig ist, die Forelle herausnehmen und dabei darauf achten, daß keine Fischstückchen zurückbleiben. Die Flamme auf kleinste Stufe stellen, so daß die Sauce warm bleibt.

Geben Sie die Nudeln in das siedende Wasser, rühren Sie mit einem Holzlöffel um, und schließen Sie den Topf wieder, damit das Wasser so schnell wie möglich wieder zu kochen beginnt. Dann nehmen Sie den Deckel wieder ab und kochen die Nudeln *al dente* (je nach Sorte 9 bis 12 Minuten).

Inzwischen hacken Sie auf einem Brett die Trüffeln fein und geben sie in den Topf zu der Sauce. Gut umrühren und 20 Sekunden kochen lassen. Dann geben Sie die Nudeln mit der Sauce auf eine vorgewärmte Servierplatte und tragen sie sofort auf.

FÜR 4 BIS 6 PERSONEN

2   Eßlöffel Butter

1   Bachforelle, gesäubert aber unzerkleinert, mit Kopf und Schwanz

500 g italienische Dosentomaten (Abtropfgewicht)

Salz und frisch gemahlener schwarzer Pfeffer

Ungefähr 30 g schwarze Trüffeln, frisch oder aus der Dose

500 g getrocknete, kurze Nudeln, vorzugsweise *lumachelle* (Schneckennudeln) oder *conchiglie* (Muschelnudeln), möglichst italienische Importware

ZUM KOCHEN DER NUDELN
Grobkörniges Salz

D ie *al cartoccio*-Methode ist bei der Fischzubereitung weit verbreitet, aber ganz besonders eignet sich diese Kochtechnik auch für ein spezielles Nudelgericht. Jede Portion besteht aus einem separaten Pergamentpaket, in das halbgare Spaghetti mit Tomatensauce, frischen Tomaten-Filets und schwarzen Oliven gefüllt werden. Die Nudeln nehmen die verschiedenen Aromen und die Sauce auf und bleiben saftig, obwohl sie gut durchgebacken sind.

Pasta al cartoccio *(Spaghetti im Pergamentpaket).*

Pasta al cartoccio
SPAGHETTI IM PERGAMENTPAKET

¼ Tasse und 2 Eßlöffel Olivenöl

1 große Knoblauchzehe, geschält aber unzerkleinert

2 Tassen italienische Dosentomaten, abgetropft

Salz und frisch gemahlener schwarzer Pfeffer

½ Teelöffel getrocknete und zerdrückte Peperoncini

Grobkörniges Salz

500 g frische, reife Tomaten

Die Blätter von 25 Zweigen Petersilie

30 große, schwarze griechische Oliven, in Öl eingelegt, entsteint

500 g getrocknete Spaghetti, vorzugsweise italienische Importware

ZUM KOCHEN DER NUDELN

Grobkörniges Salz

Erwärmen Sie die Vierteltasse Öl in einem großen, schweren Topf bei mittlerer Hitze. Dann fügen Sie den Knoblauch hinzu und schmoren ihn 2 Minuten darin an. Danach den Knoblauch entfernen und die Dosentomaten in den Topf geben. 20 Minuten leise kochen lassen und gelegentlich mit einem Holzlöffel umrühren. Mit Salz und Pfeffer würzen und die Peperoncini hinzufügen.

Den Topfinhalt durch den Fleischwolf drehen (Vorsatz mit kleinen Löchern benutzen). Die Sauce wieder in den Topf füllen und bei mittlerer Hitze 10 Minuten einkochen lassen. Den Topf vom Feuer nehmen und beiseite stellen.

Inzwischen bringen Sie in einer mittelgroßen Kasserolle kaltes Wasser zum Kochen und streuen grobkörniges Salz ein. Die ganzen, frischen Tomaten hinzufügen, die Hitzezufuhr verringern und 3 Minuten leise kochen lassen. Mit einem Schaumlöffel heben Sie die Tomaten in eine Schüssel mit kaltem Wasser. Nacheinander wieder herausnehmen und mit einem Schälmesser häuten. Anschließend viertelt man die Tomaten und erhält so – nach Entnahme der Kerne – die klassischen *filetti di pomodoro* (Tomatenfilets). Die Tomaten in eine Schüssel geben und beiseite stellen.

Nun hacken Sie die Blätter von 10 Zweigen Petersilie grob und die restlichen fein. Beide Sorten voneinander getrennt halten.

Bringen Sie einen großen Topf kaltes Wasser zum Kochen, und streuen Sie grobkörniges Salz ein. Anschließend die Nudeln hineingeben, aber nicht ganz *al dente* kochen, sondern einige Minuten früher herausnehmen (je nach Sorte also schon nach 5 bis 10 Minuten anstelle von 9 bis 12 Minuten).

Den Backofen auf 190°C vorheizen. Je nach Anzahl der gewünschten Portionen 4 bis 6 Stücke Pergamentpapier auf einem Brett auslegen.

Die fertigen Spaghetti abtropfen lassen und in die Schüssel mit den Tomatenvierteln geben. Die restlichen 2 Eßlöffel Öl, die Oliven, die vorbereitete Tomatensauce und die feingehackte Petersilie dazugeben. Mit Salz und Pfeffer abschmecken und alle Zutaten gut miteinander vermengen.

Den Inhalt der Schüssel entsprechend der gewünschten Anzahl von Portionen aufteilen und auf die Pergamentstücke verteilen. Jedes Papier sorgfältig verschließen. Die Pakete auf ein Backblech legen und 15 Minuten backen.

Die Pakete aus dem Ofen nehmen und jedes auf einen vorgewärmten Teller legen. Schneiden Sie mit einer Schere das Papier auf, und bestreuen Sie jede Portion mit etwas grobgehackter Petersilie.

FÜR 4 BIS 6 PERSONEN

*C*respelle (Crêpes) gibt es in ganz Italien, angefangen bei den *crespelle* in den Abruzzen über die florentinischen *cannelloni* bis hin zu den verschiedenen Arten der süditalienischen *manicotti*. In der Emilia-Romagna werden gefüllte Nudelrollen wie *Rotolo di pasta* in Stücke geschnitten, bevor man sie im letzten Schritt der Zubereitung in den Ofen schiebt. Auch *Bocconcini di Parma* werden so zubereitet. Das Wort *bocconcini* bedeutet soviel wie kleine Bissen und bezeichnet Nudel- oder Fleischgerichte, die in saftige Stücke zerteilt werden. Weil die Nudelrollen relativ klein sind, neigt die Füllung dazu, im Ofen aufzugehen. Dadurch erhält das Gericht ein souffléartiges Aussehen.

Bocconcini di Parma
BOCCONCINI AUS PARMA

FÜR DEN CRESPELLA-TEIG

1 Eßlöffel Butter

1 Tasse Weizenmehl

2 extragroße Eier

1 Tasse kalte Milch

Eine Prise Salz

Eine Prise frisch geriebene
Muskatnuß

Ein Hauch frisch gemahlener
weißer Pfeffer

FÜR DIE FÜLLUNG

750 g Ricotta, vorzugsweise aus
Vollmilch (ersatzweise
Sahnequark)

Das Eigelb von 4 extragroßen Eiern

¾ Tasse frisch geriebener
Parmesan

4 Eßlöffel Butter auf
Zimmertemperatur

Salz und frisch gemahlener
schwarzer Pfeffer

Frisch geriebene Muskatnuß

ZUSÄTZLICH

1 Eßlöffel Butter zum Einfetten
der Auflaufform

Bereiten Sie zunächst den Teig zu: Die Butter im Wasserbad zergehen und anschließend abkühlen lassen.

Das Mehl in eine Steingut- oder Glasschüssel sieben und eine Vertiefung hineindrücken. Geben Sie die ausgekühlte Butter hinein, und rühren Sie vorsichtig etwas Mehl vom Rand der Vertiefung mit ein. Unter ständigem Rühren mit einem Holzlöffel die Eier hinzufügen und noch mehr Mehl mit einrühren. Die Milch nach und nach dazugießen und weiterrühren, bis das ganze Mehl mit eingearbeitet ist. Dann fügen Sie Salz, Pfeffer und Muskatnuß hinzu und rühren noch einmal um. Die Schüssel abdecken und an einem kühlen Ort mindestens 1 Stunde stehenlassen.

In der Zwischenzeit bereiten Sie die Füllung zu: Den Ricotta abtropfen lassen und in eine Steingut- oder Glasschüssel geben. Fügen Sie Eigelb, das ganze Ei, Parmesan und die Butter hinzu. Salz, Pfeffer und Muskatnuß einstreuen und alle Zutaten mit einem Holzlöffel verrühren. Die Schüssel zudecken und bis zum Gebrauch – mindestens aber ½ Stunde – kaltstellen.

Die *crespelle* werden mit jeweils ¼ Tasse Teig in einer Crêpes-Pfanne von 20 cm Durchmesser zubereitet. Sie muß jedes Mal wieder neu gebuttert werden. Schichten Sie die fertigen *crespelle* mit jeweils einer Lage Pergamentpapier dazwischen aufeinander.

Wenn Sie die *crespelle* füllen, legen Sie jeweils ein Stück auf ein Brett und verteilen etwa 3 Eßlöffel von der Füllung auf einer Seite. Anschließend von dieser Seite her aufrollen. Die aufgerollten *crespelle* mit der Nahtseite nach unten auf ein Backblech legen. ½ Stunde kühlstellen.

Den Backofen auf 190°C vorheizen. Mit dem Eßlöffel Butter wird eine ca. 34 x 22 cm große Auflaufform gebuttert.

Mit einem sehr scharfen Messer schneiden Sie die Enden der *crespelle* ab. Anschließend jedes Stück in 3 Teile schneiden (bzw. in ca. 6 cm lange Stücke). In der gebutterten Form aufrecht nebeneinander stellen. 20 Minuten backen und heiß servieren.

FÜR 8 PERSONEN

Bocconcini di Parma (*Bocconcini aus Parma*).

REIS

Die besten Reissorten für *Risotto* wachsen bei Novara im Piemont. In Italien teilt man Reis im allgemeinen in drei Kategorien ein: *comune, semifino* und *fino*. *Fino* eignet sich am besten für Risotto, weil die Körner die Flüssigkeit aufsaugen und trotzdem ihre Form behalten. Zur Kategorie fino gehören unter anderen *Vialone, Razza* und *Arborio*. *Arborio* wird am meisten exportiert und ist deshalb im Ausland am leichtesten erhältlich.

Obwohl das Piemont Norditaliens Reisquelle ist, kommt die klassische Methode der Risotto-Zubereitung aus der Lombardei. Die Piemonteser Zubereitungsweise unterscheidet sich von den anderen Methoden dadurch, daß der Reis nicht mehr umgerührt wird, nachdem er einmal angeschmort ist. Bei geschlossenem Topf läßt man die Flüssigkeit einziehen. Das Ergebnis liegt in etwa zwischen Risotto und Pilaw. Bei der lombardischen Methode dagegen wird der Topf nicht geschlossen und der Reis umgerührt, bis alle Flüssigkeit absorbiert ist. Zu einem original *Risotto alla milanese* gehören außer Reis und Brühe auch Safran, Kalbs- oder Rinderknochenmark sowie reichlich Butter, die am Schluß zusammen mit dem Parmesan unter den Reis gezogen wird.

Links und nächste Doppelseite: Die Gärten der legendären Villa d'Este am Comer See bei Mailand bilden die Kulisse für eine Mahlzeit mit Risotto alla milanese. *Die Villa wurde Mitte des 16. Jahrhunderts für Kardinal Tolomeo Gallio erbaut. 1893 wurde daraus ein Luxushotel, das noch heute berühmte Gäste aus aller Welt anzieht.*

Risotto alla milanese
RISOTTO AUF MAILÄNDER ART

Die Brühe in einer großen Kasserolle zum Kochen bringen und die Knochen hineingeben. 20 Minuten leise kochen lassen. Den Topf vom Feuer nehmen und die Knochen auf ein Brett legen. Mit einer langstieligen Gabel nehmen Sie vorsichtig das Mark aus den Knochen und geben es auf einen Teller. Die Knochen wegwerfen.

Ein Stück Nessel oder ein Baumwoll-Geschirrtuch gut anfeuchten und 5 Minuten im Tiefkühlfach erstarren lassen. Anschließend über ein Sieb spannen und die Brühe hindurchgießen, so daß sich alle Rückstände darin fangen. Für den Risotto werden nur 4½ Tassen durchgesiebte Brühe benötigt, so daß Sie also reichlich davon haben.

Das Mark in Stücke schneiden und die Zwiebel auf einem Brett fein hacken.

Lassen Sie die Butter in einer schweren Kasserolle bei schwacher Hitze zergehen. Fügen Sie das Mark und die gehackte Zwiebel hinzu, und lassen Sie beides schmoren, bis die Zwiebel glasig ist (ungefähr 4 Minuten). Anschließend den Reis dazugeben und 4 Minuten schmoren. Den Wein dazugießen und einkochen lassen (ungefähr 3 Minuten).

In der Zwischenzeit erhitzen Sie die Brühe wieder. Gießen Sie sie unter ständigem vorsichtigen Rühren nach und nach in die Kasserolle. Die Brühe muß immer ganz vom Reis aufgesogen sein, bevor Sie neue Flüssigkeit nachgießen.

Nachdem Sie die erste Tasse Brühe verbraucht haben, kochen Sie die Safranfäden in 3½ Tassen Brühe bis sie sich auflösen.

Würzen Sie den Reis mit Salz und Pfeffer, und gießen Sie immer wieder etwas Flüssigkeit nach. Der Reis soll am Schluß gar aber *al dente* sein. (Vom Zeitpunkt, zu dem Sie mit dem Eingießen der Brühe begonnen haben, gerechnet ca. 18 Minuten.)

Den Topf vom Feuer nehmen und Butter und Parmesan über den Reis geben. Mit einem Holzlöffel unterziehen, so daß die Butter schmilzt und der Käse ganz vom Reis aufgenommen wird. Nach Wunsch kann man den Risotto noch mit zusätzlichem Parmesan servieren.

FÜR 6 PERSONEN

8 Tassen selbstgemachte Rinderbrühe

1,5 kg in Stücke geschnittene Kalbs- oder Rinderknochen vom oberen Teil der Keule

1 mittelgroße weiße Zwiebel, geschält

6 Eßlöffel Butter

2 Tassen Reis, vorzugsweise italienischer Arborio

½ Tasse trockener Weißwein

Ca. 30 Safranfäden

Salz und frisch gemahlener schwarzer Pfeffer

ZUSÄTZLICH

2 Eßlöffel Butter

½ Tasse frisch geriebener Parmesan

WAHLWEISE

6 Eßlöffel frisch geriebener Parmesan

*R*isi e bisi ist gewissermaßen ein Markenzeichen für Venedig. Es ist das nördliche Gegenstück zu den apulischen *Piselli e paternostri* (siehe Seite 57). In Venedig wird anstelle von Nudeln Reis verwendet, und auch der Anteil der Erbsen ist bei diesem Gericht kleiner als bei seiner südlichen Spielart. Aber etwas Wichtiges haben beide Speisen gemeinsam: Die Hülsen werden separat gekocht, und die Kochflüssigkeit verwendet man dann für die weitere Zubereitung des Gerichts. Im Süden kocht man die Nudeln darin; in Venedig schüttet man die Kochflüssigkeit in die Brühe, in der der Reis gekocht wird. Ursprünglich hieß das Gericht *Minestra de risi e bisi* (venezianischer Dialekt für Reis und Erbsen) und war eine dicke Suppe mit dem in Brühe gekochten Reis. In den letzten Jahrhunderten jedoch wurde es dem Risotto in der Zubereitung immer ähnlicher. Möglicherweise trug dazu auch der Einfluß der benachbarten Lombardei bei.

Die Risotto-Zubereitung beginnt mit dem *soffritto*, das ist gehacktes und geschmortes Gemüse. Die Venezianer zelebrieren die Zubereitung des *desfritto*, wie sie es in ihrer singenden Mundart nennen, in geradezu kunstvoller Weise. Sie sind darin unübertroffene Meister.

Risi e bisi
REIS MIT FRISCHEN ERBSEN

1 kg frische, ungeschälte Erbsen

1 Eßlöffel Weizenmehl

Grobkörniges Salz

1 mittelgroße Stange Sellerie

Die Blätter von 10 Zweigen Petersilie

4 Eßlöffel ungesalzene Butter

2 Eßlöffel Olivenöl

125 g durchwachsener Speck oder ungeräucherter Schinken, in kleine Stücke geschnitten

Salz und frisch gemahlener schwarzer Pfeffer

½ Tasse trockener Weißwein

FÜR DEN RISOTTO

3 Tassen selbstgemachte Rinderbrühe

2 Tassen Reis, vorzugsweise italienischer Arborio

Salz und frisch gemahlener schwarzer Pfeffer

ZUSÄTZLICH

3 Eßlöffel Butter

3 gehäufte Eßlöffel frisch geriebener Parmesan

Schälen Sie die Erbsen, und heben Sie auch die Hülsen auf. Die Erbsen mit dem Mehl in eine Schüssel kaltes Wasser geben. Rühren Sie das Mehl in das Wasser ein, und weichen Sie die Erbsen ½ Stunde darin ein.

Die Hülsen gründlich waschen und zusammen mit 4 Tassen kaltem Wasser und grobkörnigem Salz in einen Topf geben. Auf mittlerer Hitze 1 Stunde leise kochen lassen.

Die Erbsen abtropfen lassen und unter fließendem kalten Wasser abspülen.

Sellerie und Petersilie zusammen auf einem Brett fein hacken.

Butter und Öl in einem Topf zusammen erhitzen. Sobald die Butter ganz geschmolzen ist, geben Sie Speck oder Schinken hinein und schmoren ihn 5 Minuten. Das gehackte Gemüse dazugeben und weitere 5 Minuten schmoren lassen. Die Erbsen hinzufügen, gut umrühren und 5 Minuten kochen lassen. Mit Salz und Pfeffer abschmecken und den Wein dazugießen. Den Topf schließen und bei schwacher Hitze 20 Minuten kochen lassen. Danach sollten die Erbsen gar aber noch fest sein. Nehmen Sie den Topf vom Feuer, und lassen Sie die Erbsen bis zur Verwendung im geschlossenen Topf stehen.

Gießen Sie das Kochwasser von den Hülsen in einen Topf, und stellen Sie ihn beiseite. Die Hülsen wegwerfen.

Bereiten Sie nun den Risotto zu: Gießen Sie die Kochflüssigkeit von den Erbsen in eine große, schwere Kasserolle, in der der Reis später gekocht wird. Die Erbsen benötigen Sie später. Füllen Sie sie vorläufig in eine Steingut- oder Glasschüssel, und bedecken Sie diese mit Aluminiumfolie. Bis zur Verwendung beiseite stellen.

Die Rinderbrühe mit dem Hülsen-Kochwasser zusammengießen und erhitzen.

Bringen Sie das Erbsenwasser in einer schweren Kasserolle zum Kochen. Geben Sie den Reis hinein, und kochen Sie ihn 4 Minuten. Nun gießen Sie nach und nach das Brühengemisch hinzu und rühren dabei jedesmal vorsichtig um, bis der Reis alle Flüssigkeit bis auf ¼ Tasse aufgenommen hat. Dann fügen Sie die Erbsen und die verbliebene ¼ Tasse Flüssigkeit hinzu. Wenn die Brühe eingezogen ist, mit Salz und Pfeffer abschmecken. Den Topf vom Feuer nehmen und Butter und Parmesan hinzufügen. Gut vermengen und sofort servieren. FÜR 6 PERSONEN

Venedig – das ist der Canal Grande mit seinen berühmten Brücken; das sind die großartigen Paläste wie *Ca' d'Oro* und *Ca' Barbaro*; und auch Peggy Guggenheims Sammlung moderner Kunst gehört dazu. (Kein Venezianer wird ihre taubenförmige, diamantbesetzte Sonnenbrille je vergessen.)

Gleich neben der überdachten Rialto-Brücke, der berühmtesten von allen, befindet sich Venedigs Zentralmarkt. Er quillt fast über von Verkaufsständen für Fisch, Obst und Gemüse. Zu den köstlichen frischen Schalentieren, die es hier gibt, gehören auch süße, zarte Hummer und Garnelen aus der Adria. Man verwendet sie z. B. in einem für Venedig typischen Risotto. Für dieses Gericht löst man den Hummer aus der Schale und mischt das Fleisch zusammen mit den Garnelen unter den Reis. Außerdem verwendet man dazu eine delikate Hühnerbrühe.

Links: Die frischen Zutaten zu Risotto con aragosta e gamberi *(Risotto mit Hummer und Garnelen). Dazu gehört ein gut gekühlter Weißwein aus dem Veneto. Im Hintergrund die Rialto-Brücke in Venedig.*

Risotto con aragosta e gamberi
RISOTTO MIT HUMMER UND GARNELEN

1 kg mittelgroße Garnelen oder Krabben mit Schalen

Grobkörniges Salz

2 Eßlöffel Olivenöl

6 Eßlöffel Butter

125 g gekochtes Hummerfleisch

½ Tasse trockener Weißwein

500 g frische Tomaten oder italienische Dosentomaten (Abtropfgewicht)

Salz und frisch gemahlener schwarzer Pfeffer

2 Tassen Reis, vorzugsweise italienischer Arborio

4 Tassen heiße, selbstgemachte Hühnerbrühe

Wässern Sie die Garnelen ½ Stunde in einer Schüssel mit kaltem Wasser und grobkörnigem Salz.

Bringen Sie einen kleinen Topf kaltes Wasser zum Kochen, und streuen Sie grobkörniges Salz ein. Die Garnelen mit der Schale hineingeben und 3 Minuten kochen lassen. Das Fleisch aus der Schale lösen und vom Kopf trennen, den Darm entfernen.

Stellen Sie 2 Kasserollen bereit, jede mit 1 Eßlöffel Öl und 3 Eßlöffeln Butter. Eine Kasserolle auf mittlere Hitze stellen. Sobald die Butter ganz geschmolzen ist, geben Sie das Hummerfleisch und die Garnelen hinein. 2 Minuten schmoren lassen. Anschließend gießen Sie den Wein dazu und lassen ihn 2 Minuten einkochen.

Inzwischen drehen Sie die Tomaten durch den Fleischwolf (Vorsatz mit kleinen Löchern benutzen) in einen kleinen Schmortopf. Mit Salz und Pfeffer abschmecken und 3 Minuten leise kochen lassen.

Stellen Sie nun die zweite Kasserolle auf mittlere Hitze. Sobald die Butter ganz geschmolzen ist, den Reis hineingeben und 4 Minuten schmoren lassen. Nun gießen Sie nach und nach die heiße Brühe dazu und rühren dabei vorsichtig um. Gießen Sie immer erst Brühe nach, wenn die zuvor eingegossene Flüssigkeit ganz in den Reis eingezogen ist. Nachdem die erste Tasse Brühe eingezogen ist, fügen Sie die Hälfte der Tomatensauce hinzu. Nun füllen Sie immer wieder etwas Brühe nach, bis der Reis gar aber noch *al dente* ist (von dem Zeitpunkt, zu dem Sie mit dem Eingießen der Flüssigkeit begonnen haben, ungefähr 18 Minuten). Mit Salz und Pfeffer abschmecken und gut vermengen. Füllen Sie den Risotto in eine gebutterte Ringform, und lassen Sie ihn 2 Minuten stehen.

Inzwischen erhitzen Sie Hummer und Garnelen noch einmal. Stürzen Sie den Risotto auf eine große, vorgewärmte Servierplatte. Die restliche Tomatensauce darübergießen und alles Fischfleisch in der Mitte des Rings anrichten. Sofort servieren.

FÜR 6 PERSONEN

Zucchini-Blüten werden in Italien auf viele verschiedene Arten zubereitet. Man kann sie im ganzen verarbeiten, in einem Teigmantel ausbacken oder füllen und dann bakken. In anderen Gerichten dienen sie nur als Zutat, so z. B. in einer *frittata* aus Zucchini-Blüten oder einem Risotto, unter das sie gemischt werden. Das Aroma der Blüten kommt in den letztgenannten Gerichten mehr zum Tragen, als wenn die Blüten im ganzen gebacken werden. Dann nämlich kommt es mehr auf ihre Form und Struktur an. *Risotto con fiori di zucca* ist ein durchaus traditionelles Gericht und nicht eines von den modischen Rezepten, die Rosenblätter, Veilchen und exotische Blüten vorschreiben.

Risotto con fiori di zucca
RISOTTO MIT ZUCCHINI-BLÜTEN

Früh am Morgen öffnet sich die Zucchiniblüte. Wenn es dann tagsüber warm wird, schließt sie sich wieder. Darüber ein runder zucchino, *den man in Italien besonders gern für Füllungen nimmt. Erstaunlicherweise wird diese Pflanze in keinem anderen Land angebaut.*
Rechts: Risotto con fiori di zucca *(Risotto mit Zucchiniblüten).*

20 Zucchini-Blüten

125 g luftgetrockneter Schinken am Stück

4 Eßlöffel Butter

2 Eßlöffel Olivenöl

Die Blätter von 15 Zweigen Petersilie

2 Tassen Reis, vorzugsweise italienischer Arborio

4 Tassen selbstgemachte Hühnerbrühe

Salz und frisch gemahlener schwarzer Pfeffer

ZUSÄTZLICH

2 Eßlöffel Butter

⅓ Tasse frisch geriebener Parmesan

Die Zucchini-Blüten putzen, Stiele und Stempel entfernen. In kaltem Wasser waschen und auf Papiertüchern abtropfen lassen. Anschließend grob zerkleinern.

Den Schinken fein würfeln.

Einen schweren Topf mit Buter und Öl auf mittlere Hitze stellen.

In der Zwischenzeit die Petersilie auf einem Brett fein hacken.

Sobald die Butter ganz geschmolzen ist, geben Sie Schinken und Petersilie in den Topf und schmoren beides bei schwacher Hitze 5 Minuten. Den Reis hinzufügen. Auf mittlere Temperatur hochschalten und den Reis 4 Minuten schmoren lassen.

Die Brühe zum Kochen bringen und nach und nach an den Reis gießen. Rühren Sie dabei vorsichtig um, und gießen Sie immer nur nach, wenn die zuvor eingegossene Flüssigkeit bereits ganz eingezogen ist.

Nach der zweiten Tasse Brühe kommen die Zucchini-Blüten an den Reis. Würzen Sie den Risotto mit Salz und Pfeffer.

Wenn die ganze Brühe eingekocht und der Reis gar aber noch *al dente* ist (nach ungefähr 18 Minuten), nehmen Sie den Topf vom Feuer und ziehen Butter und Parmesan unter. Geben Sie den Risotto auf eine große vorgewärmte Platte, und servieren sie ihn heiß.

FÜR 6 PERSONEN

POLENTA

Polenta bereitet man aus Maismehl zu. Im ganzen Land bauen die Bauern Mais ebenso wie Weizen in kleinen Mengen an. Mehr noch als im benachbarten Venetien ist Polenta im Friaul Mittelpunkt der Speisekarte. Sie ist dort so beliebt, daß man sie sogar zum Frühstück in Milch getaucht ißt (Kaffee gibt es dort zum Frühstück kaum). Im Friaul und in Venetien werden gebratene bzw. geröstete Polenta-Scheiben anstelle von Brot zum Hauptgericht gereicht.

Das Mehl wird aus weißem und gelbem Mais gewonnen und kann grob, mittel oder fein gemahlen sein. Zum Kochen nimmt man je nach Rezept Wasser, Milch, Brühe oder sogar Wein. Je nach Verwendungszweck kann die Polenta locker bis ganz fest sein.

Die Liste der Polenta-Gerichte reicht von den unzähligen rustikalen Spielarten bis zu äußerst raffinierten Gerichten wie *Polenta con mascarpone e tartufi*. Bei letzterem wird für jede Portion heiße Polenta über ein Häufchen *Mascarpone* (sahniger Frischkäse) gegeben. Darüber streut man weiße Trüffelspäne. Am reizvollsten sieht das Gericht aus, wenn man es durchschneidet und die verschiedenen Farbschattierungen weißer und gelber Schichten – mit den zarten, braunen Trüffeln obenauf – zum Vorschein kommen. Diese Polenta-Zubereitung eignet sich als Vorspeise ebenso wie als Hauptgang. Allerdings dürfte es im ersten Fall schwierig sein, ein ebenso saftiges Hauptgericht folgen zu lassen.

Heiße Polenta wird über den kalten Mascarpone gegeben. Darüber werden weiße Trüffeln geraspelt.

Polenta con mascarpone e tartufi
POLENTA MIT MASCARPONE UND FRISCHEN WEISSEN TRÜFFELN

Wenn Sie eine frische Trüffel verwenden, säubern Sie sie sorgfältig mit einer Trüffelbürste, und achten Sie darauf, daß kein Sand haften bleibt.

Erhitzen Sie die Brühe in einem großen Topf bei mittlerer Temperatur. Wenn sie zu kochen beginnt, streuen Sie grobkörniges Salz ein. Nun rühren Sie mit einem flachen Holzlöffel sehr langsam das Maismehl in die Brühe. Achten Sie darauf, daß Sie das Mehl wirklich langsam nachschütten und mit dem Rühren nicht nachlassen, da die Polenta sonst schnell klumpig wird. Wenn Sie das ganze Mehl in die Brühe geschüttet haben, rühren Sie noch 45 bis 50 Minuten ohne Unterbrechung langsam weiter. Wenn sich Klumpen bilden, zerdrücken Sie sie mit dem Löffel an der Topfwand.

8 Teller werden mit 2 Eßlöffeln Butter eingefettet. Geben Sie mitten auf jeden Teller 1 gehäuften Eßlöffel Mascarpone. Dann stellen Sie die Teller in den Kühlschrank, bis Sie sie benötigen.

Wenn die Polenta fertig ist, mit Salz abschmecken und vom Feuer nehmen. Geben Sie sofort etwas Polenta über den Käse auf den Tellern, so daß sie ihn ganz bedeckt.

Hobeln Sie die Trüffel mit einem Trüffelschneider über die Polenta. Sofort servieren.

FÜR 8 PERSONEN

1 mittelgroße weiße Trüffel, frisch oder aus der Dose

3 l selbstgemachte Rinderbrühe

Grobkörniges Salz

500 g grobes oder steingemahlenes gelbes Maismehl aus Italien

2 Eßlöffel Butter

8 gehäufte Eßlöffel Mascarpone (ersatzweise Sahnequark oder Schichtkäse)

Fische und Schalentiere

KRAKE UND TINTENFISCH

Vorhergehende Doppelseite: Im felsigen Hafen bei Bari liegen frische Mittelmeerfische und verschiedene Kräuter zum Grillen bereitet. Auf der anderen Seite der Bucht steht ein alter, steinerner Leuchtturm.

Ein Fischer fährt den Anlegeplatz des Fischmarktes in Bari an. Dort wird er die Kraken für den Verkauf vorbereiten.

Von alters her haben Gedichte und Legenden vom Meer und den Fischern erzählt. Und auch heute noch ist die Zubereitung bestimmter Fischsorten oft an lokale Traditionen gebunden. Zu dieser Tradition gehört die Art oder, besser gesagt, der Ritus der Kraken-Zubereitung in Apulien.

Er beginnt mit einem kleinen Boot mit einem einzelnen Fischer darin. Er fährt die Kraken, die er früh morgens dicht vor der Küste gefangen hat, ein. Bevor die Tiere auf den Markt kommen, schlägt der Fischer jedes einzelne 50–60mal kräftig auf den Steinboden. Dann klopft er mit einem Holzpaddel darauf. Zuletzt werden die Kraken in einen Weidenkorb gelegt und darin kräftig geschüttelt, damit sie in die richtige Form fallen. (In Bari werden die Kraken so geschlagen und geklopft, daß sie in eine blütenähnliche Form fallen.) Nun sind die Kraken so zart, daß einige Händler die kleinen Exemplare an Spezialständen anbieten, wo sie gleich auf dem Markt roh gegessen werden.

Auch frische Seeigel kann man auf den Märkten kaufen. Mit Zitronensaft beträufelt und roh gegessen, ist der Rogen eine leckere und aromatische Delikatesse.

Ich erinnere mich gern daran, wie ich einmal im klaren Wasser vor der felsigen Küste der Insel Giglio (vor der toskanischen Küste) tauchte, um Seeigel mit gräulicher Färbung zu fangen, denn nur diese sind genießbar. Wir aßen den Rogen sofort und ließen dabei die Füße in das klare Wasser der Felsenbucht baumeln. In Bari stehen die Leute auf dem Markt an langen, weißen Marmortischen

Vorbereitungen für den Krakenverkauf: Im Uhrzeigersinn von oben links: Der Fischer wirft die Kraken auf den Boden des Ufers, schlägt mit einem Holzpaddel darauf, schüttelt die Tiere im Korb, damit Sie in eine hübsche Blütenform fallen und bietet sie schließlich zum Kauf an.

Kleine, preiswerte seppie, *die man scherzhaft* ›allievi‹ *nennt.*

und genießen die frisch gefangenen Seeigel. Besonders amüsant ist es, den Geschäftsleuten zuzusehen, wie sie den Rogen mit den Händen essen und ständig in Sorge sind, daß ihr Schlips einen Fleck abbekommt.

Die in der Gegend um Bari so beliebte Sepia hat den Kosenamen *allievo,* was soviel wie Schüler bedeutet. Vielleicht hat das etwas mit ihrer geringen Größe zu tun. Die kleinsten werden für das Fischgericht *Fritto misto di mare* unzerkleinert verwendet. Die runde Form des Magens unterscheidet *seppie* von *calamari,* die einen kegelförmigen Magen haben.

Tintenfisch, Sepia und Krake werden im folgenden Rezept für einen Salat mit Kichererbsen und hartgekochten Eiern als Hauptgericht kombiniert. Das wichtigste Gewürz sind kleine, ganze Pfefferminzblätter, deren Aroma der Fisch annimmt.

Die getrockneten Kichererbsen werden mit aromatischen Gemüsen eingeweicht und gekocht und ergänzen sich hervorragend mit den verschiedenen Fischsorten.

FÜR DIE ZUBEREITUNG DER KICHERERBSEN

1½ Tassen Kichererbsen

2 Eßlöffel Olivenöl

1 mittelgroße Knoblauchzehe, unzerkleinert und ungeschält

1 mittelgroße, geschabte Karotte

1 Stange Sellerie ohne Blätter

1 mittelgroße rote Zwiebel, geschält

Grobkörniges Salz

Insalata di calamari, seppie e polpi con ceci
SALAT AUS TINTENFISCH, SEPIA UND KRAKE MIT KICHERERBSEN

Weichen Sie die Kichererbsen über Nacht in einer Schüssel mit kaltem Wasser ein. Am nächsten Morgen abspülen und mit Öl, Knoblauch, Karotte, Sellerie und Zwiebel zusammen in eine schwere Kasserolle geben. Gießen Sie so viel Wasser dazu, daß alle Zutaten ganz bedeckt sind. Den Topf schließen und auf mittlere Hitze stellen. Bringen Sie alles zum Kochen, und streuen Sie grobkörniges Salz ein. Den Topf wieder schließen und leise kochen lassen, bis die Kichererbsen gar aber noch fest sind (je nach Trockenheit der Erbsen ungefähr 1 Stunde).

In der Zwischenzeit waschen Sie Sepia, Tintenfisch und Krake.

Achten Sie sorgfältig darauf, daß kein Sand mehr an den Tieren haftet.

In eine Schüssel mit kaltem Wasser und wenig grobkörnigem Salz geben und ½ Stunde wässern.

Bringen Sie die 3 l Wasser in einer schweren Kasserolle bei mittlerer Hitze zum Kochen.

Schneiden Sie die Sepia- und Tintenfischmägen in gut 1 cm dicke Ringe. Die Fangarme werden in 2 oder 3 Stücke geschnitten. Die Krake in 2,5 cm große Stücke schneiden.

Wenn das Wasser zu kochen beginnt, grobkörniges Salz einstreuen und danach Essig und Zitronensaft hinzufügen. Nun geben Sie die Krakenstücke dazu, reduzieren die Temperatur und lassen das Ganze ½ Stunde leise kochen. Tintenfisch und Sepia hinzufügen, den Topf wieder schließen und noch einmal ½ Stunde leise kochen lassen. Probieren Sie, ob der Fisch nun zart genug ist. Tintenfisch und besonders Krake erfordern oft – auch wenn sie in Stücke geschnitten sind – eine längere Kochzeit, wenn der Fisch groß und daher weniger zart war.

Den Fisch abtropfen lassen und 4 Eßlöffel von der Kochflüssigkeit aufheben. Geben Sie den Fisch in eine Steingut- oder Glasschüssel.

Bereiten Sie nun die Sauce für den Fisch zu: Die Petersilie auf einem Brett fein hacken und unter die Fischstücke in der Schüssel mischen. Olivenöl, Peperoncini, Zitronensaft, die 4 Eßlöffel Fischbrühe sowie Salz und Pfeffer hinzufügen. Gut vermengen, zudecken und bis zur Verwendung beiseite stellen.

Die gekochten Kichererbsen abtropfen lassen und die Gemüsebeigaben entfernen. Die Erbsen in eine andere Schüssel füllen und mit ¼ Tasse Olivenöl sowie Salz und Pfeffer würzen. Zudecken und zum Auskühlen beiseite stellen.

Halbieren Sie die hartgekochten Eier der Länge nach. Den Fisch richten Sie mit dem eigenen Saft in der Mitte einer Servierplatte an. Nun legen Sie die Eier rund um den Fisch und darum einen Ring aus Kichererbsen. Pfefferminz- und Basilikumblätter darüber streuen und servieren.

FÜR 8 PERSONEN

FÜR DIE FISCHZUBEREITUNG

500 g gesäuberter Tintenfisch

500 g gesäuberte Sepia

500 g Krake

Grobkörniges Salz

3 l kaltes Wasser

5 Eßlöffel Rotweinessig

Der Saft von 1 Zitrone

FÜR DIE SAUCE ZUM FISCH

Die Blätter von 15 Zweigen Petersilie

¾ Tasse Olivenöl

½ Teelöffel getrocknete und zerdrückte Peperoncini

Der Saft von 1 Zitrone

4 Eßlöffel vom Fischkochwasser

Salz und frisch gemahlener schwarzer Pfeffer

FÜR DIE SAUCE ZU DEN KICHERERBSEN

¼ Tasse Olivenöl

Salz und frisch gemahlener schwarzer Pfeffer

ZUSÄTZLICH

8 hartgekochte, extragroße Eier

10 ganze, frische Pfefferminzblätter

5 frische Basilikumblätter, jeweils in 3 Stücke zerpflückt

Insalata di calamari, seppie e polpi con ceci *(Salat aus Tintenfisch, Sepia und Krake mit Kichererbsen)*.

JAKOBSMUSCHELN

Jakobsmuscheln haben in Italien viele verschiedene Namen: *canestrelli, ventagli, cape sante, pellegrini* (Pilger). Diese letzte Bezeichnung ist wahrscheinlich die verkürzte Form des Namens *Pellegrini di San Giacomo* – und dahinter verbirgt sich eine Geschichte. Der Name erinnert – wie bei den französischen *coquilles St. Jacques* – an die Pilger, die auf ihrem Weg zu den heiligen Stätten, insbesondere nach Santiago (oder San Giacomo bzw. Saint Jacques) de Compostela in Nordspanien, Jakobsmuscheln als Trinkgefäße mitführten.

Ein typisches *canestrelli*-Rezept schreibt vor, sie *in bianco* zu schmoren, d. h. mit Wein, Petersilie und Knoblauch sowie dem üblichen Schuß Brandy oder Grappa. (Grappa ist ein starker, sehr trockener Schnaps. Er wird aus den Kernen gewonnen, die nach dem Weinpressen von den Trauben übrig bleiben. In Venetien und Friaul trinkt man ihn besonders gern, vor allem nach dem Essen.) Die Kochzeit der Jakobsmuscheln hängt zwar von ihrer Größe ab, doch sollten sie auf jeden Fall nur kurz gekocht werden. Sonst werden sie zäh. Jakobsmuscheln aus dem offenen Meer sind der Spielart, die man an der Adria-Küste bei Venedig und Bari findet ähnlicher als die kleinere Form, die in den Buchten vorkommt. Das fertige Gericht wird in den Muschelschalen serviert, die man aufhebt und wieder verwendet.

Canestrelli di Chioggia
JAKOBSMUSCHELN AUF CHIOGGIA-ART

18 Jakobsmuscheln, ungefähr 750 g

½ Eßlöffel grobkörniges Salz

2 mittelgroße, geschälte Knoblauchzehen

Die Blätter von 10 Zweigen Petersilie

⅓ Tasse Olivenöl

Salz und frisch gemahlener schwarzer Pfeffer

¼ Tasse trockener Weißwein

2 Eßlöffel Brandy oder Grappa

Der Saft von 1 Zitrone

ZUSÄTZLICH

Die Blätter von 15 Zweigen Petersilie, fein gehackt

1 in Spalten zerteilte Zitrone

Wässern Sie die Muscheln ½ Stunde in einer Schüssel mit kaltem Wasser und grobkörnigem Salz.

Knoblauch und Petersilie auf einem Brett zusammen fein hacken.

Die Muscheln abtropfen lassen und mit Küchenkrepp abtupfen.

Das Öl in einer Pfanne bei mittlerer Hitze erwärmen und dann Knoblauch und Petersilie 2 Minuten darin schmoren. Die Muscheln hineingeben, die Temperatur reduzieren, die Pfanne zudecken und 5 Minuten garen lassen. Mit Salz und Pfeffer würzen. Gießen Sie den Wein dazu, und lassen Sie ihn 5 Minuten einkochen. Nun kommt noch der Brandy dazu, der auch noch einmal 5 Minuten einkochen muß.

Wärmen Sie die Muschelschalen, in denen das Gericht serviert werden soll, ein paar Minuten im Ofen vor.

Wenn der Brandy eingekocht ist, gießen Sie den Zitronensaft dazu und rühren ihn gründlich ein. Die Muscheln in die gewärmten Schalen füllen und mit gehackter Petersilie sowie Zitronenspalten garnieren. Sofort servieren.

ALS VORSPEISE FÜR 6 PERSONEN, ALS HAUPTGERICHT FÜR 3 PERSONEN

GARNELEN

Garnelensalate sind in Italien sehr beliebt. Wenn Mayonnaise dazu gehört, wird sie aber nie unter den Salat gerührt. Meist werden die Garnelen mit etwas anderem, z. B. Gemüse kombiniert und mit Öl und frischen Kräutern gewürzt. Mittelmeer-Garnelen haben ein kräftiges, süßes Aroma und brauchen eine leichte Sauce.

Unabhängig davon, wofür sie verwendet werden sollen, werden Garnelen immer in der Schale gekocht und kommen – außer in Salaten – auch fast immer so auf den Tisch, sogar in Fischsuppen. Die kleinen Exemplare kann man sogar mit den zarten Schalen essen, wenn sie als Bestandteil von *Fritto misto di mare* gebraten serviert werden.

Das erste Salatrezept, das ich Ihnen hier vorstellen möchte, sieht frischen, in grobe Stücke geschnittenen Sellerie mit Garnelen vor, die in aromatischem Olivenöl mit frischen Pfefferminzblättern mariniert werden. Das Ganze serviert man kalt.

Im zweiten Salatrezept kommen zu den Garnelen noch würfelig geschnittene, gekochte Karotten und Kartoffeln hinzu. Sie werden nur durch etwas Öl und Zitronensaft ergänzt. Auf diese Weise wird die Hauptbeigabe zu diesem Gericht, die selbstgemachte Mayonnaise, besonders hervorgehoben. Die Hälfte der Garnelen wird in Würfeln unter den Salat gemischt, die restlichen krönen die einzelnen Portionen.

Die selbstgemachte Mayonnaise hat eine intensive grünlich-gelbe Farbe und besteht aus tiefgrünem Olivenöl und Eigelb. Sie wird nur mit Zitronensaft und Salz abgeschmeckt. Italienische Mayonnaise ist steifer und fester als die Mayonnaise der französischen Küche. Der Geschmack dieser Beigabe reicht aus, jeden gekochten Fisch in ein edles Mahl zu verwandeln.

Selbstgemachte Mayonnaise.

Mayonnaise wird in einer Sauciere als Beilage gereicht und nicht unter das Gericht selbst gemischt. Darin kommt ihre wichtige und durchaus eigenständige Funktion zum Ausdruck.

Insalata di gamberi alla menta

GARNELENSALAT MIT FRISCHEN PFEFFERMINZBLÄTTERN

1 kg mittelgroße Garnelen in der Schale

Grobkörniges Salz

1 Eßlöffel Rotweinessig

1 Bund Stangensellerie

3 Zitronen

½ Tasse Olivenöl

Salz und frisch gemahlener schwarzer Pfeffer

Die Blätter von 15 Zweigen Petersilie

15 ganze, frische Pfefferminzblätter

Die Garnelen gründlich waschen und zum Wässern ½ Stunde in eine Schüssel mit kaltem Wasser und grobkörnigem Salz legen.

Bringen Sie eine mittelgroße Kasserolle mit kaltem Wasser zum Kochen. Grobkörniges Salz und Essig hinzufügen. Nachdem das Wasser 2 Minuten gekocht hat, lassen Sie die Garnelen abtropfen und geben sie in die Kasserolle. 3 Minuten kochen. Anschließend mit einem Schaumlöffel in eine Schüssel heben. Wenn die Garnelen soweit abgekühlt sind, daß Sie sie anfassen können, das Fleisch aus der Schale lösen und vom Kopf trennen; den Darm entfernen.

Den Sellerie waschen und putzen; verwenden Sie nur die inneren, hellen Stangen. Die Blätter entfernen und die Stangen der Länge nach dreiteilen. Anschließend in jeweils 2,5 cm große Stücke schneiden. Wässern Sie den Sellerie ½ Stunde in einer Schüssel mit kaltem Wasser und dem Saft einer Zitrone.

Geben Sie die Garnelen in eine Steingut- oder Glasschüssel, und fügen Sie Olivenöl sowie Salz und Pfeffer hinzu. Den Sellerie abtropfen lassen und ebenfalls in die Schüssel geben. Den Saft der restlichen 2 Zitronen dazugießen und unterrühren. Die Schüssel abdecken und vor dem Servieren ½ Stunde kühlstellen.

Hacken Sie die Petersilienblätter auf einem Brett grob, und geben Sie sie zusammen mit den ganzen Pfefferminzblättern über den Salat. Alles gut vermengen und servieren.

SIEHE ABBILDUNG AUF SEITE 39　　　　　　　　FÜR 6 PERSONEN

SALAT AUS GARNELEN, KAROTTEN UND KARTOFFELN MIT SELBSTGEMACHTER MAYONNAISE

Insalata di gamberi, carote e patate con maionese *(Salat aus Garnelen, Karotten und Kartoffeln mit selbstgemachter Mayonnaise). Zu diesem far-benprächtigen Salat gehören ganze und in Stücke geschnittene Garnelen.*

FÜR DIE GARNELEN-ZUBEREITUNG

1 kg mittelgroße Garnelen in der Schale

Grobkörniges Salz

8   Tassen kaltes Wasser

½   Tasse trockener Weißwein

5   schwarze Pfefferkörner

1   Lorbeerblatt

FÜR DIE KAROTTENZUBEREITUNG

500 g Karotten

Grobkörniges Salz

FÜR DIE
KARTOFFELZUBEREITUNG

Grobkörniges Salz

2 Eßlöffel Rotweinessig

500 g mehlige Kartoffeln (keine
neuen Kartoffeln)

ZUSÄTZLICH

6 Eßlöffel Olivenöl

Der Saft von 2 Zitronen

Salz und frisch gemahlener
schwarzer Pfeffer

FÜR DIE MAYONNAISE
Das Eigelb von 3 extragroßen Eiern

1 Tasse Olivenöl

Salz

½ Eßlöffel Zitronensaft

ZUM GARNIEREN
Kopfsalat- und Radicchio-Blätter

Die Garnelen gründlich waschen und in einer Schüssel mit kaltem Wasser und etwas grobkörnigem Salz ½ Stunde wässern.

Die 8 Tassen kaltes Wasser in einer mittelgroßen Kasserolle zum Kochen bringen. Grobkörniges Salz, Wein, Pfefferkörner und Lorbeerblatt hinzufügen. Die Garnelen hineingeben und 3 Minuten kochen. Danach abtropfen und soweit abkühlen lassen, daß man das Fleisch mit den Händen aus der Schale lösen und vom Kopf trennen kann; den Darm entfernen und das Fleisch auf einen Teller legen. Schneiden Sie die Hälfte davon in 2,5 cm große Stücke. Die andere Hälfte lassen Sie ganz. Vorläufig beiseite stellen.

In der Zwischenzeit wässern Sie die ganzen Karotten ½ Stunde in einer Schüssel mit kaltem Wasser. Einen kleinen Topf kaltes Wasser zum Kochen bringen und grobkörniges Salz einstreuen. Geben Sie die Karotten in das siedende Wasser, und kochen Sie sie 15 Minuten, bzw. bis sie gar aber noch fest sind. Abtropfen lassen und unter fließendem kalten Wasser die äußere Haut vorsichtig ablösen. Schneiden Sie die geputzten Karotten in 2,5 cm große Stücke, und geben Sie sie auf einen anderen Teller.

Nun bringen Sie noch einmal einen kleinen Topf kaltes Wasser zum Kochen und fügen grobkörniges Salz und Weinessig hinzu. Die Kartoffeln schälen und in 2,5 cm große Würfel schneiden. Geben Sie sie in das siedende Wasser und kochen Sie sie 6 Minuten, bzw. bis sie gar aber noch fest sind. Abtropfen lassen und auf einen dritten Teller geben. Bis zur Verwendung beiseite stellen.

Verrühren Sie in einer kleinen Schüssel 6 Eßlöffel Olivenöl mit dem Zitronensaft sowie Salz und Pfeffer. Ziehen Sie jeweils ein Drittel von dem Gemisch unter die Karotten, die Kartoffeln und alle Garnelen.

Vermischen Sie in einer großen Schüssel Karotten, Kartoffeln und die zerkleinerten Garnelen miteinander. Legen Sie eine große Glasschüssel mit den Salat- und Radicchio-Blättern aus, und geben Sie die Mischung aus Karotten, Kartoffeln und Garnelen in die Mitte. Die ganzen Garnelen stecken Sie rundherum auf den Rand der Schüssel.

Nun bereiten Sie die Mayonnaise zu: Das Eigelb in eine Steingut- oder Glasschüssel geben und mit einem Holzlöffel immer in dieselbe Richtung rühren. Die Rührbewegung soll langsam und gleichmäßig sein. Wenn die Eigelb gut verrührt sind, den ersten Tropfen Olivenöl hineingeben und langsam weiterrühren, bis er ganz vom Eigelb aufgenommen ist. Geben Sie nun jeweils einige Tropfen Öl auf einmal dazu, und rühren Sie dabei langsam und ohne Unterbrechung in dieselbe Richtung. Immer erst das Öl ganz einarbeiten, bevor Sie ein paar neue Tropfen dazugeben. Wenn die Emulsion anfängt, dick zu werden, können Sie die Ölzugaben um ein paar Tropfen erhöhen. Achten Sie aber darauf, nicht zuviel Öl auf einmal zuzugeben. Die Masse sollte jetzt fest werden, so daß der Rührlöffel Spuren darin hinterläßt. Wenn das ganze Öl verarbeitet ist und die Masse die richtige Konsistenz erreicht hat, verrühren Sie das Salz mit dem halben Eßlöffel Zitronensaft in einer kleinen Schüssel. Dann rühren Sie dieses Gemisch langsam in die Mayonnaise ein. Füllen Sie die Mayonnaise vor dem Servieren in eine Sauciere.

FÜR 6 PERSONEN

F ast überall in Italien ist es Sitte, vor dem Essen einen Aperitif mit geringem Alkoholgehalt zu nehmen, z. B. *Campari* oder *Punt e Mes*. Zum Aperitif gibt es oft salzige oder leicht gewürzte kalte und warme Gerichte wie z. B. die im folgenden Rezept beschriebene Fischtorte.

Torta di pesce
FISCHTORTE

FÜR DEN TEIG

250 g Weizenmehl

125 g Butter

Eine Prise Salz

4–5 Eßlöffel kalte Milch

FÜR DIE FÜLLUNG

250 g Seebarschfilet

250 g kleine Garnelen in der Schale

Grobkörniges Salz

1   Eßlöffel Olivenöl

Salz und frisch gemahlener schwarzer Pfeffer

Eine große Prise getrocknete und zerdrückte Peperoncini

1   Eßlöffel Rotweinessig

2   Eßlöffel Butter

1½ Tassen selbstgemachte Hühnerbrühe

2   Eßlöffel Weizenmehl

1   große, geschälte Knoblauchzehe

2   ganze Lorbeerblätter

Das Eigelb von 2 extragroßen Eiern

Stellen Sie zunächst den Teig her: Das Mehl auf ein Brett zu einem kleinen Hügel sieben. Die Butter in Stücke schneiden und auf das Mehl legen. ½ Stunde – oder bis die Butter weich ist – ruhen lassen. Verkneten Sie das Mehl und die Butter mit den Händen, und reiben Sie es am Schluß zwischen den Handflächen. Drücken Sie in das Butter-Mehl-Gemisch eine Vertiefung, und geben Sie Salz und Milch hinein. Mit einer Gabel nach und nach die Flüssigkeit einarbeiten, bis alles gut miteinander vermengt ist.

Formen Sie mit den Händen aus dem Teig eine Kugel, und kneten Sie sie vorsichtig 1 Minute lang. Ein Baumwoll-Geschirrtuch leicht anfeuchten und die Kugel darin einschlagen. An einem kühlen Ort oder im untersten Kühlschrankfach 1 Stunde stehenlassen.

In der Zwischenzeit bereiten Sie die Füllung zu: Zunächst den Backofen auf 190°C vorheizen.

Wässern Sie den Seebarsch und die Garnelen in 2 verschiedenen Schüsseln mit kaltem Wasser und grobkörnigem Salz 15 Minuten.

Stellen Sie einen kleinen Topf mit 5 Tassen kaltem Wasser auf mittlere Hitze.

Den Seebarsch abtropfen lassen, mit Küchenkrepp abtupfen und auf die glänzende Seite einer Aluminiumfolie legen. Öl, Salz, Pfeffer und die Peperoncini darauf verteilen. Den Fisch in die Aluminiumfolie einschlagen und 30 Minuten backen.

Wenn das Wasser im Topf zu kochen beginnt, grobkörniges Salz und den Weinessig hinzufügen. Sobald das Wasser danach wieder den Siedepunkt erreicht, lassen Sie die Garnelen abtropfen und geben sie in den Topf. 3 Minuten kochen. Dann nehmen Sie den Topf vom Feuer und lassen die Garnelen ½ Stunde im Kochwasser stehen.

Den Barsch aus dem Ofen nehmen und in der geschlossenen Folie ½ Stunde stehen lassen.

Das Garnelenfleisch aus der Schale lösen und vom Kopf trennen; den Darm entfernen. Das Fleisch in jeweils 3 Stücke schneiden.

Den Inhalt der Alufolie in eine kleine Schüssel geben, das Fischfleisch zerkleinern und mit dem Saft vermengen. Die Garnelenstücke hinzufügen und daruntermischen.

Lassen Sie die Butter in einem kleinen Topf bei mittlerer Hitze zergehen. Sobald sie ganz geschmolzen ist, den Fisch hineingeben und bei schwacher Hitze 2 Minuten darin schmoren.

Inzwischen erhitzen Sie die Brühe in einem zweiten Topf. Auf einem Brett wird der Knoblauch fein gehackt.

Das Mehl zu dem Fisch geben, gut verrühren und 1 Minute kochen lassen. Gießen Sie die heiße Brühe auf einmal zu. Anschließend geben Sie den Knoblauch und die Lorbeerblätter hinein und verrühren alles gut. Bei schwacher Hitze leise kochen lassen. Den Topfinhalt in eine Steingut- oder Glasschüssel füllen und auskühlen lassen (ungefähr 1 Stunde). Entfernen Sie die Lorbeerblätter.

Buttern Sie eine 24 cm große Springform.

Ein Brett mit etwas Mehl bestäuben, den Teig aus dem Tuch nehmen und 1 Minute auf dem Brett kneten. Mit einem Nudelholz wird der Teig auf 40 cm Durchmesser ausgerollt. Anschließend wickeln Sie ihn um das Nudelholz, um ihn über der gebutterten Backform wieder zu entrollen. Passen Sie den Teig in die Form ein. Verteilen Sie mit einer Gabel über den ganzen Teig

Einstiche, und legen Sie ein Stück Aluminiumfolie mit der glänzenden Seite nach unten locker auf den Teig. Geben Sie getrocknete Hülsenfrüchte oder Backgewichte auf die Folie, damit der Teig sich beim Backen nicht wölbt. ½ Stunde kühlstellen.

Den Backofen auf 190°C vorheizen und den Teig 35 Minuten backen.

In der Zwischenzeit die Eigelb an die abgekühlte Füllmasse geben und mit Salz und Pfeffer würzen.

Die fertig gebackene Teigform aus dem Ofen nehmen und die Füllmasse hineingießen. Wieder in den Ofen stellen und noch einmal 25 Minuten backen. Nehmen Sie die Kuchenform aus dem Ofen, und lassen Sie sie 2 Minuten stehen, bevor Sie die Torte aus der Form nehmen. Auf eine Platte geben und zum Servieren wie eine Torte aufschneiden. FÜR 6 BIS 8 PERSONEN

FISCH

Ob zum Backen, Grillen, Kochen oder Schmoren – die Italiener verwenden immer den ganzen Fisch mitsamt Kopf und Schwanz, um das Aroma so weit wie möglich zu erhalten. Wenn der Fisch sehr groß ist, wird er mit den Gräten in Scheiben geschnitten. So verfährt man z. B. bei gekochtem *Palombo*, geschmortem oder gegrilltem Schwertfisch und sogar bei der Zubereitung von frischem Thunfisch. Filets von kleineren Fischen werden nur für ganz spezielle Rezepte und zum Braten verwendet. Sogar Seezunge wird im ganzen gebraten, wenn sie sehr klein und jung ist.

Neben den einfacheren Zubereitungsmethoden gibt es für Fisch eine ganze Anzahl Saucen-Rezepte. Dazu gehören auch einige süß-saure Saucen, die man *in savore* oder *in carpione* nennt. Das Wort *savore* stammt aus dem Mittelalter und bezeichnete Saucen, die mit gemahlenen Nüssen und etwas Brot angedickt wurden.

Fischer am Ombrone, einem Fluß, der leicht salzhaltig ist. Auf seinem Weg ins Meer passiert er hier die Maremma.

In Italien gibt es bestimmte regionale Fischgerichte, die das Wort *savore* als Bezeichnung für marinierten Fisch im Namen tragen. Das berühmteste von ihnen ist das venezianische Gericht *Sardelle o sogliole in saor*, marinierte, gebratene Sardinen oder Seezunge (*saor* ist *savore* im venezianischen Dialekt). Es handelt sich dabei um ein süß-saures Gericht, das beinahe identisch mit der *in carpione* genannten Fischzubereitung in der benachbarten Lombardei ist. Allerdings verwendet man in der venezianischen Version Salzwasser- anstelle von Süßwasserfischen. Die Lachsforelle aus dem Gardasee, *carpione* genannt, wird in der Lombardei oft in einer süß-sauren Sauce zubereitet. Andere Gerichte mit dieser Sauce nennt man daher *in carpione*.

Sogliole in saor *(Marinierte, gebratene Seezunge auf Venezianische Art).*

Sogliole in saor
MARINIERTE, GEBRATENE SEEZUNGE AUF VENEZIANISCHE ART

1 kg kleine Seezungen- oder Flunderfilets

4 extragroße Eier

Eine Prise Salz

¼ Tasse kalte Milch

FÜR DIE SAUCE

1 große weiße Zwiebel, geschält

½ Tasse Olivenöl

4 Eßlöffel Butter

10 schwarze Pfefferkörner

5 Lorbeerblätter

½ Tasse Weißweinessig

1 Tasse kaltes Wasser

Salz und frisch gemahlener schwarzer Pfeffer

Die Blätter von 15 Zweigen Petersilie

2 mittelgroße Knoblauchzehen

¼ Tasse Rosinen

2 Eßlöffel Pinienkerne

ZUSÄTZLICH

1 Tasse ungewürzte, vorzugsweise selbstgeriebene Semmelbrösel

1 l Pflanzenöl

4 Eßlöffel Butter

Schneiden Sie die Filets in maximal 5 x 10 cm große Stücke.

In einer Schüssel die Eier, eine Prise Salz und die Milch mit einer Gabel verschlagen. Geben Sie die Fischstücke in die Schüssel, rühren Sie gut um, und lassen Sie den Fisch 1 Stunde ziehen. Gelegentlich umrühren.

In der Zwischenzeit bereiten Sie die Sauce zu: Die Zwiebel in ganz dünne Ringe schneiden und in einer Schüssel mit kaltem Wasser 5 Minuten wässern.

Erhitzen Sie Öl und Butter zusammen in einem schweren Topf bei mittlerer Temperatur. Sobald die Butter ganz geschmolzen ist, lassen Sie die Zwiebelringe abtropfen und geben sie in den Topf. Bei schwacher Hitze 5 Minuten schmoren, bzw. bis die Zwiebeln glasig sind. Pfefferkörner, Lorbeerblätter und Weinessig zugeben und 2 Minuten leise kochen lassen. Dann gießen Sie das Wasser zu und lassen das Ganze noch einmal 30 Minuten leise kochen. Mit Salz und Pfeffer würzen. Halten Sie die Sauce warm, während Sie den Fisch kochen.

Auf einem Brett Petersilie und Knoblauch zusammen fein hacken. Die Rosinen in einer Schüssel mit lauwarmem Wasser 15 Minuten einweichen.

Nachdem der Fisch 1 Stunde in der Marinade gelegen hat, erhitzen Sie das Pflanzenöl mit der Butter in einem Fritiertopf. Legen Sie ein Stück Aluminiumfolie auf ein Brett, und streuen Sie die Semmelbrösel darauf. Nehmen Sie immer ein Stück Fisch aus der Marinade, und panieren Sie es von beiden Seiten. Dazu drücken Sie mit den Handflächen den Fisch an allen Seiten auf die Unterlage, damit beide Seiten lückenlos mit Semmelbröseln bedeckt sind.

Sobald die Butter ganz geschmolzen und das Öl heiß (ca. 190°C) ist, geben Sie die Fischstücke hinein und braten sie 1 Minute auf jeder Seite. Den fertigen Fisch auf eine große Servierplatte legen. (Auf die Platte kommt in diesem Fall kein Küchenkrepp.) Wenn der ganze Fisch gebraten auf der Platte liegt, bestreuen Sie ihn mit den gehackten Zutaten.

Die Rosinen abtropfen lassen, mit Küchenkrepp abtupfen und zusammen mit den Pinienkernen über den Fisch verteilen. Darüber gießen Sie die reduzierte, heiße Sauce. Die Platte mit Aluminiumfolie bedecken und vor dem Servieren mindestens 1 Stunde stehen lassen.

FÜR 6 PERSONEN

Oben: Ein belebter Seitenkanal in Chioggia. Die Bögen auf der linken Seite führen zu weiteren Marktständen am Wasser. An allen Fenstern befinden sich stabile Fensterläden aus Holz, die man scuri *nennt. In der Gegend um Venedig sind sie meist grün lackiert.*

Unten und rechts: Fischer aus Chioggia sortieren den nächtlichen Fang. Sardinen und Sardellen kommen in getrennte Behälter.

Während bei Fisch *in saor* das Aroma des frischen Fisches hinter dem Geschmack von Marinade und Gewürzen zurücktritt, legen andere italienische Rezepte gerade auf das frische Aroma besonderen Wert. Dazu werden dann nur Gewürze verwendet, die den Fischgeschmack verstärken. Für Italiener sind *in saor*-Gerichte etwas Städtisches, weil der Fisch, den man dazu verwendet, schon eine lange Reise vom Fangort bis zur Verarbeitung hinter sich hat. Entsprechend gilt die Marinade schon fast als Konservierungsstoff. Im Gegensatz dazu gibt es zwei andere Rezepte, die als ausgesprochene Küstengerichte gelten: Flambierter Fisch mit frischen Kräutern und Fisch vom Grill. Es wird nur frisch gefangener Fisch verwendet.

Im ersten Rezept wird der Fisch im ganzen gebacken. Salz und Pfeffer sind die einzigen Gewürze. Er wird flambiert und dabei mit vielen verschiedenen Kräutern bedeckt, die dem Gericht einen feinen und doch überaus vollen Geschmack verleihen.

In einem weiteren Rezept auf Seite 156 wird der ganze Fisch – Seebarsch oder Schnapper – einfach über einem Holzkohlenfeuer (oder auf einem Rost) gegrillt. In die Haut werden frische Rosmarinzweige gesteckt und in die aufgeschlitzte Seite ein Lorbeerblatt.

Pesce alle erbe: *Der gebackene Fisch wird mit frischen Kräutern flambiert.*

Pesce alle erbe
FLAMBIERTER FISCH MIT FRISCHEN KRÄUTERN

1   Seebarsch oder Schnapper, ca. 1 kg schwer, ausgenommen aber ganz, mit Kopf und Schwanz

Grobkörniges Salz

Salz und frisch gemahlener schwarzer Pfeffer

15   Zweige Petersilie

1   Bund frischer Dill

10   frische Salbeiblätter

2   frische Rosmarinzweige oder 2 Eßlöffel Rosmarinblätter

5   frische Pfefferminzzweige

5   große Lorbeerblätter

5   große, frische Basilikumblätter

½   Tasse weißer Rum

Den Fisch sorgfältig säubern und in einer Schüssel mit kaltem Wasser und wenig grobkörnigem Salz ½ Stunde wässern.

Den Backofen auf 190°C vorheizen.

Den Fisch abtropfen lassen und mit Küchenkrepp abtupfen. Legen Sie ein großes Stück Aluminiumfolie mit der glänzenden Seite nach oben auf ein Brett. Nun schlagen Sie den Fisch ganz in der Folie ein und legen ihn in eine Backform. 15 Minuten backen, den Fisch wenden und noch einmal 15 Minuten backen.

Danach nehmen Sie den Fisch aus der Folie und legen ihn auf eine große Servierplatte. Den Saft aus der Folie dazugießen und die Kräuter auf dem Fisch verteilen.

Den Rum bei schwacher Hitze anwärmen, über den ganzen Fisch gießen und anzünden. Sofort servieren und zu jeder Portion etwas von den flambierten Kräutern geben. (Schneiden Sie den Fisch nicht mit einem Messer auf, sondern lösen Sie das Fleisch mit einem Spatel.)

FÜR 4 PERSONEN

Während es aus allen Gegenden Italiens Rezepte für Fleisch gibt, das mit Gemüse zusammen gekocht wird, ist mit Gemüse gebackener Fisch eine eher ungewöhnliche Spezialität aus dem Süden. Man kann dazu verschiedene ganze Fische verwenden einschließlich des *Dentice* aus dem Mittelmeer oder seiner Verwandten aus dem Atlantik, Brassen oder Goldbrassen. Der Fisch wird im Ofen gebacken, umgeben von frischen, in Stücke geschnittenen Artischocken.

Pesce al forno con carciofi
GEBACKENER FISCH MIT ARTISCHOCKEN

Wässern Sie die Artischocken in einer Schüssel mit kaltem Wasser, dem Saft von 2 Zitronen und den ausgepreßten Zitronenhälften ½ Stunde lang.

Putzen Sie die Artischocken nach den Anweisungen auf Seite 51. Anschließend in kleine Stücke schneiden und wieder in die Schüssel mit dem Wasser und dem Zitronensaft geben.

Einen mittelgroßen Topf kaltes Wasser zum Kochen bringen und grobkörniges Salz einstreuen. Die restliche Zitrone halbieren und ebenfalls hineingeben. In einer kleinen Schüssel das Mehl mit ½ Tasse Wasser verrühren und in das kochende Wasser einrühren. Die Artischocken hineingeben und 15 Minuten blanchieren. Abtropfen lassen, in eine Schüssel mit kaltem Wasser geben und bis zur Weiterverarbeitung beiseite stellen.

In der Zwischenzeit waschen Sie den Fisch sorgfältig und wässern ihn 15 Minuten in einer Schüssel mit kaltem Wasser und grobkörnigem Salz.

Den Knoblauch auf einem Brett fein hacken.

Nehmen Sie den Fisch aus dem Wasser, und tupfen Sie ihn mit Küchenkrepp trocken. Den Backofen auf 190°C vorheizen.

Legen Sie den Fisch in die Mitte einer feuerfesten Form, so daß rundherum noch etwas Platz für die Artischockenstücke bleibt. Die offene Seite des Fisches mit Salz, Pfeffer und der Hälfte des gehackten Knoblauchs würzen. 4 Eßlöffel Öl sowie Salz und Pfeffer über den Fisch verteilen.

Die Artischocken gut abtropfen lassen, in eine Schüssel geben und die restlichen 4 Eßlöffel Öl darüber verteilen. Mit Salz und Pfeffer würzen. Gut vermengen und die Artischockenstücke rund um den Fisch verteilen. Geben Sie den restlichen gehackten Knoblauch und die Petersilie über Fisch und Artischocken, decken Sie die Form zu, und backen Sie den Fisch 45 Minuten. Wenden Sie die Artischocken von Zeit zu Zeit, damit sie gleichmäßig garen.

Nehmen Sie die Form aus dem Ofen, und servieren Sie Fisch und Gemüse direkt aus der Form. Zu jeder Portion legen Sie eine Zitronenspalte.

FÜR 4 PERSONEN

4 große Artischocken

3 Zitronen

Grobkörniges Salz

1 Eßlöffel Weizenmehl

1 kg schwerer Fisch wie z. B. Goldbrassen, Seebarsch oder Schnapper, ausgenommen aber ganz, mit Kopf und Schwanz

2 geschälte Knoblauchzehen

Salz und frisch gemahlener schwarzer Pfeffer

8 Eßlöffel Olivenöl

Die Blätter von 15 Zweigen Petersilie

ZUM GARNIEREN

1 in Spalten zerteilte Zitrone

Pesce al forno con carciofi: *Der ganze Fisch wird zusammen mit Artischocken gebacken.*

Pesce alla griglia
GANZER FISCH VOM GRILL

Den Grill auf 200°C vorheizen.

Den Fisch in kaltem Salzwasser waschen und anschließend mit Küchen-krepp trockentupfen.

Schneiden Sie jede Knoblauchzehe in 4 Stücke. Auf jeder Seite des Fisches bringen Sie 2 Einschnitte an und stecken jeweils 3 Stückchen Knoblauch und etwas Rosmarin hinein. Das Lorbeerblatt mit dem rest-lichen Knoblauch und Rosmarin in die aufgeschlitzte Unterseite stecken. Salz und Pfeffer darüber streuen. Anschließend wird der ganze Fisch von außen mit Salz und Pfeffer gewürzt.

Legen Sie den Fisch auf den mittleren Rost des Ofens. Stellen Sie die Fettpfanne darunter, um den abtropfenden Saft aufzufangen. 18 Minuten grillen. Mit einem langen Metallspatel wenden Sie dann den Fisch und lassen ihn noch einmal 18 Minuten garen.

Den Fisch aus dem Ofen nehmen und auf eine große Servierplatte legen. Über jede Portion 1 Eßlöffel Öl geben und 1 oder 2 Zitronenspalten dazu legen.

SIEHE ABBILDUNG AUF DEN SEITEN 114–115
FÜR 4 PERSONEN

1 Seebarsch oder Schnapper, ca. 1 kg schwer, ausgenommen aber ganz, mit Kopf und Schwanz

Grobkörniges Salz

4 geschälte Knoblauchzehen

4 frische Rosmarinzweige oder 2 Eßlöffel Rosmarinblätter

1 Lorbeerblatt

Salz und frisch gemahlener schwarzer Pfeffer

4 Eßlöffel Olivenöl

Zitronenspalten

Involtini sind gefüllte Röllchen aus Kalbfleischscheiben. Im Süden bereitet man sie aber auch genauso gern aus Fisch zu. Am besten eignet sich dazu Schwertfisch, weil das dichte, feste Fleisch beim Grillen nicht auseinanderfällt. Statt dessen wird es noch fester und kompakter. In Süditalien und Sizilien ist Schwertfisch neben frischem Thunfisch und Sardinen die am mei-sten verwendete Fischsorte.

Eine Füllung aus Semmelbröseln mit frischem Knoblauch und in Weinessig eingelegten Kapern durchzieht das Fischfleisch mit ihrem Geschmack. Im Wechsel mit frischen Tomaten- und Zitro-nenscheiben wird das Fischfleisch auf einen Spieß geschoben und so gegrillt.

Obwohl Fisch-*involtini* normalerweise über einem Holzfeuer gegrillt werden, kann man auch im Ofen beste Ergebnisse erzielen.

Involtini di pesce spada
GEFÜLLTE SCHWERTFISCHRÖLLCHEN AM SPIESS

3 gut 1 cm dicke Scheiben Schwertfisch

¼ Tasse Olivenöl

Salz

FÜR DIE FÜLLUNG

2 mittelgroße, geschälte Knoblauchzehen

3 gehäufte Eßlöffel in Weinessig eingelegte Kapern, abgetropft

½ Tasse ungewürzte, vorzugsweise selbstgeriebene Semmelbrösel

Der Saft von ½ Zitrone

Salz und frisch gemahlener schwarzer Pfeffer

Jede Fischscheibe in 2 Stücke schneiden und den Knochen in der Mitte entfernen. Die 6 Stücke in eine Schüssel legen und das Olivenöl dazugießen. Mit Salz bestreuen und ½ Stunde stehen lassen. Wenden Sie die Scheiben währenddessen 2- oder 3mal.

Bereiten Sie nun die Füllung zu: Auf einem Brett den Knoblauch fein und die Kapern grob hacken. Geben Sie die gehackten Zutaten zusammen mit den Semmelbröseln, Zitronensaft, Salz und Pfeffer in eine Schüssel. Mit einem Holzlöffel alles gut miteinander vermengen.

Heizen Sie den Backofen auf 190°C vor.

Die Fischscheiben aus der Schüssel nehmen und auf eine Platte legen. In die Mitte jeder Scheibe geben Sie ⅙ der Füllung.

Zitronen und Tomaten in gut 1 cm dicke Scheiben schneiden.

Schieben Sie auf einen großen Fleischspieß abwechselnd eine Scheibe Tomate, eine Scheibe Zitrone und eine wie ein kleines Päckchen zusammengeschlagene Scheibe Fisch. Anschließend wird alles mit dem restlichen Öl aus der Schüssel eingepinselt und mit Salz und Pfeffer bestreut.

Den Spieß auf ein Backblech legen und auf der mittleren Schiebeleiste 20 Minuten backen, danach die Temperatur auf 260°C erhöhen und den Fisch noch 3 Minuten grillen. Nehmen Sie den Spieß aus dem Ofen, und legen Sie ihn auf eine Platte. Mit Zitronenscheiben und Petersilienblättern garnieren.

FÜR 6 PERSONEN

ZUSÄTZLICH

2 Zitronen

3 große, reife aber nicht überreife Tomaten

Salz und frisch gemahlener schwarzer Pfeffer

ZUM GARNIEREN

Zitronenscheiben

Die Blätter von 18 Zweigen Petersilie

Ein farbenprächtiges Muster ergibt sich durch den Wechsel von gefülltem Schwertfisch, leuchtend gelben Zitronenscheiben und saftigen roten Tomaten, die hintereinander auf einen Spieß geschoben werden.

eerbarbe – oder *triglia* in Italien bzw. *rouget* in Frankreich – ist ein schmackhafter Mittelmeerfisch. Sofern man Meerbarben bekommen kann, sollte man in einem *Fritto misto di mare* unbedingt einige kleinere Exemplare verwenden. Die größeren Fische werden oft in Speck gehüllt und in eingeöltem Pergamentpapier gebacken. Wenn *triglie* nicht frisch aus dem Meer erhältlich sind, kann man sie durch andere gleichschwere Fische ersetzen.

Triglie al cartoccio
GEBACKENE MEERBARBEN

2	frische Meerbarben, je ca. 250 g schwer, oder ein anderer kleiner, nicht fetter Seefisch mit weißem Fleisch, ausgenommen aber ganz, mit Kopf und Schwanz
	Grobkörniges Salz
3	Eßlöffel Olivenöl
2	Scheiben Pancetta oder durchwachsener Speck oder roher Schinken, je ca. 80 g schwer
2	Prisen getrockneter Thymian
	Salz und frisch gemahlener schwarzer Pfeffer
2	schwarze Pfefferkörner
2	große Lorbeerblätter

Die Fische säubern und gründlich waschen. Wässern Sie sie anschließend ½ Stunde in einer Schüssel mit kaltem Wasser und etwas grobkörnigem Salz.

Heizen Sie den Backofen auf 190°C vor.

Den Fisch abtropfen lassen und mit Küchenkrepp trockentupfen.

Ein großes Stück Pergamentpapier auf ein Brett legen und mit 1 Eßlöffel Öl einpinseln. Legen Sie die Schinkenscheiben auf das Papier und darauf jeweils einen Fisch. Würzen Sie die Fische von innen mit Thymian, Salz, Pfeffer, schwarzen Pfefferkörnern und Lorbeerblättern. Jeden Fisch in eine Schinkenscheibe einschlagen und das restliche Öl darüber gießen.

Packen Sie nun die Fische so in das Pergamentpapier ein, daß es ganz dicht abschließt. In den Backofen legen und 25 Minuten backen. Sofort servieren und das Papier erst am Tisch öffnen.

FÜR 2 PERSONEN

accalà (getrockneter, gesalzener Kabeljau bzw. Stockfisch) wurde früher in der ganzen Welt gegessen und hat in Italien bis heute nichts von seiner Beliebtheit verloren. Vielleicht handelte es sich dabei ursprünglich nur um eine Methode, den Fisch haltbar zu machen. Aber der Reifungsprozeß verleiht ihm einen so einzigartigen Geschmack, daß er selbst dann oft bevorzugt wird, wenn es frischen Kabeljau gibt.

Mit dem Wort *mantecare* wird vor allem die Knetbewegung bezeichnet, mit der Butter und Käse im letzten Arbeitsgang in den Risotto eingearbeitet werden. Ursprünglich war damit vielleicht das Kneten bei der Butterherstellung gemeint. Mit derselben Bewegung zerbröckelt man beim gekochten Fisch das Fleisch, bis man eine nahezu teigähnliche Masse hat, die dann zu einem kleinen Hügel aufgetürmt wird.

Triglie al cartoccia. *Vor dem Backen werden sie noch in Pergamentpapier eingewickelt.*

Baccalà mantecato *(Stockfisch-Püree),*
umlegt mit Petersilien-Blättern.

Baccalà mantecato
STOCKFISCH-PÜREE

Den Stockfisch in einer Schüssel mit kaltem Wasser mindestens 12 Stunden einweichen. 4- oder 5mal das Wasser wechseln.

Unter fließendem kaltem Wasser wird der Fisch gründlich abgespült
und danach in eine große, mit kaltem Wasser gefüllte Kasserolle gelegt.
Den Topf schließen und auf mittlere Hitze stellen. Wenn das Wasser zu
kochen beginnt, etwas grobkörniges Salz einstreuen und den Fisch im
geschlossenen Topf 5 Minuten kochen lassen. Den Topf vom Feuer nehmen und den Fisch 1 Stunde im Kochwasser liegen lassen.

In der Zwischenzeit auf einem Brett Petersilie und Knoblauch zusammen fein hacken.

Lassen Sie den Fisch abtropfen, und legen Sie ihn auf das Brett. Haut
und Gräten entfernen und das Fleisch in eine große Schüssel geben. Mit
einem Holzlöffel in dem Fischfleisch rühren und nach und nach das Öl
zugeben. Rühren Sie weiter, bis der Fisch sich in eine Art grobflockiges
Püree verwandelt hat. Die gehackten Zutaten sowie Salz und Pfeffer dazugeben und sorgfältig in die Masse einarbeiten.

Nun geben Sie den Fisch auf einen Servierteller und garnieren mit
Petersilie und Zitronenscheiben. Wenn Sie das Gericht nicht sofort servieren wollen, decken Sie die Schüssel mit dem Fisch zu, und stellen Sie sie
in den Kühlschrank. Vor dem Servieren noch einmal gründlich umrühren.

FÜR 8 BIS 12 PERSONEN

1 kg Stockfisch

Grobkörniges Salz

Die Blätter von 20 Zweigen
    Petersilie

2 große, geschälte
    Knoblauchzehen

1–1½ Tassen Olivenöl

Salz und frisch gemahlener
    schwarzer Pfeffer

ZUM GARNIEREN

Die Blätter von 15 Zweigen
    Petersilie

1 in Scheiben geschnittene
    Zitrone

Auch schwarze Trüffeln gedeihen in
Umbrien gut. Deshalb gehören zu den
Spezialitäten dieser Gegend zwei
Trüffel-Gerichte: links Trote al
tartufo (Forelle mit schwarzen
Trüffeln) und rechts Lumachelle al
tartufo (Lumachelle mit schwarzer
Trüffelsauce, siehe Seite 116).

Links: Eine Forelle in einem Fluß in
Umbrien. Wegen ihrer Tarnfarbe ist sie
oft schwer zu erkennen.

Im Italienischen wird das Gegenteil von Salzwasser ähnlich bezeichnet wie im Deutschen: *acqua dolce* – süßes Wasser. Zu den Süßwasserfischen in den italienischen Flüssen und Seen zählen Schleie, Hechte, Karpfen, Barsche, Forellen, Lachsforellen, Aale und sogar Süßwasser-Garnelen. Früher waren auch Stör und Lachs in großen Flüssen wie dem Po zahlreich vertreten, aber inzwischen sind sie eine Seltenheit geworden.

In Rom und Florenz sind Touristen immer wieder erstaunt über den Anblick der Angler, die sonntags auf den Straßen entlang dem Flußufer und auf den Brücken der Innenstadt sitzen und ihre Leinen in den Fluß auswerfen. Wenn gelegentlich einer von ihnen einen 1,5 kg schweren Fisch fängt, wird er für kurze Zeit als ›Lokalgröße‹ gefeiert, und sein Foto erscheint in der Zeitung.

Schon im 14. Jahrhundert wurden städtische Angelszenen in Florenz mit Zurufen zwischen Anglern und Zuschauern in kleinen Musikstücken festgehalten, die heute noch aufgeführt werden. In diesen Stücken singen zwei Stimmen eine Melodie im Kanon, ein Instrument spielt dazu eine eigene Melodie.

Einer der beliebtesten Süßwasserfische ist die Forelle. Sie ist nicht teuer, schmeckt sehr gut und ist in vielen Gegenden erhältlich. Das typisch umbrische Gericht ›Forelle mit Schwarzen Trüffeln‹ ist so berühmt, daß mancher Tourist einen Umweg fährt, nur um diese Spezialität zu genießen.

Trote al tartufo
FORELLE MIT SCHWARZEN TRÜFFELN

3 Bachforellen, jede ca. 250 g schwer, ausgenommen aber ganz, mit Kopf und Schwanz

1 Eßlöffel Rotweinessig

Die Blätter von 15 Zweigen Petersilie

1 Zitrone

5 Eßlöffel ungewürzte, vorzugsweise selbstgeriebene Semmelbrösel

2 Eßlöffel Olivenöl

Salz und frisch gemahlener schwarzer Pfeffer

Ca. 30 g schwarze Trüffeln, frisch oder aus der Dose

ZUSÄTZLICH

Zitronenspalten

Die Forellen vorsichtig säubern. In einer Schüssel mit kaltem Wasser und dem Essig ½ Stunde wässern.

Den Backofen auf 190°C vorheizen.

Die Petersilie auf einem Brett fein hacken und die Zitrone ausdrücken. Vermischen Sie gehackte Petersilie, Zitronensaft und Semmelbrösel in einer kleinen Schüssel. Das Öl hinzufügen und mit Salz und Pfeffer würzen. Alle Zutaten gut miteinander vermengen.

Die Forelle abtropfen lassen und mit Küchenkrepp trockentupfen. Füllen Sie jede Forelle mit einem Drittel der vorbereiteten Füllmasse.

Legen Sie die Forellen auf den mittleren Rost des Ofens, und stellen Sie die Fettpfanne darunter, so daß sie den abtropfenden Saft auffängt. 15 Minuten backen. Dann wenden Sie die Forellen, erhöhen die Temperatur auf 200°C und lassen die Fische noch einmal 5 Minuten garen.

Inzwischen hacken Sie die Trüffel auf einem Brett fein.

Die Forellen aus dem Ofen nehmen und auf eine vorgewärmte Servierplatte legen. Geben Sie jeweils ein Drittel der gehackten Trüffeln in die Fischöffnung über die andere Füllung, und servieren Sie das Gericht sofort mit Zitronenspalten.

FÜR 3 PERSONEN

Die Stadt Mantua im südlichen Ausläufer der Po-Ebene ist von Seen umgeben. Wenn man aus den oberen Stockwerken des Castello San Giorgio auf der Piazza Sordello blickt, liegt einem die ganze Stadt zu Füßen. Fast unmerklich gehen die niedrigen Terrakotta-Dächer in die dunstige Landschaft des Nordens über.

Wenn die Seen nicht gerade vom Sturm aufgewühlt sind und die Fischerboote ausfahren können, so kommt der einheimische Hecht auf den Markt – ein ganz außerordentlicher Genuß. Das älteste und zugleich beliebteste Gericht ist pochierter Hecht in köstlicher grüner Sauce Mantua, die aus grobgehackten Gemüsen und Kräutern zubereitet wird. Tatsächlich ist die Sauce hier aber gar nicht besonders grün. Grüne Sauce heißt eigentlich nichts anderes als Kräutersauce. In den meisten anderen Gegenden paßt man die Sauce allerdings ihrem Namen an, indem man mehr von den intensiv grünen Kräutern verwendet.

Luccio alla mantovana
POCHIERTER HECHT MIT GRÜNER SAUCE MANTUA

FÜR DIE SALSA VERDE ALLA MANTOVANA

2   hartgekochte, extragroße Eier

2   mittelgroße Karotten

1   kleine Stange Sellerie

2   ganze, in Salz eingelegte Sardellen oder 4 in Öl eingelegte Sardellenfilets, abgetropft

2   Eßlöffel in Weinessig eingelegte Kapern, abgetropft

1   Eßlöffel Pinienkerne

Die Blätter von 20 Zweigen Petersilie

10 Essiggurken (*Cetriolini* oder *Cornichons*) in Weinessig, abgetropft

1   rote, glockenförmige Paprikaschote in Weinessig, abgetropft

1   mittelgroße, geschälte Knoblauchzehe

½   Tasse Olivenöl

Salz und frisch gemahlener schwarzer Pfeffer

FÜR DEN FISCH

2   geschabte Karotten

2   Stangen Sellerie

2   geschälte Knoblauchzehen

10 Zweige Petersilie

2   große Lorbeerblätter

1   Teelöffel getrockneter Thymian

1   Tasse trockener Weißwein

2   Eßlöffel grobkörniges Salz

4 l kaltes Wasser

2   Hechte, je 1 kg schwer, ausgenommen aber ganz, mit Kopf und Schwanz

Bereiten Sie zunächst die Sauce zu: Die Eier schälen und in Viertel schneiden. Auf ein Hackbrett legen.

Die groben Fasern vom Sellerie entfernen. Dann schaben Sie Sellerie und Karotten und wässern sie ½ Stunde in einer Schüssel mit kaltem Wasser.

Wenn Sie in Salz eingelegte Sardellen verwenden, schneiden Sie sie unter fließendem kalten Wasser in Längsstreifen, und entfernen Sie dabei Gräten und überschüssiges Salz. Dann legen Sie die Sardellen zu den Eiern auf das Brett.

Geben Sie Karotten und Sellerie auf das Brett, und legen Sie Kapern, Pinienkerne, Petersilie, Essiggurken und Paprika dazu. Alles außer den Eiern grob hacken. Danach hacken Sie auch die Eier grob und geben alles zusammen in eine Steingut- oder Glasschüssel.

Den Knoblauch fein hacken und mit dem Olivenöl sowie Salz und Pfeffer ebenfalls in die Schüssel geben. Mit einem Holzlöffel umrühren. Die Schüssel mit Aluminiumfolie abdecken und vor dem Servieren mindestens ½ Stunde kühlstellen. `

Nun wird der Hecht zubereitet: Geben Sie alle Zutaten bis auf den Fisch in einen Fischkochtopf. Den Topf schließen und auf mittlere Hitze stellen. 30 Minuten leise kochen lassen. Anschließend entfernen Sie mit einem Schaumlöffel Gemüse und Kräuter. Geben Sie den Fisch hinein, und stellen Sie den Topf wieder auf den Herd. Wenn das Wasser den Siedepunkt wieder erreicht, decken Sie den Topf zu und lassen den Fisch 10 Minuten leise kochen. Danach sollte er gar aber noch fest sein. Die Fische auf ein Brett legen, Haut und Gräten entfernen und das Fleisch in kleine Stücke zerteilen. Richten Sie es in der Mitte einer Servierplatte an.

Unmittelbar vor dem Servieren verteilen Sie die vorbereitete Sauce rund um den Fisch. Zusätzlich kann man noch einen Ring aus Aspik darum legen. (Siehe dazu das folgende Rezept für Aspik, das zuerst zubereitet werden muß.)

FÜR 6 BIS 8 PERSONEN

Wasser, Rindfleisch, Kalbspfote, Karotte, Zwiebel, Porree, Sellerie, Petersilie, Nelken und Lorbeerblatt in einen großen Suppentopf geben. Bringen Sie das Ganze bei mittlerer Hitze zum Kochen, fügen Sie Salz und Pfefferkörner hinzu, und schließen Sie den Topf nur halb. Ungefähr 4 Stunden leise kochen lassen. Dann sollte das Wasser auf die Hälfte eingekocht sein. Mit Salz abschmecken und den Topf vom Feuer nehmen. Legen Sie ein Baumwolltuch in ein großes Sieb. Die Brühe hineingießen und in eine große Schüssel seihen. Lassen Sie die Flüssigkeit stehen, bis sie abgekühlt ist (ungefähr 1 Stunde). Dann decken Sie die Schüssel mit Aluminiumfolie ab und stellen sie für mindestens 4 Stunden in den Kühlschrank.

Nehmen Sie die Schüssel aus dem Kühlschrank. Mit einem Metallspatel nehmen Sie nun vorsichtig die Fettschicht von der Flüssigkeit ab. Es darf kein Fett zurückbleiben.

Mit Hilfe eines Schneebesens werden die Eiweiß und ca. 3 Eßlöffel von der Brühe verschlagen. Diese Mischung geben Sie in die Schüssel mit der kalten Brühe. Gut umrühren und dann den Inhalt der Schüssel in einen schweren Suppentopf gießen. Rühren Sie bei ganz geringer Hitzezufuhr ständig mit einem Schneebesen, bis die Brühe zu kochen beginnt. Dann decken Sie den Topf wieder halb zu und stellen die Temperatur auf die niedrigste Stufe. 15 Minuten leise kochen lassen. Den Marsala in die köchelnde Brühe gießen und gut verrühren.

Ein dickes Baumwolltuch mit kaltem Wasser durchnässen und etwa 15 Minuten ins Tiefkühlfach und anschließend in ein Sieb legen, das Sie auf eine große Schüssel setzen. Die Brühe langsam hindurchgießen. Die in die Schüssel laufende Brühe muß vollkommen klar und transparent sein. Danach ganz auskühlen lassen (ungefähr 1 Stunde).

Eine hohe Pfanne mit etwas Öl auspinseln und die ausgekühlte Brühe hineingießen. Zudecken und kühlstellen, bis das Aspik fest ist (ungefähr 3 Stunden). Danach stürzen Sie die Gelatinemasse auf eine flache Servierplatte und schneiden sie in 2,5 cm dicke Scheiben.

FÜR DAS ASPIK

12 Tassen kaltes Wasser

1 kg Rindfleisch zum Kochen

1 mittelgroße Kalbspfote

1 mittelgroße, geschabte Karotte

1 kleine rote Zwiebel, geschält

Die weißen Stücke von 2 mittelgroßen Stangen Porree, gründlich gewaschen

1 Stange Sellerie

5 Zweige Petersilie

2 Nelken

1 Lorbeerblatt

2 Teelöffel grobkörniges Salz

5 weiße Pfefferkörner

Das Eiweiß von 3 Eiern

2 Eßlöffel trockener Marsala

163

Fleisch

PÖKELFLEISCH

Prosciutto ist gesalzener und luftgetrockneter Schinken. Die beiden Vorgänge – Würzen und Abhängen – geben dem Schinken eine Reife, die Kochen überflüssig macht. Genaugenommen müßte es eigentlich *prosciutto crudo* – gepökelter, roher Schinken – heißen, denn es gibt in Italien auch *prosciutto cotto* – gekochten Schinken. Aber wenn wir einfach *prosciutto* sagen, meinen wir immer den ungekochten Schinken – das bei weitem beliebteste Pökelfleisch in Italien. Im Ausland gilt er geradezu als ein Symbol der italienischen Küche.

Gepökelter Schinken ist normalerweise nicht geräuchert, obwohl es im äußersten Norden des Landes auch eine geräucherte Sorte unter der Bezeichnung *Speck* gibt. Außerdem gibt es in einigen Teilen Mittelitaliens einen speziellen, mit Wacholderbeeren geräucherten Schinken.

Die für *prosciutto* verwendeten Schinken kommen von den Hintervierteln des Schweins und bestehen aus der oberen Keule ohne Pfoten. Zwar gibt es auch Schulterschinken aus den Vordervierteln (*prosciutto di spalla*), aber sie sind weder so gut noch so beliebt wie die anderen.

Die Schinken aus den verschiedenen Gebieten Italiens unterscheiden sich in Geschmack und Struktur ebenso stark voneinander wie Chianti-Weine von Barolo. Es gibt Kenner, die sich darauf spezialisiert haben, Schinken zu testen und Hunderte von verschiedenen Geschmacksrichtungen zu unterscheiden. Die berühmten Parmaschinken haben einen leicht süßlichen Geschmack, in den Chianti-Weingebieten schmeckt der Schinken eher salzig. Der

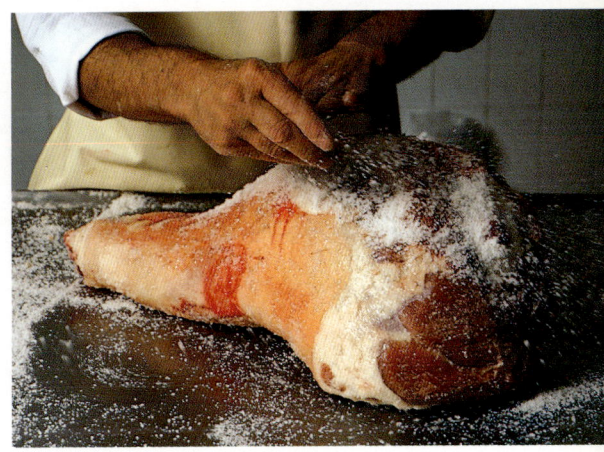

Seite 164/165: In einem kühlen Raum mit kontrollierter Luftzufuhr werden die Parmaschinken zum Reifen in Reihen aufgehängt.

Seite 166: Frische Schinken werden ausgeladen.

Oben: Der frische Schinken wird mit Salz eingerieben.

Links: Mit sugna, Schweinefett, wird die Schnittfläche am Schinken versiegelt.

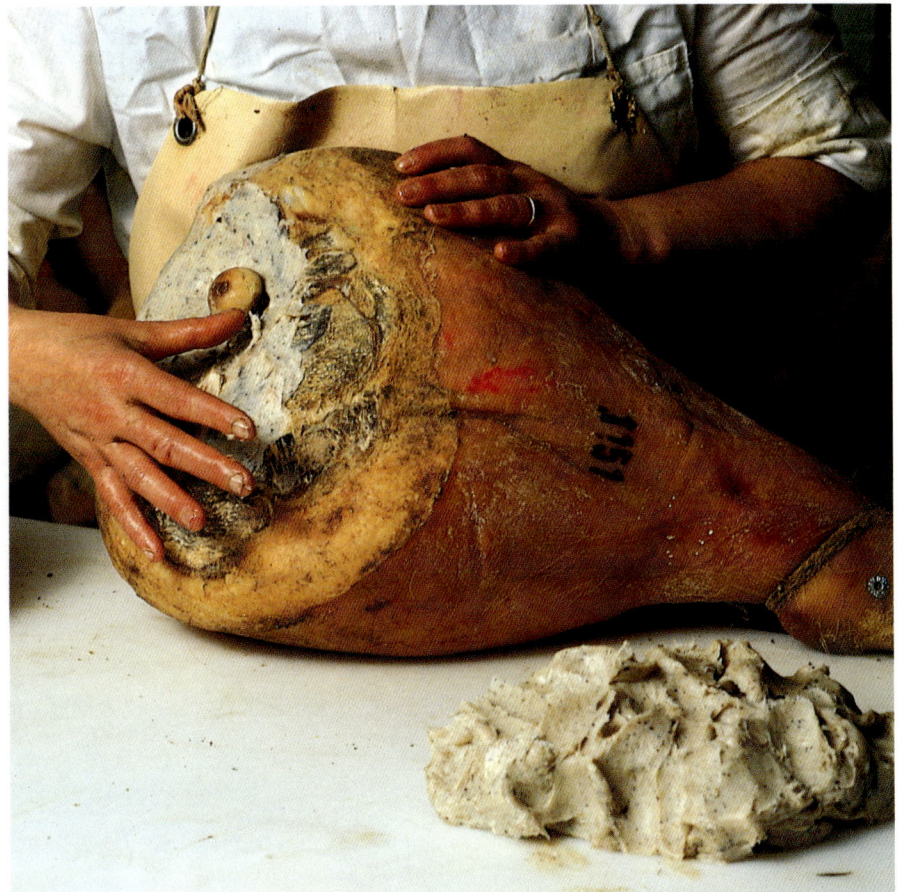

*Oben: Ein Neuling wird in die Geheimnisse der Schinken-Zubereitung einge-
weiht. Um auszuschließen, daß der Schinken während der Lagerung verdirbt,
wird er regelmäßig kontrolliert. Mit einem Pferdeknochen sticht man in den
Schinken und prüft dann den Geruch. Darunter: Schinken in drei verschiedenen
Reifestadien: links ein ungesalzener, frischer Schinken, in der Mitte ein gesalzener, sechs Monate alt, aber noch nicht ausgereift; rechts ein 1 Jahr alter
Schinken. Die Lagerzeit liegt in der Regel zwischen 10 Monaten und 2 Jahren.*

*Rechts: In der Fabrik Citterio in Rho sind alle Köstlichkeiten versammelt:
Salami, Schinken, Speck und zwei luftgetrocknete Rinder-Bresaole: eine
rechteckig und eine rund. Die größte runde Wurst ist die echte Mortadella
aus Bologna, davor eine gerollte* Pancetta. *Obenauf liegen* Prosciutti *und die
ähnliche* Coppa, *die aus der Vorderkeule vom Schwein hergestellt wird.*
Felino, *die dünne Salami auf dem Brett, wird immer diagonal angeschnitten.*

Schinken aus San Daniele im Friaul hat wieder ein ganz anderes Aroma. Man kann sogar von einem Bauernhof zum andern Geschmacksunterschiede feststellen, ähnlich wie bei benachbarten Weingütern. Die Varianten hängen von verschiedenen Faktoren ab: Von der Ernährung der Tiere, ob sie im Stall oder auf der Weide gehalten werden, und auch von der Art, wie gepökelt wird.

Beim San Daniele-Schinken werden die Tiere mit Eicheln gefüttert und auf der Weide gehalten; sie liefern sehr mageres Fleisch. Beim Parmaschinken bekommen die Tiere die Molke vom Parmesan mit etwas Weizen vermischt und werden im Stall gehalten. Ihr Fleisch ist süßer und nicht so mager. Interessanterweise enthal-

ten die Schweinefleischgerichte in der Gegend um Parma oft Sahne und Milch. Sicher liegt das daran, daß sich das Fleisch von Schweinen, die mit Milch ernährt wurden, mit Milchprodukten ganz besonders gut ergänzt. In dieser Gegend stehen auch die Schweineställe gleich neben dem *caseificio*, wo der Käse hergestellt wird. Eine Leitung für die Molke verbindet die beiden Gebäude miteinander.

Das Herstellungsgebiet ist normalerweise für jede einzelne Schinken-Variante gesetzlich festgelegt. Die Bezeichnung ›Parma‹ dürfen nur Produkte aus dem Gebiet zwischen den Flüssen Taro und Baganza tragen. Es ist nahezu identisch mit dem Parmesan-Gebiet. Die Luft in dieser Gegend hat für die Trocknung und Reifung so günstige Eigenschaften, und der Feuchtigkeitsgrad ist so ideal, daß aus benachbarten Gebieten die Schinken zum Trocknen und Reifen dorthin geschickt werden.

In der italienischen Küche gibt es für gepökeltes Fleisch – vom Rind ebenso wie vom Schwein – verschiedene Verwendungen. *Bresaola* z.B. ist nicht nur in der Lombardei, dem Ursprungsgebiet, beliebt, sondern wird inzwischen in ganz Italien gern als Vorspeise gegessen. Sie wird gesalzen, luftgetrocknet und gepreßt und kann aus verschiedenen Teilen vom Rind zubereitet werden. Man kann sie schlicht anrichten, in Scheiben geschnitten wie Schinken und mit Zitronensaft und Öl beträufelt. Eine interessante Zubereitungsart aber ist *Bresaola con caprino*, wobei die Bresaola als Hülle für eine Füllung dient, in der fetter *Caprino* – Ziegenkäse aus der Lombardei – mit Öl und Pfeffer verrührt wird.

Bresaola con caprino
BRESAOLA MIT CAPRINO-KÄSE

18	dünne Scheiben Bresaola		ZUM GARNIEREN
3	Rollen Caprino (200–250 g Gesamtgewicht)	6	Salatblätter
10	Eßlöffel Olivenöl	2	Zitronen
	Salz und frisch gemahlener schwarzer Pfeffer		

Legen Sie alle Bresaola-Scheiben auf einem Brett aus.

Den Caprino auf einen Teller legen, mit einer Gabel zerdrücken und 4 Eßlöffel von dem Olivenöl sowie Salz und Pfeffer mit einarbeiten. Füllen Sie die Käsecreme in eine Spritztüte mit einer gezackten Tülle.

Auf die Schmalseite jedes Bresaola-Rechtecks einen Käsestreifen spritzen und das Fleisch wie Cannelloni aufrollen.

Legen Sie auf 6 Teller je 1 Salatblatt. Schneiden Sie von den Zitronen beide Enden ab. Dann werden die Zitronen der Länge nach halbiert und jede Hälfte in 6 Scheiben geschnitten.

Richten Sie die Röllchen so auf den Tellern an, daß pro Portion 4 Zitronenscheiben und 3 Röllchen im Wechsel nebeneinander liegen. Etwas von dem restlichen Öl darüber gießen und sofort servieren.

ERGIBT EINE VORSPEISE FÜR 6 PERSONEN

RINDFLEISCH

Die Chianina-Rinder aus dem Chiana-Tal in der Toskana liefern das Fleisch für echtes florentinisches Steak, das in ganz Italien überaus beliebt ist. Heute jedoch findet man dieses Qualitäts-Rindfleisch selbst in Florenz selten, da es allseits so begehrt ist. Früher nahm man für jede Art von Steak Chianina-Rindfleisch. Da es aber inzwi-

Seite 170/171: Der feine, süßliche Geschmack des Parmaschinkens ergänzt sich hervorragend mit frischen Feigen. Die fichi fiore, *Frühfeigen, sind aus erster Ernte. Die Haut ist dicker als bei den normalen Feigen aus zweiter Ernte. Der Teller steht auf Feigenblättern in einem mit Fresken ausgemalten Raum im Schloß von Torrechiara. Das Schloß befindet sich auf einem Berg bei Langhirano, dem Zentrum der Parmaschinken-Produktion.*

Links: Bresaola *auf der Terrasse der Villa d'Este. Im Hintergrund der Comer See. Dichter von Vergil bis Shelley haben die unvergleichliche Schönheit dieses Sees gepriesen.*

schen so schwierig zu bekommen ist, wird es ausschließlich für *Bistecca alla fiorentina* verwendet. Obwohl die Chianina weniger für Kalb- als für Rindfleisch berühmt sind, ist das zarte, magere Fleisch von relativ jungen Tieren und wird nicht lange abgehangen. In letzter Zeit hat man in Amerika die weißen Chianina-Rinder mit Texas-Rindern gekreuzt. Das Ergebnis ist ausgezeichnet.

Zarte Steakscheiben, die aber nicht unbedingt aus Chianina-Rindfleisch bestehen müssen, verwendet man auch für *Carpaccio*, ein Gericht aus rohem, mariniertem Rindfleisch. *Carne al carpaccio* ist ein Gericht aus dem Piemont und bedeutet wahrscheinlich soviel wie ›Rindfleisch wie in den Karpaten‹. Ob der ungarische Ursprung nun tatsächlich oder nur eine phantasievolle Erfindung ist, weiß ich nicht. Mit dem venezianischen Renaissance-Maler Carpaccio hat der Name jedenfalls nichts zu tun.

Die Marinade für *Carpaccio* besteht einfach nur aus Öl und Zitronensaft – und manchmal noch Koblauch. Man sollte auf keinen Fall eine andere Sauce dazu reichen. Zum echten *Carpaccio* gehören dünne Scheiben Parmesan und feinblättrig geschnittene, rohe Pilze, vorzugsweise Steinpilze oder Butterpilze. Ansonsten kann man aber auch einheimische weiße Champignons nehmen. Für *Carne cruda all'astigiana*, eine besonders delikate *Carpaccio*-Version, wird das Fleisch gemahlen und mit weißen Trüffeln serviert.

Die berühmten Chianina-Rinder grasen im Val di Chiana. Tiere dieser Zucht sind immer weiß und werden erstaunlich groß. In Italien bevorzugt man ihr Fleisch für Bistecca alla fiorentina.

Die gehörnten Rinder der Maremma laufen in Mittelitalien frei herum. Sie tragen einen wichtigen Teil zur einheimischen Rindfleischversorgung bei. Trotz ihrer eindrucksvollen Hörner und enormen Kräfte sind die Tiere im allgemeinen friedlich.

174

Carpaccio CARPACCIO

Pressen Sie die Zitrone in eine kleine Schüssel oder Tasse.

Spießen Sie den Knoblauch auf eine Gabel, und reiben Sie damit die Innenseite einer mittelgroßen Steingut- oder Glasschüssel ein. Gleichzeitig lassen Sie langsam das ganze Olivenöl in die Schüssel tropfen. Unterdessen kreisen Sie weiter mit dem Knoblauch auf der Gabel an der Schüsselwand entlang und verteilen damit gleichzeitig das Öl (ungefähr 3 Minuten lang).

Genauso verfahren Sie nun mit dem Zitronensaft: Durch die kreisende Gabel wird er mit dem Öl vermengt (noch einmal ungefähr 2 Minuten). Diese recht flüssige Sauce würzen Sie zum Schluß noch mit Salz und Pfeffer und stellen sie bis zur Verwendung beiseite.

Mit einem feuchten Stück Küchenkrepp säubern Sie die Pilze sorgfältig von Erdresten. Dann schneiden Sie sie feinblättrig und richten sie auf dem Boden einer Steingut- oder Glasschüssel an. Aus den Parmesan-Scheiben einen Ring über die Pilze legen. In der Mitte des Käserings richten Sie das Fleisch an. Gießen Sie über alles die vorbereitete Sauce. Mit der Petersilie garnieren und servieren.

Man kann das Gericht auch im voraus zubereiten und zugedeckt im Kühlschrank aufbewahren. Allerdings bekommen Fleisch und Pilze dann eine dunklere Farbe.

FÜR 8 PERSONEN

Carpaccio wird mit feinblättrig geschnittenen Pilzen und Parmesan serviert.

3 Zitronen

1 mittelgroße Knoblauchzehe, geschält aber unzerkleinert

½ Tasse Olivenöl

Salz und frisch gemahlener schwarzer Pfeffer

500 g Pilze

8 dünne Scheiben Parmesan, je Scheibe ca. 30 g

8 hauchdünne Scheiben vom oberen Teil der Rinderkeule

Die Blätter von 18 Zweigen Petersilie

Stücke vom Hinterviertel des Rindes benötigen nicht nur die längste Garzeit sondern werden auch meistens mehrere Stunden mariniert. Einerseits wird das Fleisch auf diese Weise zarter, andererseits zieht so das Aroma von Wein und Kräutern ein. Man serviert in Italien übrigens zum Essen immer den Wein, der auch für die Marinade verwendet wird. Die vielseitigen Fleischgerichte sind stets auf die Beilagen abgestimmt, die sich aus den Haupterzeugnissen des jeweiligen Gebiets zusammensetzen: Polenta im Norden, Bohnen in Mittelitalien etc. In Süditalien kommt es vor, daß man zum Nudelgericht des ersten Gangs etwas von der geschmackvollen Bratensauce bekommt. Aber niemals gibt es Nudeln als Beilage zum Braten.

Stufato al Barolo
RINDERSCHMORBRATEN IN BAROLO-WEIN

1½ kg Schmorbraten vom
Hinterviertel eines Rindes oder
eines 1jährigen Tieres

60 g in Streifen geschnittener
durchwachsener Speck oder
roher Schinken

5 Tassen Barolo

2 geschabte Karotten

1 große rote Zwiebel, geschält

15 Zweige Petersilie

1 frischer Rosmarinzweig oder 1
Eßlöffel Rosmarinblätter, in Salz
eingelegt oder getrocknet und
blanchiert (siehe Anmerkung
auf Seite 43)

*Ein Stück Rindfleisch, das durch die
Marinade aus Salbei, duftenden Gemüsen und reichlich Barolo dunkler geworden ist.*

6 große Salbeiblätter, frisch oder in Salz eingelegt (siehe Anmerkung auf Seite 43)

3 Lorbeerblätter

2 große, geschälte Knoblauchzehen

2 mittelgroße Stangen Sellerie

4 Eßlöffel Butter

3 Eßlöffel Olivenöl

½ Tasse Brandy

Salz und frisch gemahlener schwarzer Pfeffer

Frisch geriebene Muskatnuß

Mit Hilfe einer Spicknadel spicken Sie das Fleisch mit den Speckstreifen. Dann wird es wie eine Salami zusammengebunden (siehe Anmerkung).

Legen Sie den Braten in eine große Terrakotta- oder Steingutschüssel, und geben Sie den ganzen Wein sowie die Gemüse und Kräuter dazu. Die Schüssel mit Aluminiumfolie abdecken und das Fleisch im Kühlschrank mindestens 6 Stunden ziehen lassen. Wenden Sie es 5- oder 6mal.

Wenn das Fleisch lang genug in der Marinade gelegen hat, erhitzen Sie Butter und Öl in einer schweren Kasserolle bei mittlerer Temperatur. Sobald die Butter ganz geschmolzen ist, legen Sie das mit Küchenkrepp abgetrocknete Fleisch hinein. 10 Minuten schmoren lassen und immer wieder wenden, bis es auf allen Seiten goldbraun ist. Den Brandy dazugießen und 5 Minuten einkochen lassen.

Entfernen Sie alle Gemüse und Kräuter aus der Marinade. Nach und nach jeweils eine Tasse von der Marinade in die Kasserolle gießen. Jede Tasse Flüssigkeit sollte ca. 35 Minuten einkochen, bevor Sie die nächste Tasse in den Topf gießen. Zugedeckt kochen lassen, bis die ganze Marinade eingekocht und das Fleisch gar und sehr saftig ist (ungefähr 3 Stunden). Nach der 2. Tasse Marinade würzen Sie das Fleisch mit Salz, Pfeffer und Muskatnuß.

Nun nehmen Sie das Fleisch aus dem Topf und entfernen die Bindfäden. Wenn die Sauce sehr flüssig ist, weiter einkochen lassen.

Vor dem Servieren schneiden Sie das Fleisch in gut 1 cm dicke Scheiben. Über jede Portion etwas Sauce gießen.

FÜR 6 PERSONEN

ANMERKUNG: *Um das Fleisch wie eine Salami zusammenzubinden, benötigen Sie einen Küchenbindfaden, der sechsmal so lang ist wie das Fleisch, das Sie zusammenbinden wollen. Den Faden 4 cm vom Rand entfernt um das Fleisch legen und verknoten. Führen Sie das lange Ende des Fadens 4 cm am Fleisch entlang. Den Faden dort festhalten, unter dem Fleisch herführen und oben wieder unter dem Faden herziehen. Nicht verknoten sondern nur festziehen. Das Fleisch aufrecht stellen. Den Faden darunter und dann darüber herziehen und dann wieder an derselben Stelle festziehen. Alle 4 cm wiederholen Sie den Vorgang und binden zum Schluß die beiden Fadenenden zusammen. So können Sie den Faden später mit einem Schnitt lösen.*

Filet vom Rind wird in Italien genauso oft gegessen wie Schnitzel vom Kalb, obwohl man es im Ausland kaum mit der italienischen Küche in Zusammenhang bringt. Die *filetti* werden oft *alla griglia*, d. h. auf dem Grill zubereitet und manchmal mit einer Sauce serviert, wie sie im folgenden Rezept beschrieben ist. Man kann die *filetti* auch in dünne Scheiben schneiden, kurz anbraten und dann mit einer Sauce anrichten.

Steaks – ob *filetti* oder *bistecca* – werden normalerweise halb roh gegessen. Das Fleisch soll innen mehr rot als rosa sein. Beim gemischten Grillteller wird kein Filet verwendet. Wenn man aber eine *Bistecca alla fiorentina* dazugeben will, achte man darauf, ob sie sich in das gesamte Gericht gut einfügt.

Wenn die *Bistecca* einzeln zubereitet wird, sollte man – auch bei einem Holzkohlenfeuer – darauf achten, daß sie nicht zu stark durchbrät.

Filetti alla griglia (o alla brace) con salsa contadina

FILETS VOM GRILL MIT LÄNDLICHER SAUCE

6 kleine Filets, 4 cm dick

FÜR DIE SALSA CONTADINA

3 mittelgroße Stangen Sellerie

3 mittelgroße, geschabte Karotten

1 mittelgroße rote Zwiebel, geschält

1 geschälte Knoblauchzehe

Die Blätter von 15 Zweigen Petersilie

4 frische oder in Salz eingelegte Basilikumblätter (siehe Anmerkung auf Seite 43)

1 Lorbeerblatt

1 Nelke

125 g Rind- oder Kalbfleisch in einem Stück

1 Tasse trockener Rotwein

Salz und frisch gemahlener schwarzer Pfeffer

1 Eßlöffel Butter

3 Eßlöffel Olivenöl

Nehmen Sie das Fleisch ½ Stunde vor der Zubereitung aus dem Kühlschrank.

Zunächst wird die Sauce angerichtet. Sellerie, Karotten, Zwiebel, Knoblauch, Petersilie und Basilikum auf einem Brett zusammen grob hacken. Anschließend in einen Topf geben und Lorbeerblätter und Nelke hinzufügen.

Das Stück Rind- oder Kalbfleisch auf das Gemüse geben und den Wein darübergießen. Den Topf zudecken und bei mittlerer Hitze ½ Stunde ohne Umrühren kochen lassen. Mit Salz und Pfeffer würzen, umrühren und zugedeckt noch einmal 15 Minuten kochen lassen.

Den Topf vom Feuer nehmen und das Fleisch sowie Lorbeerblatt und Nelke herausnehmen. Den restlichen Topfinhalt durch den Fleischwolf in eine kleine Schüssel drehen (Vorsatz mit mittelgroßen Löchern).

Butter und Öl in einem schweren Topf bei mittlerer Temperatur erhitzen. Sobald die Butter ganz geschmolzen ist, geben Sie das passierte Gemüse hinein. Mit Salz und Pfeffer abschmecken und im offenen Topf 5 Minuten, bzw. bis die Sauce geschmeidig ist, leise kochen lassen.

Den Grill vorheizen. Die Filets in einem Abstand von 5 cm zur Heizquelle 5 bis 7 Minuten auf jeder Seite grillen.

Nehmen Sie das Fleisch aus dem Grill und richten Sie es auf einzelnen Tellern auf einem Bett aus warmer Gemüsesauce an. Streuen Sie vor dem Servieren etwas Salz über die Filets.

FÜR 6 PERSONEN

KALBFLEISCH

Scaloppine vom Kalb werden aus zartem Muskelfleisch geschnitten und in Italien oft gegessen. Das knochenlose Fleisch paßt sich vielen verschiedenen Saucen gut an und läßt sich schnell und einfach zubereiten. Aber auch viele andere Stücke vom Kalb – z. B. Hinterkeule oder Brust – werden gleichermaßen geschätzt.

Kalbsschnitzel, mit Chicorée geschmort und mit frischer Petersilie angerichtet, ist eine ungewöhnliche Spezialität. Chicorée ist mit dem Radicchio verwandt und wird während des Wachstums abgedeckt, damit er keine Farbe entwickelt. Zwar wurde dieses Verfahren wahrscheinlich zuerst in Belgien angewendet, aber inzwischen zieht man das Gemüse auf diese Weise in ganz Europa.

Links: Filetti alla griglia con salsa contadina *(Filets vom Grill mit ländlicher Sauce). Der Teller steht auf einem jahrhundertealten Brotofen aus Terrakotta.*

Scaloppine di vitella con indivia *(Kalbsschnitzel mit Chicorée) auf der Piazza der Kathedrale von Spoleto in den umbrischen Bergen. Die Kathedrale wurde im 13. Jahrhundert erbaut. Bereits vorher hatte hier eine Kirche gestanden, die von Friedrich Barbarossa gegen Ende des 12. Jahrhunderts zerstört worden war. Die neue Kathedrale wurde auf den Ruinen der alten Kirche errichtet.*

Scaloppine di vitella con indivia
KALBSSCHNITZEL MIT CHICORÉE

4 Stangen Chicorée

1 Zitrone

Grobkörniges Salz

1 Tasse Weizenmehl

Die Blätter von 10 Zweigen
   Petersilie

8 geklopfte Kalbsschnitzel
   (ungefähr 500 g
   Gesamtgewicht)

2 Eßlöffel Olivenöl

4 Eßlöffel Butter

Salz und frisch gemahlener
   schwarzer Pfeffer

Eine Prise getrockneter Thymian

¾ Tasse Vinsanto oder trockener
   Marsala

ZUM GARNIEREN

Die Blätter von 16 Zweigen
   Petersilie

Säubern Sie den Chicorée gründlich, und schneiden Sie ihn in große Stücke. In eine Schüssel mit kaltem Wasser und der halbierten Zitrone legen und bis zur Verwendung beiseite stellen.

Bringen Sie einen mittelgroßen Topf kaltes Wasser zum Kochen, und streuen Sie grobkörniges Salz ein. Lösen Sie 1 Eßlöffel von dem Mehl in einer kleinen Schüssel mit ½ Tasse kaltem Wasser auf, und rühren Sie es in das kochende Wasser ein. Den Chicorée abtropfen lassen und ebenfalls in den Topf geben. 2 Minuten kochen. Dann lassen Sie das Gemüse wieder abtropfen und schrecken es unter fließendem kalten Wasser ab. Auf einen Teller legen und mit einem feuchten Baumwoll-Geschirrtuch zudekken. Bis zur Weiterverarbeitung beiseite stellen.

Die 10 Zweige Petersilie auf einem Brett fein hacken. Die Schnitzel leicht mit Mehl bestreuen.

Erhitzen Sie in einer Bratpfanne Butter und Öl bei mittlerer Temperatur. Sobald die Butter ganz geschmolzen ist, geben Sie die gehackte Petersilie und dann die Schnitzel hinein. Auf jeder Seite 1 Minute anbraten. Anschließend mit Pfeffer, Salz und Thymian würzen.

Den Wein in die Pfanne gießen, zudecken und 5 Minuten einkochen lassen. Danach sollte das Fleisch gar und zart sein. Auf eine Servierplatte legen und zudecken, damit es nicht abkühlt.

Das Gemüse zu der Sauce in die Pfanne geben und 2 Minuten darin schmoren lassen. Mit Salz und Pfeffer abschmecken und zusammen mit der Sauce über das Fleisch geben. Verteilen Sie die 16 Zweige Petersilie über die Portionen, und tragen Sie das Gericht sofort auf.

FÜR 4 PERSONEN

Rechts: Cotolette con funghi alla crema *(Kalbskotelett in Pilzrahmsauce) auf einer Terrasse über der Piazza Garibaldi in Parma. Im Vordergrund* Bocconcini di Parma.

Zu dem folgenden Rezept aus Parma – *Cotolette con funghi alla crema* – gehört wegen der darin verwendeten Pilze ausnahmsweise einmal kein Parmesan. Der Geschmack der weißen Zuchtchampignons wird verstärkt, indem man sie entweder im Einweichwasser von wilden Pilzen kocht oder von diesen anschließend einige in die Sauce gibt.

Das Kalbsrippen-Kotelett wird auf italienische Art geschnitten, d. h., daß der Knochen daran bleibt wie beim klassischen *Cotoletta alla milanese*. Im Gegensatz dazu wird aber bei dem Rezept aus Parma das Fleisch nicht flachgeklopft.

180

Cotolette con funghi alla crema
KALBSKOTELETTS IN PILZRAHMSAUCE

30 g getrocknete Steinpilze

Die Blätter von 10 Zweigen Petersilie

1 kleine, geschälte Knoblauchzehe

6 Eßlöffel Butter

500 g Champignons

Salz und frisch gemahlener schwarzer Pfeffer

3 Eßlöffel Olivenöl

6 Kalbskoteletts

⅓ Tasse Brandy

¾ Tasse Schlagsahne

Weichen sie die getrockneten Pilze in einer Schüssel mit 4 Tassen lauwarmem Wasser ½ Stunde ein. Anschließend abtropfen lassen und das Einweichwasser aufheben.

Die Pilze gründlich säubern und darauf achten, daß kein Sand mehr an den Stielen haftet. Gießen Sie das Pilzwasser durch mehrere Lagen Küchenkrepp, so daß aller Sand ausgefiltert wird.

Petersilie und Knoblauch auf einem Brett zusammen fein hacken.

Lassen Sie in einer Kasserolle 4 Eßlöffel von der Butter bei mittlerer Hitze zergehen. Sobald sie ganz geschmolzen ist, geben Sie die gehackten Zutaten hinein und lassen sie 5 Minuten darin schmoren.

In der Zwischenzeit reiben Sie die Champignons mit feuchtem Küchenkrepp ab. Anschließend werden sie in 0,5 cm dicke Scheiben geschnitten. In die Kasserolle geben und 5 Minuten anschmoren. Geben Sie ¼ Tasse von dem gesiebten Pilzwasser dazu, und lassen Sie alles 15 Minuten leise kochen. Bei Bedarf noch mehr Pilzwasser dazugießen. Mit Salz und Pfeffer abschmecken.

Erhitzen Sie das Öl und die restliche Butter bei mittlerer Temperatur in einer Bratpfanne. Sobald die Butter ganz geschmolzen ist, die Koteletts hineinlegen und auf jeder Seite 1 Minute anbraten. Das Fleisch mit Salz und Pfeffer würzen, den Brandy dazugießen und einkochen lassen (ungefähr 2 Minuten).

Die Koteletts in die Kasserolle mit den Pilzen legen und nach und nach die Sahne dazugießen, bis sie ganz von den Pilzen aufgenommen ist (ungefähr 10 Minuten).

Das Fleisch mit der Pilzsauce auf eine vorgewärmte Platte geben und sofort servieren.

FÜR 6 PERSONEN

Kalbshachse bereitet man in Italien selten im ganzen zu, man schneidet sie in Scheiben, und zwar quer durch den Knochen, so daß in jeder Scheibe ein Stück Knochen mit Mark enthalten ist. Diese Scheiben heißen *Ossibuchi* und sind in Italien ebenso beliebt wie Schnitzel. Auch dazu gibt es die verschiedensten Saucen. Die Kalbshachsen für das beste Ossobuco kommen vom Hinterbein, man kann aber auch Fleisch vom Vorderbein verwenden. Das delikate, gekochte Knochenmark wird mit einer Spezialgabel herausgelöst. Für den wahren Ossobuco-Genießer ist es das beste an dem ganzen Gericht.

Ossobuco alle cipolle
OSSOBUCO MIT ZWIEBELSAUCE

6 große rote Zwiebeln, geschält

6 Beinscheiben vom Kalb (4 cm dick)

4 Lorbeerblätter

3 große Knoblauchzehen, geschält aber unzerkleinert

2 Nelken

6 Eßlöffel Butter

6 Eßlöffel Olivenöl

½ Tasse Weizenmehl

Die Zwiebeln in 1 cm dicke Scheiben schneiden und ½ Stunde in eine Schüssel mit kaltem Wasser legen.

Jede Beinscheibe wird mit einem Bindfaden an den Seiten entlang umwickelt. Die Lorbeerblätter, den Knoblauch und die Nelken in ein Stück Baumwolltuch legen und zu einem Säckchen zusammenbinden.

Erhitzen Sie in einer schweren Kasserolle 4 Eßlöffel von der Butter mit dem Öl bei mittlerer Temperatur. Sobald die Butter ganz geschmolzen ist, lassen Sie die Zwiebeln abtropfen und geben sie in die Kasserolle. Zudecken und unter gelegentlichem Umrühren 20 Minuten schmoren lassen. Dann sollten die Zwiebeln glasig sein.

Inzwischen die Beinscheiben von oben und unten mit Mehl bestreuen, nicht aber die Seiten.

Ossobuco alle cipolle *(Ossobuco mit Zwiebelsauce).*

Geben Sie mit einem Schaumlöffel die Zwiebeln in eine Auflaufform. Die Kochflüssigkeit in der Kasserolle lassen und die restliche Butter hineingeben. Sobald sie ganz geschmolzen ist, fügen Sie die Beinscheiben hinzu. Schmoren Sie das Fleisch auf beiden Seiten goldbraun (ungefähr 2 Minuten von jeder Seite).

Heizen Sie den Backofen auf 200°C vor.

Legen Sie das Fleisch in einer Schicht über die Zwiebeln in der Auflaufform. Streuen Sie die Zitronenschale darüber. Anschließend die warme Brühe und die restliche Sauce aus der Kasserolle darübergießen. Würzen Sie mit Salz, Pfeffer und Muskatnuß. Legen Sie das Säckchen mit den Kräutern in die Form, und decken Sie das Ganze mit Aluminiumfolie ab. 1½ bis 2 Stunden backen. Während dieser Zeit nehmen Sie 3- oder 4mal die Folie ab und schütteln die Form, damit das Fleisch nicht zusammenbackt.

Petersilie, Salbei und Knoblauch auf einem Brett zusammen fein hacken.

Diese Mischung in eine kleine Schüssel geben, die geriebene Zitronenschale hinzufügen und vermengen.

Die fertigen Beinscheiben auf eine vorgewärmte Servierplatte legen, die Bindfäden lösen und das Fleisch zudecken, damit es warm bleibt.

Entfernen Sie das Säckchen mit den Kräutern aus der Garflüssigkeit. Zwiebeln und Sauce aus der Backform durch den Fleischwolf drehen (Vorsatz mit mittelgroßen Löchern). Stellen Sie den Topf auf mittlere Hitze. Mit Salz und Pfeffer abschmecken und kochen, bis die Sauce geschmeidig und ziemlich dick ist (ungefähr 20 Minuten).

Wenn Sie Reis zu dem Gericht servieren wollen, bereiten Sie ihn zu, während die Sauce kocht: Einen großen Suppentopf mit 10 Tassen kaltem Wasser zum Kochen bringen und grobkörniges Salz einstreuen. Fügen Sie Safran, Pfefferkörner und den Reis hinzu, und rühren Sie mit einem Holzlöffel um. Kochen sie den Reis *al dente* (ungefähr 16 Minuten).

Lassen Sie den Reis abtropfen. Die Sauce auf eine große, tiefe Servierplatte, die Sie vorher angewärmt haben, gießen und die Beinscheiben darauflegen. Streuen Sie die gehackten Kräuter über das Fleisch, und servieren Sie es mit bzw. ohne Reis.

FÜR 6 PERSONEN

½ Tasse trockener Weißwein

Die abgeriebene Schale von 1 Zitrone

2 Tassen selbstgemachte Hühner- oder Rinderbrühe, erhitzt

Salz und frisch gemahlener schwarzer Pfeffer

Eine Prise frisch geriebene Muskatnuß

ZUM SERVIEREN

Die Blätter von 15 Zweigen Petersilie

4 frische oder in Salz eingelegte Salbeiblätter (siehe Anmerkung auf Seite 43)

1 kleine, geschälte Knoblauchzehe

Die abgeriebene Schale von 1 Zitrone

Grobkörniges Salz

½ Teelöffel gemahlener Safran

15 schwarze Pfefferkörner

2 Tassen Reis

Ossobuco alle verdure
OSSOBUCO MIT GEMÜSE

2   mittelgroße Zucchini, die
    Enden gekappt

2   mittelgroße, geschabte Karotten

1   mittelgroße rote Zwiebel,
    geschält

1   mittelgroße Stange Sellerie

Die Blätter von 20 Zweigen
Petersilie

6   Beinscheiben vom Kalb (4 cm
    dick)

½   Tasse Weizenmehl

6   Eßlöffel Butter

2   Eßlöffel Olivenöl

2   Eßlöffel Tomatenmark

¼   Tasse lauwarme,
    selbstgemachte Hühner- oder
    Rinderbrühe

2   Tassen trockener Weißwein

Salz und frisch gemahlener
schwarzer Pfeffer

1   Teelöffel getrockneter Thymian

FÜR DAS GEMÜSE

350 g frische, geschälte Erbsen

350 g Brechbohnen

350 g Karotten

350 g Stangensellerie

Grobkörniges Salz

ZUSÄTZLICH

6   Eßlöffel Butter

2   Eßlöffel Olivenöl

Salz und frisch gemahlener
schwarzer Pfeffer

Eine Prise frisch geriebene
Muskatnuß

Zucchini, Karotten, Zwiebel und Sellerie in kleine Stücke schneiden und zusammen mit der Petersilie in eine Schüssel kaltes Wasser geben. Lassen Sie das Gemüse wässern, bis Sie es brauchen.

Jede Beinscheibe wird an den Seiten entlang mit einem Bindfaden umwickelt. Bestreuen Sie das Fleisch von oben und unten mit etwas Mehl, nicht aber an den Seiten.

Erhitzen Sie Butter und Öl in einer Kasserolle bei mittlerer Temperatur. Sobald die Butter ganz geschmolzen ist, das Fleisch hineinlegen und auf beiden Seiten goldbraun braten (von jeder Seite ca. 3 Minuten).

Inzwischen lösen Sie das Tomatenmark in der Brühe auf und gießen es in die Kasserolle. 2 Minuten kochen und anschließend ½ Tasse von dem Wein dazugießen. 10 Minuten einkochen lassen.

Das kleingeschnittene Gemüse abtropfen lassen und ebenfalls in die Kasserolle geben. Im geschlossenen Topf bei mittlerer Hitze 20 Minuten kochen. Mit Salz und Pfeffer abschmecken, die Beinscheiben wenden und den restlichen Wein sowie den Thymian hinzufügen. Im geschlossenen Topf noch einmal mindestens 35 Minuten kochen.

In der Zwischenzeit bereiten Sie das Gemüse zu: Füllen Sie 4 Schüsseln mit kaltem Wasser. In eine davon geben Sie die Erbsen und weichen sie ½ Stunde ein. Die anderen Gemüsesorten werden erst gesäubert und kleingeschnitten und dann ebenfalls zum Wässern in eine Schüssel gegeben.

In 4 kleinen Töpfen kaltes Wasser zum Kochen bringen und grobkörniges Salz einstreuen. Jede Gemüsesorte gesondert in einen der Töpfe geben und kochen, bis sie gar aber noch fest ist (ungefähr 15 Minuten). Anschließend lassen Sie das Gemüse abtropfen und stellen es bis zur Verwendung beiseite.

Sobald das Fleisch zart ist, mit Salz und Pfeffer würzen und auf eine Servierplatte legen. Decken Sie die Beinscheiben zu, damit sie nicht auskühlen.

Drehen Sie den restlichen Inhalt der Kasserolle durch den Fleischwolf in eine große Schüssel (nehmen Sie dazu den Vorsatz mit kleinen Löchern). Die passierte Sauce wieder in die Kasserolle zurückgeben und bei mittlerer Hitze kochen, bis sie dick und geschmeidig ist (ca. 15 Minuten).

Inzwischen erhitzen Sie in einem Topf Butter und Öl. Sobald die Butter ganz geschmolzen ist, die gekochten Gemüse hineingeben, mit Salz, Pfeffer und Muskatnuß würzen und 5 Minuten leicht anschmoren.

Geben Sie das Fleisch wieder in die Kasserolle mit der reduzierten Sauce. So wird es wieder heiß und nimmt etwas von der Sauce auf.

Die Beinscheiben von den Bindfäden befreien und servieren. Geben Sie auf jeden Teller eine Scheibe und etwas Sauce sowie geschmortes Gemüse.

FÜR 6 PERSONEN

Cima alla genovese – gefüllte Kalbsbrust – ist zwar ein üppiges Gericht, in der Zubereitung aber durchaus nicht kompliziert. Man kann es im voraus herstellen, und es reicht für viele Gäste. Zudem macht es auf dem Buffet *bella figura* (einen guten Eindruck). *Cima* wird kalt gegessen; nur in Genua kommt sie oft warm auf den Tisch. Wenn man etwas Abwechslung wünscht, kann man die Scheiben in Ei tauchen und dann ausbacken.

Bei der Füllung im folgenden Rezept spielt Gemüse – Erbsen, Artischocken und Zwiebeln – eine wichtige Rolle. Im Gegensatz zu anderen Rezepten werden aber weder Speck noch Pistazien verwendet. Zu allen Versionen dieses Gerichts gehört jedoch immer das hartgekochte Ei in der Mitte, das den Fleischscheiben ein interessantes Muster verleiht.

Ossobuco alle verdure (*Ossobuco mit Gemüse*).

Cima alla genovese con ripieno di verdure
KALBSBRUST MIT GEMÜSEFÜLLUNG

Die Kalbsbrust von den Knochen lösen und eine Tasche für die Füllung in das Fleisch schneiden. Sie können aber auch Ihren Fleischer bitten, die Kalbsbrust mit einer entsprechenden Tasche für die Füllung zu versehen.

Bereiten Sie nun die Füllung zu: Wässern Sie die Artischocke ½ Stunde in einer Schüssel mit kaltem Wasser, dem Saft der Zitrone und den ausgepreßten Zitronenhälften.

Blanchieren Sie die Kalbsmilch 1 Minute in kochendem Salzwasser. Anschließend lassen Sie sie unter fließendem kalten Wasser abkühlen und lösen die großen Häute. Auf einem Brett die blanchierte Kalbsmilch in kleine Stücke schneiden und diese in eine große Schüssel geben. Das gehackte Kalb- und Schweinefleisch zusammen mit Parmesan und Majoran hinzufügen.

Weichen Sie das Brot in einer Schüssel mit kalter Milch 5 Minuten ein. Anschließend drücken Sie das Brot aus und geben es in die Schüssel mit dem Fleisch.

Die Zwiebel in dünne Ringe schneiden.

Erhitzen Sie das Öl in einem kleinen Topf bei mittlerer Temperatur. Die Zwiebel hineingeben und 5 Minuten darin schwenken. Die Erbsen dazugeben und 10 Minuten darin schmoren lassen.

Befreien Sie die Artischocke von den dunkelgrünen äußeren Blättern und dem Bart. Dann schneiden Sie die Frucht in kleine Stücke. (Genaue Anweisungen für das Putzen der Artischocken finden Sie auf Seite 51). Die Artischockenstücke in den Topf geben und 5 Minuten schmoren lassen. Mit Salz und Pfeffer würzen.

Den Topfinhalt in eine Steingut- oder Glasschüssel umfüllen und vollkommen auskühlen lassen (ungefähr 30 Minuten).

Geben Sie das ausgekühlte Gemüse zusammen mit den anderen Zutaten für die Füllung in eine große Schüssel. Die 6 Eier hinzufügen und mit Salz, Pfeffer und Muskatnuß würzen. Mit einem Holzlöffel alles gründlich vermengen.

Füllen Sie die Hälfte dieser Masse in die Fleischtasche. Dann legen Sie die beiden hartgekochten Eier der Länge nach hintereinander in die Mitte der Füllung und löffeln die restliche Füllmasse über und neben die Eier. Achten Sie dabei darauf, daß die Eier nicht verrutschen. Jetzt wird die Tasche mit Nadel und Faden zugenäht. Mit den Händen rollen sie die flache, gefüllte Fleischtasche solange hin und her, bis sie die Form von einem Laib Brot hat. Nun wird die Kalbsbrust noch in ein dickes Baumwolltuch gewickelt und wie eine Salami zusammengebunden (siehe Anmerkung auf Seite 177).

Als nächstes bereiten Sie die Brühe zu: Bringen Sie in einem großen Topf viel kaltes Wasser zum Kochen. Grobkörniges Salz einstreuen und die Kalbspfote sowie Zwiebel, Sellerie, Pfefferkörner, Nelken und Lorbeerblätter in das siedende Wasser geben. 15 Minuten leise kochen lassen, danach den Herd ausschalten und die Brühe 15 Minuten auskühlen lassen.

Legen Sie die gefüllte Kalbsbrust in die Brühe, und bringen Sie die Flüssigkeit wieder zum Kochen. Im geschlossenen Topf 2 ½ Stunden leise kochen lassen. Dann nehmen Sie das Fleisch heraus und legen es auf eine Platte. Legen Sie ein Gewicht von mindestens 4,5 kg als Beschwerung auf, und lassen sie das Fleisch so 6 Stunden auskühlen. Anschließend stellen Sie es mit dem Gewicht obenauf für mindestens 8 Stunden in den Kühlschrank.

Auf einem Hackbrett wird die *Cima* ausgewickelt und in ca. 1 cm dicke Scheiben geschnitten, die Sie auf einem großen Servierteller anrichten. Sie können das Fleisch so oder mit einer kalten grünen Sauce aus Petersilie oder Basilikum servieren. Man kann auch aus der durchgeseihten Brühe ein Aspik zubereiten, das dann in Würfel geschnitten und zu der *Cima* gereicht wird (siehe Seite 163).

FÜR 18 PERSONEN

1   Kalbsbrust, ungefähr 3 kg schwer, mit Rippenknochen (ca. 1 800 g ohne Knochen)

FÜR DIE FÜLLUNG

1   große Artischocke

1   Zitrone

170 g Kalbsmilch oder Hirn

Grobkörniges Salz

250 g gehacktes Kalbfleisch

250 g gehacktes Schweinefleisch

½   Tasse frisch geriebener Parmesan

1   Eßlöffel getrockneter Majoran

6   Scheiben Weißbrot ohne Kruste

1   Tasse kalte Milch

1   große rote Zwiebel, geschält

½   Tasse Olivenöl

250 g frische Erbsen, geschält

Salz und frisch gemahlener schwarzer Pfeffer

6   extragroße Eier

1   Prise frisch geriebene Muskatnuß

2   hartgekochte, extragroße Eier

FÜR DIE KOCHBRÜHE

Grobkörniges Salz

1   große rote Zwiebel, geschält aber unzerkleinert

1   mittelgroße Stange Sellerie

10 schwarze Pfefferkörner

2   Nelken

2   Lorbeerblätter

1   kleine Kalbspfote

Eine Genueser Spezialität auf einer Terrasse in Florenz. Eine klassische Füllung für Cima *ist die hier vorgestellte Gemüsefüllung. (©Franco Pasti)*

Viele Leute betrachten Kaldaunen oder Kutteln als den wertlosesten Teil vom Kalb. Dabei gehören sie ganz sicher zum Delikatesten, was dieses Tier zu bieten hat. Man kann in Italien zwei verschiedene Kaldaunensorten vom Kalbsmagen bekommen. Sowohl die helle aus auch die dunklere Sorte – *lampredotto* genannt – wird an Straßenständen als Sandwich oder Snack verkauft. Die Händler halten die Kaldaunen in Brühe warm und schneiden sie zum Verkauf in Portionen auf.

Die hellere Sorte ist weiter verbreitet. Sie wird meistens in Streifen geschnitten und in Tomatensauce gegart, manchmal zusammen mit gekochten Kalbspfoten. In einer anderen Version wird sie in Streifen geschnitten und kalt mit Öl und Zitronensaft gegessen. In Neapel gibt man nur Zitronensaft dazu, der sich mit den Kaldaunen ganz hervorragend verträgt.

Zu *lampredotto* gehören ganz bestimmte traditionelle Saucen. Vor allem eine mit Knoblauch und Kartoffeln ist in Florenz ganz besonders beliebt. Es gibt kaum etwas Anheimelnderes, als an einem kalten Abend in einer einfachen florentinischen Trattoria zu sitzen, vor sich eine Schüssel mit dampfendem *lampredotto*. Dazu gibt es Essiggemüse, das man *sottaceti* nennt.

Trippa con verdure
GEKOCHTE KALDAUNEN MIT GEMÜSE

1 kg frische Kaldaunen (siehe
   Anmerkung)

1   mittelgroße rote Zwiebel,
    geschält aber unzerkleinert

1   Nelke

Grobkörniges Salz

3   mittelgroße, geschabte Karotten

4   mittelgroße Stangen Sellerie

Die Blätter von 15 Zweigen
   Petersilie

2   mittelgroße, geschälte
    Koblauchzehen

¼   Tasse Olivenöl

Salz und frisch gemahlener
   schwarzer Pfeffer

½   Tasse zerdrückte Peperoncini

2   Lorbeerblätter

Ca. 3 Tassen selbstgemachte
   Hühnerbrühe

ZUSÄTZLICH

12 mittelgroße, mehlige Kartoffeln

Grobkörniges Salz

WAHLWEISE

6   Eßlöffel frisch geriebener
    Parmesan

Kaldaunen werden in Streifen geschnitten und zusammen mit Sellerie, Karotten und Lorbeerblättern in Brühe gekocht. Dazu gibt es ganze Kartoffeln. Kaldaunen nehmen den Geschmack einer Sauce sehr gut an und zeichnen sich durch eine leicht zähe Konsistenz aus.

Die Kaldaunen gründlich waschen und anschließend in einen Topf mit kaltem Wasser, Zwiebel und Nelke legen. Auf mittlere Hitze stellen und grobkörniges Salz einstreuen, sobald das Wasser zu kochen beginnt. Im geschlossenen Topf 2 bis 3 Stunden leise kochen lassen, je nachdem wie weit die Kaldaunen vorgekocht sind. Geben Sie die Kaldaunen anschließend in eine Steingut- oder Glasschüssel, und lassen Sie sie vollkommen auskühlen.

   In der Zwischenzeit Karotten und Sellerie der Länge nach vierteln. Die Streifen in 2,5 cm große Stücke schneiden und in einer Schüssel mit kaltem Wasser ½ Stunde wässern.

Auf einem Brett die Petersilie grob und den Knoblauch fein hacken. Schneiden Sie die ausgekühlten Kaldaunen in 7,5 cm lange und 1 cm breite Streifen.

Erhitzen Sie das Öl bei mittlerer Temperatur in einer schweren Kasserolle. Petersilie und Knoblauch hineingeben und 4 Minuten schmoren. Dann legen Sie die Kaldaunen auf das Gemüse und würzen sie mit Salz, Pfeffer, Peperoncini und Lorbeerblättern. Eine Tasse von der Brühe dazugießen, den Topf schließen und kochen, bis die Kaldaunen zart sind (ungefähr 30 Minuten). Gießen Sie nach Bedarf noch Brühe dazu.

Inzwischen bringen Sie einen Topf kaltes Wasser zum Kochen und streuen grobkörniges Salz ein. Die ganzen Kartoffeln hineinlegen und leise kochen lassen, bis sie gar aber noch fest sind (je nach Größe der Kartoffeln ca. 20 Minuten). Anschließend schälen. Die Kaldaunen in einzelne Portionen aufteilen und jeweils 2 Kartoffeln dazulegen. Auf Wunsch kann Parmesan dazu gereicht werden.

FÜR 6 PERSONEN

ANMERKUNG: *Kaldaunen sind in Italien immer vorgekocht, wenn sie zum Verkauf kommen.*

Eine Spezialität aus Modena ist *polpettone*, eine Hackfleischpastete aus Kalbfleisch. Im folgenden Rezept gibt es dazu verschiedene gekochte Gemüse und eine spezielle grüne Sauce, die in Farbe, Konsistenz und Geschmack eher für Nord- als für Mittelitalien typisch ist. Für dieses ungewöhnliche Gericht wird unter anderem Schlagsahne zum Binden verwendet.

Die pochierte Hackfleischpastete wird mit einer pikanten grünen Sauce serviert.

Grobkörniges Salz

500 g Stangensellerie

500 g Karotten

500 g Brechbohnen

500 g mehlige Kartoffeln (keine
    neuen Kartoffeln)

6   kleine rote Zwiebeln

FÜR DIE FLEISCHPASTETE

750 g gehacktes Kalb- oder
    Rindfleisch

100 g gehacktes Fett von rohem
    Schinken oder von
    blanchiertem Pökel-
    Schweinefleisch

4   Eßlöffel Butter

5   Eßlöffel frisch geriebener
    Parmesan

Der Saft von 1 Zitrone

⅓   Tasse Schlagsahne

3   Eßlöffel ungewürzte
    Semmelbrösel, vorzugsweise
    selbstgeriebene

3   extragroße Eier

2   hartgekochte, extragroße Eier

Salz und frisch gemahlener
    schwarzer Pfeffer

1   Prise gemahlener Zimt

ZUM POCHIEREN DER
FLEISCHPASTETE

3 l selbstgemachte Hühner- oder
    Rinderbrühe

Grobkörniges Salz

FÜR DIE SAUCE

Die Blätter von 25 Zweigen
    Petersilie

2   mittelgroße, geschälte
    Knoblauchzehen

4   Eßlöffel in Weinessig eingelegte
    Kapern, abgetropft

1   Stück Zitronenschale, ca. 5 cm
    lang

4   hartgekochte, extragroße Eier

Salz und frisch gemahlener
    schwarzer Pfeffer

1   Prise Cayenne-Pfeffer

¾   Tasse Olivenöl

Polpettone alla modenese
POCHIERTE HACKFLEISCHPASTETE MODENA

5 Töpfe kaltes Wasser zum Kochen bringen und grobkörniges Salz einstreuen. Das ganze Gemüse putzen und in jeden Topf eine Sorte geben:
    Die Selleriestangen von den gröbsten Fasern befreien und waschen. Die
Stangen der Länge nach dreiteilen und die Streifen in 5 cm große Stücke
schneiden.
    Die Karotten werden gewaschen aber nicht geschabt. Erst nach dem
Kochen ziehen Sie die Haut unter fließendem kalten Wasser ab.
    Die Brechbohnen waschen und die Enden kappen.
    Kartoffeln und Zwiebeln schälen aber nicht zerkleinern.
    Kochen Sie das Gemüse, bis es gar aber noch fest ist (ungefähr
15 Minuten).
    Das Gemüse abtropfen und auskühlen lassen. Dabei wird es mit einem
feuchten Baumwoll-Geschirrtuch bis zur Verwendung abgedeckt.
    Nun bereiten Sie den Hackfleischteig zu: Geben Sie das gemahlene
Kalb- oder Rindfleisch, Schinken-Fett, Butter, Parmesan, Zitronensaft,
Schlagsahne, Semmelbrösel, die 3 Eier und die 2 hartgekochten, grobgehackten Eier in eine Steingut- oder Glasschüssel. Vermengen Sie alle Zutaten mit einem Holzlöffel. Salz, Pfeffer und Zimt hinzufügen und noch
einmal umrühren. Geben Sie die Fleischmasse auf ein dickes Baumwoll-
Geschirrtuch. Bilden Sie mit den Händen die Form eines Brotlaibs, und
wickeln Sie das Tuch zweifach darum. Die Enden werden mit einem Bindfaden zusammengebunden. Legen Sie den *polpettone* ½ Stunde in den
Kühlschrank.
    In einem großen Topf die Brühe zum Kochen bringen und grobkörniges
Salz einstreuen. Dann legen Sie das kalte Fleisch hinein und lassen es
35 Minuten leise kochen.
    Lassen Sie den *polpettone* anschließend noch ½ Stunde in der Pochier-
brühe stehen. Dann nehmen Sie ihn heraus und legen ihn zum Auskühlen für ½ Stunde auf eine Servierplatte.
    Bereiten Sie nun die Sauce zu: Petersilie, Knoblauch, 2 Eßlöffel von den
Kapern und die Zitronenschale auf einem Brett zusammen fein hacken.
Geben Sie die gehackten Zutaten in eine große Schüssel.
    Die Eier grob hacken und zusammen mit den restlichen Kapern eben-
falls in die Schüssel geben. Würzen Sie das Ganze mit Salz, schwarzem
Pfeffer und Cayenne-Pfeffer. Das Öl dazugießen und alles mit einem
Holzlöffel vermengen. Die Schüssel zudecken und bis zur Verwendung
kühlstellen.
    Wickeln Sie den Fleischlaib aus, und schneiden Sie ihn in 2 cm dicke
Scheiben. Richten Sie die Fleischscheiben zusammen mit dem gekochten
Gemüse in einer großen Servierschüssel an. Die Sauce darübergießen und
servieren.

FÜR 6 PERSONEN

SCHWEINEFLEISCH

Es ist eine alte italienische Tradition, in den Mittelpunkt einer großen Festtafel ein ganzes Spanferkel mit einem Apfel im Maul zu
stellen. Das Fleisch ist so beliebt, daß es heute noch bei Jahrmärk-
ten auf dem Land und an Straßenständen scheibenweise verkauft
wird. Manchmal findet man in Restaurants ein ganzes Spanferkel
auf einem riesigen Tranchierbrett.
    Zum Grillen wird das Fleisch von innen und außen kräftig
gewürzt. Man nimmt dazu große Mengen Kräuter, Gewürze
und Pökelfleisch. Zwar ändert sich von Region zu Region die
Geschmacksrichtung, aber überall auf der Halbinsel bereitet man
das Schwein im ganzen zu, und zwar entweder am Spieß oder in
einem sehr großen Ofen.

Porchetta o maialino in porchetta
GEGRILLTES SPANFERKEL

Heizen Sie den Backofen auf 190°C vor. Mit ½ Tasse von dem Öl wird ein großes Backblech eingepinselt.

Speck oder Schinken mit dem Fleischwolf grob zerkleinern und zusammen mit dem gehackten Schweinefleisch, Salbei, Rosmarin, Knoblauch, Lorbeerblättern und Pfefferkörnern in eine sehr große Schüssel geben. Mit viel Salz und Pfeffer würzen und alle Zutaten mit einem Holzlöffel vermengen.

Mit dieser Masse wird das Schwein gefüllt und anschließend auf das vorbereitete Backblech gelegt. Bestreichen sie es jetzt noch mit dem restlichen Öl, und bestreuen Sie es mit Salz und Pfeffer. Das Ferkel wird mindestens 6 Stunden gegrillt und zwischendurch mit der warmen Brühe eingepinselt.

Wenn das Fleisch gar ist, pressen Sie die Zitronen aus und gießen den Saft darüber. Die Ofentemperatur auf 230°C erhöhen und das Schwein noch einmal 15 Minuten grillen.

Nehmen sie das Spanferkel aus dem Ofen, und legen Sie es auf eine große Platte oder ein Brett. Für die einzelnen Portionen schneiden Sie Scheiben aus den fleischigen Partien wie Keule und Lende. Dazu geben Sie etwas von der Füllung und der knusprigen Kruste.

FÜR EINE GROSSE GESELLSCHAFT

1 Tasse Olivenöl

1,5 kg durchwachsener Speck oder roher Schinken

3 kg grobgehacktes Schweinefleisch

Ca. 60 frische Salbeiblätter

Ca. 15 Eßlöffel Rosmarinblätter

20 große, geschälte Knoblauchzehen

10 Lorbeerblätter

Ca. 60 schwarze Pfefferkörner

Salz und frisch gemahlener schwarzer Pfeffer

1 Spanferkel, ca. 25 kg schwer, ausgenommen aber ganz, mit Kopf und Schwanz

Ca. 2 Tassen selbstgemachte, heiße Rinderbrühe

6 Zitronen

Porchetta *(Gegrilltes Spanferkel) ist auf einem Balkon des Hotels Lungarno angerichtet. Das Hotel befindet sich am Ponte Vecchio in Florenz.*

LAMMFLEISCH

In Süditalien, wo man Fleisch nicht alle Tage ißt, bekommt man am häufigsten Lammfleisch. Wahrscheinlich geht die wichtige Rolle, die das Lammfleisch hier spielt, auf die Zeit der Griechen zurück, deren Kultur in diesem Gebiet die meisten Spuren hinterlassen hat.

Ein Beispiel für die typisch südlichen Gerichte aus Fleisch und Gemüse ist Lamm-*spezzatino* mit Artischocken. (*Spezzatino* bezeichnet ganz allgemein Gerichte aus kleingeschnittenem Fleisch oder Geflügel.)

Das Gemüse ist hier nicht Beilage, sondern ein Hauptbestandteil des Gerichtes selbst. In der Ernährung der Süditaliener spielt es nämlich die wichtigste Rolle überhaupt. Die geviertelten Artischocken werden nur kurz geschmort, so daß sie ihre Form behalten und dem Gericht einen zusätzlichen optischen Reiz verleihen.

Seite 192/193: Schafe in einer masseria *bei Altamura in Apulien.*

Links: Agnello con carciofi (*Lammfleisch mit Artischocken*). *Geviertelte Artischockenherzen und Lammfleischwürfel ergänzen sich zu einem köstlichen Gericht.*

Agnello con carciofi
LAMMFLEISCH MIT ARTISCHOCKEN

Wässern Sie die Artischocken in einer großen Schüssel mit kaltem Wasser und den halbierten Zitronen. Anschließend entfernen Sie die Bärte und das Heu. Schneiden Sie das Gemüse in Viertel, und legen Sie es bis zur Verwendung wieder in das Wasser mit den Zitronen zurück. (Genaue Anweisungen für das Putzen der Artischocken finden Sie auf Seite 51.)

Auf einem Brett den Knoblauch fein und die Petersilie grob hacken.

Erhitzen Sie in einer großen Kasserolle das Öl bei mittlerer Temperatur. Der Topf sollte möglichst aus Terrakotta oder Emaille sein, damit die Artischocken nicht dunkel werden. Sobald das Öl heiß ist, die gehackten Zutaten hineingeben und 2 Minuten leicht darin schwenken. Die Lammfleischstücke hinzufügen, den Topf zudecken und 5 Minuten schmoren lassen. Mit Salz und Pfeffer abschmecken und ½ Tasse von dem Wein dazugießen. Den Topf wieder zudecken und 15 Minuten kochen. Dabei gelegentlich umrühren und nach Bedarf noch ½ Tasse Wein dazugießen. Möglicherweise benötigt das Fleisch eine längere Garzeit, wenn es nicht von einem ganz jungen Lamm ist. Das kann auch dann vorkommen, wenn Sie es als ›Osterlamm‹ gekauft haben.

Wenn das Fleisch gar ist, geben Sie es mit einem Schaumlöffel in eine Schüssel. Zudecken, damit es nicht auskühlt.

Die Artischocken abtropfen lassen und in den Topf mit dem zurückgebliebenen Fleischsaft geben. 2 Minuten darin schmoren, mit Salz und Pfeffer abschmecken und ½ Tasse von dem restlichen Wein dazugießen. Den Topf zudecken und die Artischocken bei mittlerer Hitze kochen, bis sie gar aber noch fest sind (ungefähr 25 Minuten). Nach Bedarf den restlichen Wein dazugießen.

Mit einer Gabel werden Eigelb und Zitronensaft in einer kleinen Schüssel verschlagen.

Legen Sie die Artischockenstücke mit einem Schaumlöffel auf eine vorgewärmte Servierplatte. Richten Sie sie ringförmig auf dem Plattenrand an.

Das Lammfleisch wieder in die Sauce geben und noch einmal 2 Minuten erhitzen. Dann nehmen Sie den Topf vom Feuer und gießen das Eier-Zitronen-Gemisch über das Fleisch. Gut umrühren.

Füllen Sie das Fleisch in den Artischocken-Ring, und servieren Sie das Gericht sofort.

FÜR 6 PERSONEN

6 mittelgroße Artischocken

2 Zitronen

2 mittelgroße, geschälte Knoblauchzehen

Die Blätter von 20 Zweigen Petersilie

¾ Tasse Olivenöl

1,5 kg entbeinte Lammschulter, in 5 cm große Stücke geschnitten

Salz und frisch gemahlener schwarzer Pfeffer

2 Tassen trockener Weißwein

ZUSÄTZLICH

Das Eigelb von 2 extragroßen Eiern

1 Eßlöffel Zitronensaft

195

Geflügel und Wild

Für keine andere Fleischsorte gibt es in Italien so viele und unterschiedliche Rezepte wie für Gerichte mit Hühnerfleisch. Gekocht und mit verschiedenen Saucen, am Spieß, vom Grill oder im Ofen gebacken, mit oder ohne Knochen zerkleinert und geschmort, der ganze Vogel entbeint und gefüllt, gefüllte Hühnerbrust ohne Knochen, gefülltes Keulenfleisch, Leber, Hühnerklein etc. – zu jedem Stück vom Huhn gibt es spezielle Rezepte.

Auch für Puter gibt es verschiedene Zubereitungsarten. Da Brustfleisch und dunkles Fleisch unterschiedliche Garzeiten haben, wird in Italien selten beides zusammen verwendet. Ente eignet sich am besten zum Grillen, Füllen oder auch zur Verwendung ganz ohne Knochen. Auch dafür gibt es eine reiche Auswahl an Rezepten. Wildenten werden meistens gegrillt; die Rezepte für Zuchtenten sind dagegen komplizierter. Perlhuhn, Täubchen und Fasan verwendet man häufig für gemischte Grillplatten oder einzeln für einfachere Gerichte. Kapaun wird gewöhnlich gekocht. Den Sud mögen die Italiener besonders gern. Wachteln gibt es reichlich, sie werden sogar manchmal für Vorspeisen wie Risotto und Polenta verwendet. Auch Kaninchen ist beliebt. Man bereitet es im ganzen mit oder ohne Knochen zu und füllt es auf verschiedene Arten. Wenn es in Stücke geschnitten wird, entfernt man normalerweise die Knochen nicht. Außerdem ist es Grundlage für viele Saucen.

Seite 196/197: Eine belebte Piazza in San Gusmè, einem kleinen, alten Bergstädtchen bei Siena. Der Abend am Grill bildet den Höhepunkt aller Feste hier. Geflügel und Fleisch zu grillen, ist eine alte italienische Tradition. Hähnchen, Perlhuhn, Kapaun, Lamm, Beefsteak und Würstchen werden zusammen über einem Holzfeuer geröstet.

Links: Ein Mugellese-Hahn. Der große Maler Giotto hütete als Kind diese Hähne auf dem Hof seines Vaters im Mugello.

Unten: Hähnchen und Milchlamm werden auf einem Spieß nicht über sondern vor dem Holzfeuer gegrillt. Auch allo spiedo (am Spieß) ist eine in Italien sehr beliebte Zubereitungsweise. Oft hat jedes Viertel seine eigenen Rosticcerie; dort werden Geflügel und Fleisch zum Mitnehmen schnell zubereitet.

HÄHNCHEN

Die kleinen braunen Hühner aus dem Mugello, einer gebirgigen Gegend nordöstlich von Florenz, werden selten gegessen. Statt dessen legt man ihnen die Eier anderer Hühner zum Ausbrüten unter. Die Mugellese-Hennen haben die erstaunliche Fähigkeit, sich ganz flach auf dem Boden auszubreiten. So können sie mehr Eier gleichzeitig ausbrüten als normal große Hühner. Wenn sie sich niederlassen, verschwindet der Kopf fast ganz im Gefieder. In ganz Mittelitalien gilt ihnen besondere Zuneigung wegen ihres beherzten Charakters: jeden, der sich ihnen nähert, verjagen sie sofort.

Am häufigsten werden in ganz Italien Hühner aus der berühmten Leghorn-Zucht gegessen. Sie stammt aus Livorno in der Toskana. Hühner dieser Rasse sind meist weiß und haben gelbe Beine, die inzwischen schon sprichwörtlich geworden sind. Anfangs wurden die Hühner exportiert, aber heute züchtet man sie in der ganzen Welt. In Italien gelten sie als *die* Hühner schlechthin. Im Volksmund sagt man: »Er (oder sie) hat gelbe Beine« – und meint damit eine Person von hoher Qualifikation.

Ein Mugellese-Hühnchen in Alarmbereitschaft. Es hält jeden möglichen Eindringling auf Distanz. Florentiner schätzen diese kleinen, leicht reizbaren Vögel besonders wegen ihrer Fähigkeit, größere Angreifer in die Flucht zu schlagen. Auch die kleinen braunen Eier sind recht beliebt, aber es ist schwierig, sie den Hühnern abzunehmen.

Anders als Gerichte mit einem leichten Zitronengeschmack baut das folgende Rezept ganz auf Zitronen auf. Das Geflügel wird im Saft von 4 Zitronen ohne Öl mariniert. Man würzt es nur mit Salz, schwarzem und rotem Pfeffer und etwas Knoblauch. So kann das gebratene Hähnchen den vorherrschenden Zitronengeschmack ganz aufnehmen. Beim Braten werden Zitronenhälften dazugegeben. Sie verleihen dem Gericht nicht nur das Aroma sondern auch einen besonderen optischen Reiz.

Pollo ai limoni *(Brathähnchen mit Zitronenhälften).*

Pollo ai limoni
BRATHÄHNCHEN MIT ZITRONENHÄLFTEN

Das Hähnchen ausnehmen und überschüssiges Fett entfernen. Schneiden Sie es auf, indem Sie einen Längsschnitt am Brustbein – nicht am Rükken – legen. Dann legen Sie das Geflügel auseinandergeklappt in eine große Steingut- oder Glasschüssel. Die Zitronen auspressen und den Saft über das Hähnchen gießen. Geben Sie auch die Zitronenhälften in die Schüssel.

Knoblauch und Petersilie zusammen auf einem Brett fein hacken und mit Salz, Pfeffer und den Peperoncini in die Schüssel geben. Lassen Sie das Hähnchen an einem kühlen Ort oder im untersten Fach des Kühlschranks 1 Stunde ziehen. In dieser Zeit soll es 4mal gewendet werden.

Heizen Sie den Backofen auf 200°C vor.

Das Hähnchen in eine feuerfeste Form – vorzugsweise aus Terrakotta – legen und die Marinade aus der Schüssel darübergießen. Die Zitronenhälften auf dem Hähnchen verteilen und 45 Minuten braten.

Nehmen Sie das Geflügel danach aus dem Ofen, und servieren Sie es sofort, nachdem Sie es mit ein paar Petersilienzweigen garniert haben.

FÜR 4 PERSONEN

1 Hähnchen, ungefähr 1,5 kg schwer

4 Zitronen

2 mittelgroße, geschälte Knoblauchzehen

Die Blätter von 15 Zweigen Petersilie

Salz und frisch gemahlener schwarzer Pfeffer

½ Teelöffel zerdrückte Peperoncini

ZUM GARNIEREN

Petersilienzweige

201

Hähnchenbrusthälften mit Spinat- und Béchamel-Füllung. Als nächstes werden die beiden Hälften aufeinandergesetzt. Rechts: Petti di pollo imbottiti con salsa al pepe verde *(Gefüllte Hähnchenbrust mit grüner Pfeffersauce). So sieht das fertige Gericht aus.*

Für *Petti di pollo imbottiti* wird zwischen zwei Hähnchenbrusthälften eine Füllung aus Spinat und *besciamella* (Béchamel) gegeben. Das Ganze wird paniert und in Fett schwimmend ausgebacken. Man nimmt dazu ein Pflanzenöl, vor allem aus Sonnenblumenkernen (Erdnußöl verwendet man in Italien kaum). Zuvor legt man die Hühnerbrust in geschlagenes Ei. So bleiben nicht nur die Semmelbrösel haften, sondern das Fleisch wird dadurch auch besonders zart. Die Semmelbrösel sollten ungewürzt und geröstet sein. Dann saugen sie beim Ausbacken kein Fett auf.

Man kann dieses Gericht nur mit Zitronenspalten garniert auftragen. Besonders gut ist es aber mit einer würzigen Sauce wie z. B. der folgenden mit grünen Pfefferkörnern, die sich mit dem zarten Geschmack von Hähnchenfleisch und Béchamel gut ergänzt.

Petti di pollo imbottiti con salsa al pepe verde
GEFÜLLTE HÄHNCHENBRUST MIT GRÜNER PFEFFERSAUCE

3 ganze Hähnchenbrüste ohne Haut und Knochen

3 extragroße Eier

Eine Prise Salz

FÜR DIE FÜLLUNGEN

Die Béchamel-Füllung:

3 Eßlöffel Butter

3 Eßlöffel Weizenmehl

2 Tassen kalte Milch

3 Eßlöffel frisch geriebener Parmesan

Salz und frisch gemahlener schwarzer Pfeffer

Frisch geriebene Muskatnuß

Die Spinat-Füllung:

1 kg Spinat

Grobkörniges Salz

1 mittelgroße, geschälte Knoblauchzehe

4 Eßlöffel Olivenöl

Salz und frisch gemahlener schwarzer Pfeffer

Frisch geriebene Muskatnuß

ZUSÄTZLICH

1 Tasse ungewürzte Semmelbrösel, vorzugsweise selbstgeriebene, geröstet

1 l Pflanzenöl

Entfernen Sie das Fett von den Hähnchenbrüsten, und halbieren Sie diese.

Die Eier in eine Steingut- oder Glasschüssel geben, eine Prise Salz hinzufügen und mit einer Gabel verschlagen. Die 6 Hähnchenbrusthälften hineinlegen und ½ Stunde ziehen lassen.

202

In der Zwischenzeit bereiten Sie die Béchamel-Füllung zu: Lassen Sie die Butter in einem schweren Topf bei schwacher Hitze zergehen. Wenn sie zu schäumen beginnt, das Mehl hinzufügen, mit einem Holzlöffel gut verrühren und hellgelb rösten. Den Topf vom Feuer nehmen und beiseite stellen, während Sie die Milch langsam erhitzen, bis sie kurz vor dem Siedepunkt steht. Dann stellen Sie den Topf mit dem Mehl wieder auf den Herd und gießen die ganze heiße Milch auf einmal dazu. Rühren Sie mit einem Holzlöffel, bis die Sauce zu kochen beginnt. 12 bis 14 Minuten kochen lassen. Erst im letzten Moment, wenn die Sauce fast fertig ist, werden geriebener Parmesan, Salz, Pfeffer und Muskatnuß dazugegeben. Stellen Sie die Sauce in einer Steingut- oder Glasschüssel beiseite, aber drücken Sie zuvor noch ein Stück gebuttertes Pergamentpapier auf die Oberfläche.

Den Spinat gründlich säubern und die großen Stiele entfernen. Wässern Sie den geputzten Spinat ½ Stunde in einer Schüssel mit kaltem Wasser. Dann bringen Sie sehr viel kaltes Wasser zum Kochen und streuen grobkörniges Salz ein. Den abgetropften Spinat hineingeben und 10 Minuten kochen. Abtropfen und unter fließendem kalten Wasser auskühlen lassen. Danach wird das Gemüse ausgedrückt und auf einem Brett fein gehackt.

Schneiden Sie den Knoblauch in kleine Stücke. Erhitzen Sie das Öl in einer Bratpfanne bei mittlerer Temperatur. Sobald es heiß ist, den Knoblauch hineingeben und 2 Minuten darin schwenken. Den gehackten Spinat hineingeben und mit Salz, Pfeffer und Muskatnuß abschmecken. 5 Minuten garziehen lassen. Dann füllen Sie den Spinat zum Abkühlen in eine Schüssel (für ca. ½ Stunde).

Wenn der Spinat kalt ist, wird mit einem Holzlöffel die Hälfte der vorbereiteten Béchamel daruntergerührt. Mit Salz, Pfeffer und Muskatnuß abschmecken.

Bestreuen Sie ein Stück Aluminiumfolie mit den Semmelbröseln. Drei von den Hähnchenbrusthälften darauflegen und fest in die Semmelbrösel drücken. Achten Sie sorgfältig darauf, daß jedes Stück Fleisch an der Unterseite ganz mit Semmelbröseln bedeckt ist, daß aber keine Brösel an die Oberseite gelangen.

Geben Sie auf jedes Stück einen Eßlöffel von der Béchamel. Darauf kommt ein gehäufter Eßlöffel von der Spinatmischung und zuletzt noch einmal ein Eßlöffel Béchamel obenauf.

Nun bedecken Sie jede Brust mit der entsprechenden anderen Hälfte und bestreuen diese gleichmäßig mit Semmelbröseln. Drücken Sie die Ränder der drei ›Sandwiches‹ fest aufeinander, und vergewissern Sie sich noch einmal, daß beide Seiten gleichmäßig mit Semmelbröseln überzogen sind.

Bereiten Sie nun die Sauce zu: Lassen Sie 4 Eßlöffel von der Butter in einem mittelgroßen, schweren Topf bei schwacher Hitze zergehen. Sobald sie ganz geschmolzen ist, die Pfefferkörner hineingeben und 5 Minuten darin schwenken.

Erhitzen Sie in der Zwischenzeit die Brühe.

Das Mehl auf einen Teller geben und mit einer Gabel die restliche Butter einarbeiten. Dieses Gemisch geben Sie zu den Pfefferkörnern. Mit einem Holzlöffel gut verrühren. 2 Tassen von der heißen Brühe dazugießen und einrühren. 10 Minuten leise kochen lassen. Drehen Sie den Topfinhalt durch den Fleischwolf in eine Schüssel (Vorsatz mit mittelgroßen Löchern benutzen), und füllen Sie die Sauce anschließend wieder in den Topf. Die restliche Brühe dazugießen und ca. 40 Minuten leise kochen lassen. Rühren Sie gelegentlich mit einem Holzlöffel um. Mit Salz und Pfeffer abschmecken. Die Sauce sollte am Schluß dick und geschmeidig sein. Füllen Sie sie in eine vorgewärmte Sauciere.

Erhitzen Sie das Öl in einem Fritiertopf. Sobald es heiß ist, die Hähnchenbrusthälften vorsichtig hineingeben und von jeder Seite 2 Minuten ausbacken.

Inzwischen belegen Sie einen Teller mit Küchenkrepp. Die fertigen Hähnchenbrusthälften darauflegen. Anschließend das Papier entfernen, das Fleisch mit etwas gehackter Petersilie bestreuen und mit Zitronenspalten oder der Pfeffersauce sofort servieren.

FÜR 3 PERSONEN

FÜR DIE SALSA AL PEPE VERDE

6 Eßlöffel Butter

2 gehäufte Teelöffel grüne Pfefferkörner, in Salzlake eingelegt, abgetropft

4 Tassen selbstgemachte Rinderbrühe

1 Eßlöffel Weizenmehl

Salz und frisch gemahlener schwarzer Pfeffer

ZUM SERVIEREN

Zitronenspalten oder *Salsa al pepe verde*

Die grob gehackten Blätter von 20 Zweigen Petersilie

Bei einer traditionellen Hähnchen-Rollpastete wird das Geflügel entbeint und das Fleisch entfernt; nur an der Haut bleibt etwas Fleisch zurück. Bei *Salsiccia di pollo tartufata* wird die Haut des entbeinten Geflügels als Hülle für die Pastete benutzt. Für dieses Gericht verwendet man allerdings nur das Brustfleisch. Der Rest des abgezogenen Vogels muß sich mit einer weniger anspruchsvollen Zubereitung zufriedengeben.

Die Hähnchenbrust wird grob gehackt und mit Schweinefleisch, Schlagsahne und vor allem mit schwarzen Trüffeln zu einer Füllung verarbeitet. Diese wickelt man in eine Lage Schinkenscheiben ein und steckt das Ganze in die Geflügelhaut. Die einzig angemessene Sauce für dieses Gericht ist eine mit schwarzen Trüffeln, für die ich Ihnen hier das Rezept vorstellen möchte. Andernfalls sollte man gar keine Sauce verwenden.

Bei Salsiccia di pollo tartufata *(Hähnchen-Rollpastete mit Trüffelsauce) gehören schwarze Trüffelstückchen sowohl in die Sauce als auch in die Pastete selbst.*

Salsiccia di pollo tartufata
HÄHNCHEN-ROLLPASTETE MIT TRÜFFELSAUCE

Durchtrennen Sie die Sehnen am Ende der beiden Hähnchenkeulen. Legen Sie am Rücken einen Längsschnitt durch die Haut, und lösen Sie sie mit Hilfe eines Messers in einem Stück vom Körper. Heben Sie das Hähnchen für anderweitige Zwecke auf. Die Haut wird auf einem Brett mit der Innenseite nach oben ausgebreitet und ganz mit den Schinkenscheiben bedeckt.

Lösen Sie die gehäutete Geflügelbrust von dem übrigen Tier. Mit einem Fleischwolf grob mahlen und in eine Steingut- oder Glasschüssel füllen. Geben Sie das gehackte Schweinefleisch und anschließend die Schlagsahne dazu. Mit Salz und Pfeffer würzen und alle Zutaten mit einem Holzlöffel vermengen.

Die Trüffel in kleine Stückchen schneiden und in die Schüssel geben. Rühren Sie noch einmal um, damit sich die Trüffel mit den anderen Zutaten vermischt. Die Füllmasse auf ein Ende der Hähnchenhaut geben und das Fleisch wie eine Salami aufrollen.

Die glänzende Seite einer Aluminiumfolie mit Öl bestreichen und die Hähnchenpastete darauflegen. Nun wird sie wie ein Paket ganz darin eingewickelt und ½ Stunde kühlgestellt.

Heizen Sie den Backofen auf 190°C vor. Die Rollpastete in einer feuerfesten Form 1 Stunde backen und zwischendurch einmal wenden. Aus dem Ofen nehmen und in der Verpackung ½ Stunde stehenlassen.

Bereiten Sie nun die Sauce zu: Die Trüffel auf einem Brett fein hacken und in eine Steingut- oder Glasschüssel geben. Fügen Sie Öl sowie Salz und Pfeffer hinzu. Die Zutaten mit einem Holzlöffel gut verrühren und bis zur Verwendung beiseite stellen.

Den Knoblauch fein hacken und in eine zweite Steingut- oder Glasschüssel geben. Fügen Sie Butter und Mehl hinzu, und verarbeiten Sie alles mit einer Gabel zu einer dicken Paste. Brühe, Zitronensaft und Weinessig dazugießen, mit einem Holzlöffel gut verrühren und eine Prise Salz und Pfeffer dazugeben.

Den Inhalt der ersten Schüssel in einen kleinen, schweren Topf geben und auf schwache Hitze stellen. 5 Minuten leise kochen lassen und gelegentlich mit einem Holzlöffel umrühren. Dann geben Sie den Inhalt der zweiten Schüssel dazu und rühren gut um, damit sich keine Klümpchen bilden. 10 Minuten leise kochen lassen. Danach sollte die Sauce geschmeidig sein.

Wenn die Sauce fertig ist, nehmen Sie das Fleisch aus der Folie und schneiden es in 6 Scheiben. Auf jedem Teller 1 Scheibe mit der Sauce anrichten. Sofort servieren.

FÜR 6 PERSONEN

1   ganzes Hähnchen, ca. 1,5 kg schwer

125 g roher Schinken in sehr dünnen Scheiben

1   Teelöffel Olivenöl

350 g gehacktes Schweinefleisch

1   Tasse Schlagsahne

Salz und frisch gemahlener schwarzer Pfeffer

1   kleine schwarze Trüffel, frisch oder aus der Dose (ca. 30 g schwer)

FÜR DIE SALSA AL TARTUFO

1   schwarze Trüffel, frisch oder aus der Dose (ca. 60 g schwer)

4   Eßlöffel Olivenöl

Salz und frisch gemahlener schwarzer Pfeffer

1   mittelgroße, geschälte Knoblauchzehe

2   Eßlöffel Butter auf Zimmertemperatur

1   knapper Eßlöffel Weizenmehl

¾   Tasse lauwarme, selbstgemachte Hühnerbrühe

1   Eßlöffel frisch gepreßter Zitronensaft

1   knapper Eßlöffel Rotweinessig.

KAPAUN

Kapaun hat ein ganz eigenes Aroma; er ist durchaus nicht nur ein Hähnchen mit besonders gutem Fleisch. In italienischen Rezepten sind Kapaun und Hähnchen nicht austauschbar. Selbst Kapaunbrühe hat einen besonderen, vollen Geschmack, der sich auch nicht dadurch erzielen läßt, daß man Hühnerbrühe reduziert.

Die Prozedur, durch die ein Hahn zum Kapaun wird, ist ja allseits bekannt. Als Kind wollte ich einmal eine kurze Zeit lang Chirurg werden. Damals brachten mir die benachbarten Bauern auf Betreiben meines Vaters diesen kleinen, alltäglichen Eingriff an ihren jungen Hähnchen bei: Ob diese Erfahrung meine Berufswahl beeinflußt hat, mag dahingestellt sein.

Der im folgenden Rezept beschriebene Kapaunsalat wird kalt als Vorspeise oder Hauptgericht gegessen. Er muß mindestens einen Tag im voraus zubereitet werden, damit er durchziehen kann. Der für die Renaissance typische süß-saure Geschmack entsteht durch

die Kombination von Rosinen, Nüssen und einem Hauch Zucker mit Weinessig und Olivenöl.

Das Restaurant »Il Cigno« in Mantua hat dieses und andere überlieferte Gerichte aus der örtlichen Tradition auf der Speisekarte.

Insalata di cappone
MARINIERTE KAPAUNBRUST

1	Kapaun, ca. 2 kg schwer, so daß sich ca. 750 g Brustfleisch ergeben

ZUM KOCHEN DES KAPAUNS

1	ganze rote Zwiebel, geschält
1	Stange Sellerie
1	geschabte Karotte
5	Zweige Petersilie
	Grobkörniges Salz

FÜR DIE MARINADE

¾	Tasse Olivenöl
1	Zitrone
2	Eßlöffel Rotweinessig
3	Nelken
2	Lorbeerblätter
3	Eßlöffel Pinienkerne
3	Eßlöffel Rosinen
	Salz und frisch gemahlener schwarzer Pfeffer
1	Eßlöffel körniger Streuzucker
1	große Prise zerdrückte Peperoncini

ZUSÄTZLICH

4	reife aber nicht überreife Tomaten
1	Endiviensalat

WAHLWEISE

Einige rote Radicchio-Blätter, die man mit dem Endiviensalat vermischen kann

Den Kapaun ausnehmen und gründlich waschen. Das überschüssige Fett entfernen.

6 l kaltes Wasser zum Kochen bringen und Zwiebel, Sellerie, Karotte und Petersilie hineingeben. Sobald das Wasser dann wieder den Siedepunkt erreicht, grobkörniges Salz einstreuen und den Kapaun hineinlegen. 2 Stunden kochen und zwischendurch den Schaum abschöpfen, der sich an der Oberfläche bildet.

Danach nehmen Sie den Kapaun aus dem Wasser und legen ihn auf eine große Platte. Liegenlassen, bis er ganz ausgekühlt ist.

Nehmen Sie das Brustfleisch in 2 Hälften ab, und schneiden Sie es in dicke Streifen, die Sie in eine Steingut- oder Glasschüssel geben (siehe Anmerkung).

Gießen Sie das Öl in eine kleine Steingut- oder Glasschüssel. Die Zitronen auspressen und den Saft zu dem Öl geben. Danach Essig, Nelken, Lorbeerblätter, Pinienkerne und Rosinen hinzufügen und mit Salz und Pfeffer würzen. Vermengen Sie alle Zutaten mit einem Holzlöffel. Die Sauce über die Kapaunbrust-Streifen gießen und mit Zucker und Peperoncini bestreuen. Gut vermengen, so daß das Fleisch von allen Seiten mit der Sauce überzogen ist. Das Ganze in ein Glasgefäß füllen, verschließen und vor dem Servieren mindestens 12 Stunden kaltstellen.

Vor dem Servieren nehmen Sie den Kapaun aus dem Kühlschrank und lassen ihn stehen, bis er Zimmertemperatur angenommen hat. Entfernen Sie die Lorbeerblätter.

Die Tomaten vierteln. Endivien und Radicchio auf einer großen Platte anrichten und aus den Tomatenvierteln einen Ring auf dem Tellerrand legen. Das marinierte Fleisch aus dem Glas in die Mitte des Tellers geben und das Gericht sofort servieren.

ERGIBT EINE VORSPEISE FÜR 8 PERSONEN

ANMERKUNG: *Das restliche Kapaunfleisch können Sie mit 2 Eßlöffeln Olivenöl sowie Salz und Pfeffer braten. Dazu kann man die gleiche Sauce wie zu* Melanzane carpionate *(siehe Seite 45) reichen. Das Gericht eignet sich als Vorspeise, jedoch nicht für eine Mahlzeit, bei der Auberginen oder das im vorhergehenden Rezept beschriebene Gericht serviert werden.*

Links: Insalata di cappone *(Marinierte Kapaunbrust)* mit einer Schüssel Mo*starda di Cremona, süß-sauer eingelegten Senffrüchten, die man zu gekochten Gerichten reichen kann.*

Nächste Doppelseite: Blick in die Küche des Restaurants »Il Cigno« (Der Schwan) in Mantua. Die alten Kupfertöpfe und -schüsseln werden auch heute noch täglich benutzt.

Klare Kapaunbrühe ist die Grundlage für das folgende einfache aber doch klassische Rezept, das an den Großherzog der Toskana, Ferdinando I., und seine Villa »La Ferdinanda« in Artimino erinnert. In der reichen klaren Brühe schwimmt ein Ei, das direkt im Teller durch die siedend aufgegossene Brühe pochiert wird. Dazu kommen ganze, frische Basilikum- und Petersilienblätter sowie kleine Stückchen gehackte Kapaunbrust.

Links: Ein Teller Kapaunbrühe vor der Villa »La Ferdinanda« in Artimino. Die Villa wurde Ende des 16. Jahrhunderts vom großen Buontalenti erbaut. Man nennt sie auch das »Haus der hundert Kamine«. Bevor die Villa errichtet wurde, umgab das gesamte Anwesen eine 51 km lange Mauer, die Cosimo I. errichtet hatte. Anfang des 18. Jahrhunderts legte Cosimo III. die Grenzen für das Herstellungsgebiet von Carmignano-Wein fest. So entstand die erste geschützte Ursprungsbezeichnung in Europa.

Zuppa »La Ferdinanda«
SUPPE »LA FERDINANDA«

Grobkörniges Salz

1 mittelgroße rote Zwiebel, geschält

1 große, geschabte Karotte

1 mittelgroße Stange Sellerie ohne Blätter

15 Zweige Petersilie

1 Kapaun, ca. 2 kg schwer, ausgenommen

500 g Kalbsschulter in einem Stück ohne Knochen

Das Eiweiß von 2 extragroßen Eiern

ZUSÄTZLICH

8 extragroße Eier

Die Blätter von 8 Zweigen Petersilie

16 frische Basilikumblätter

Einen großen Topf mit 5 l kaltem Wasser zum Kochen bringen und grobkörniges Salz einstreuen. Dann fügen Sie Zwiebel, Karotte, Sellerie und Petersilie hinzu. Wenn das Wasser danach wieder zu sieden beginnt, legen Sie den Kapaun und das Kalbfleisch hinein. Unbedeckt bei schwacher Hitze 2 Stunden kochen und von Zeit zu Zeit den Schaum abschöpfen, der sich an der Wasseroberfläche gebildet hat. Anschließend legen Sie den Kapaun auf eine große Platte, bedecken ihn mit Aluminiumfolie und stellen ihn bis zur Verwendung beiseite. Heben Sie das Kalbfleisch für eine andere Mahlzeit auf.

Gemüse und Kräuter entfernen und die Brühe noch einmal ½ Stunde einkochen lassen. Dann gießen Sie die Brühe durch ein Sieb in eine große Schüssel und lassen sie unbedeckt 2 Stunden auskühlen. Danach decken Sie die Schüssel zu und stellen sie für 1 Stunde in den Kühlschrank.

Nun wird die Brühe geklärt: Nehmen Sie zunächst das Fett, das sich an der Oberfläche gebildet hat, ab. Danach geben Sie die Eiweiß hinein und verquirlen sie mit einem Schneebesen in der kalten Brühe.

Ein Sieb mit einem dicken Stück Nessel auslegen und in eine große Schüssel hängen. Gießen Sie die Brühe hindurch. So bleiben alle Unreinheiten im Tuch hängen, und Sie erhalten eine absolut transparente Brühe. Anschließend wieder in den gereinigten Suppentopf zurückgießen und zum Kochen bringen.

In der Zwischenzeit befreien Sie den ausgekühlten Kapaun von Haut und Knochen und hacken das Brustfleisch auf einem Brett fein (siehe Anmerkung auf Seite 207).

Für jede Portion ein Ei in einen vorgewärmten Suppenteller schlagen und neben das Ei etwas gehacktes Brustfleisch legen.

Wenn die Brühe wieder zu kochen beginnt, mit Salz und Pfeffer abschmecken und Petersilienblätter in den Topf geben. Gießen Sie über jedes Ei kochende Brühe. Anschließend geben Sie noch einmal einige Petersilienblätter und 2 Basilikumblätter in jeden Teller. Sofort servieren.

FÜR 8 PERSONEN

211

PERLHUHN

Perlhühner wurden von den alten Ägyptern domestiziert. Ihr italienischer Name *faraona* bedeutet ja auch soviel wie ›Huhn der Pharaonen‹. Aber obwohl sie nun domestiziert sind, haben sie immer noch einen leicht wildartigen Geschmack. Wie beim Fasan ist auch bei ihnen die Brust besonders groß, so daß sie verhältnismäßig mehr weißes Fleisch liefern als Hähnchen. Perlhühner sind das ganze Jahr über erhältlich und daher in Italien recht beliebt. Ebenso wie Hähnchen fehlen sie – gegrillt oder am Spieß gebraten – auf kaum einer gemischten Grillplatte. Ähnlich wie Fasan oder anderes Wild darf Perlhuhn beim Garen nie austrocknen. Man bereitet es daher entweder in einer Sauce oder in Schinken- oder Speckscheiben gewickelt zu.

Durch Zugabe von reichlich Nelken erhält das folgende Gericht – *Faraona con polenta* – sein besonderes Aroma. Bemerkenswert an der Zubereitung ist, daß die ganze Zwiebel mit den Nelken in den Vogel gegeben wird. Auch die Verwendung von Salbei spielt eine wichtige Rolle; die Blätter sind die einzige Garnitur für das Gericht. Übrigens wird in der italienischen Küche fast ausschließlich mit Kräutern garniert, die auch in dem Gericht selbst enthalten sind.

Zu den Hühnern wird eine dicke Polenta gereicht, die nicht mit Wasser sondern mit Brühe zubereitet wird. In Norditalien ist diese Zubereitungsart allerdings nicht üblich. Dort schneidet man die Polenta gewöhnlich in Scheiben und röstet sie; und für diese Verwendungsweise ist die Zubereitung mit Wasser besser geeignet. In anderen Gegenden jedoch ist die Verwendung von Brühe bei der Polenta-Zubereitung durchaus üblich.

Geschmorte Perlhühner auf Polenta werden mit ihrem eigenen Bratensaft übergossen. Als Garnierung dienen frische Salbeiblätter und Würstchen.

212

Faraone con polenta
PERLHÜHNER MIT POLENTA

2	kleine Perlhühner, jedes ca. 800 g schwer	
4	mittelgroße rote Zwiebeln, geschält	
10	Nelken	

Salz und frisch gemahlener schwarzer Pfeffer

2	große Stangen Sellerie
¼	Tasse Olivenöl
4	Eßlöffel Butter
2	frische oder in Salz eingelegte Salbeiblätter (siehe Anmerkung auf Seite 43)
1	Tasse trockener Weißwein

500 g	frische Tomaten oder italienische Dosentomaten, abgetropft
2	Eßlöffel Tomatenmark

FÜR DIE POLENTA

1,5 l kalte, selbstgemachte Hühnerbrühe

250 g grobes oder steingemahlenes, gelbes Maismehl

ZUM SERVIEREN

Einige frische Salbeizweige

WAHLWEISE

3 süße italienische Würstchen ohne Fenchelsamen, gebraten und halbiert

Die Hühner ausnehmen und gründlich waschen. Anschließend mit Küchenkrepp abtrocknen. Stecken Sie in 2 Zwiebeln je 5 Nelken, und geben Sie in jedes Huhn eine gespickte Zwiebel. Etwas Salz und Pfeffer dazustreuen und die Hühner mit Nadel und Faden zunähen. Binden Sie mit einem Faden Beine und Flügel fest an den Körper.

Die restlichen 2 Zwiebeln und den Sellerie auf einem Brett zusammen fein hacken.

Öl, Butter und die gehackten Zutaten in eine schwere Kasserolle geben und die beiden Hühner darauflegen. Den Topf schließen und auf mittlere Hitze stellen. 15 Minuten schmoren lassen. Dann werden die Hühner gewendet und das Gemüse mit einem Holzlöffel umgerührt. Den Topf wieder schließen und weitere 15 Minuten schmoren. Nun werden die Salbeiblätter und der Wein zugegeben. Lassen Sie den Wein im offenen Topf 10 Minuten einkochen.

Die Tomaten durch den Fleischwolf drehen (benutzen Sie den Vorsatz mit kleinen Löchern). Das Tomatenmark in die Kasserolle geben und gut verrühren. Dann kommen die passierten Tomaten hinzu. Mit Salz und Pfeffer würzen, den Topf schließen und 15 Minuten unter gelegentlichem Umrühren mit einem Holzlöffel kochen lassen.

Bringen Sie in der Zwischenzeit die Brühe für die Polenta zum Kochen. Schütten Sie das Maismehl ganz langsam und gleichmäßig in die siedende Flüssigkeit, und rühren Sie dabei mit einem langen Holzlöffel. Ohne Unterbrechung noch 55 Minuten weiterrühren.

Wenn die Hühner lange genug geschmort haben, nehmen Sie die Kasserolle vom Feuer und stellen sie beiseite, bis Sie alles zum Backen vorbereitet haben. Entfernen Sie die Salbeiblätter.

Kurz bevor die Polenta fertig ist, heizen Sie den Backofen auf 200°C vor und legen die Hühner in eine feuerfeste Form. 15 Minuten backen. Erhitzen Sie die Sauce in der Kasserolle noch einmal. Die Polenta auf eine vorgewärmte Platte füllen, die Hühner darauflegen und die heiße Sauce darübergießen. Geben Sie die Salbeiblätter in einem Sträußchen in die Mitte der Platte, und verteilen Sie nach Wunsch die gebratenen Würstchenhälften auf der Polenta. Sofort servieren.

FÜR 4 PERSONEN

TÄUBCHEN

Täubchen sind als Hauptgericht in Italien nicht ungewöhnlich. Das aromatische Fleisch verleiht mancher Sauce ihren Geschmack. Außerdem verwendet man es für Nudelfüllungen. Im folgenden Rezept wird der konzentrierte, intensive Geschmack des dunklen Täubchenfleisches zur vollen Entfaltung gebracht, indem es mit getrockneten Steinpilzen in Rotwein gekocht wird. Es handelt sich um eines der wenigen Rezepte, bei denen durchgedrückte Kartoffeln anstelle von Polenta verwendet werden. Sie verbinden sich gut mit der reichen Sauce und der Füllung.

Piccioni ripieni in umido
GEFÜLLTE TÄUBCHEN MIT PILZ-SAUCE

4 Täubchen

FÜR DIE FÜLLUNG

2 süße italienische Würstchen ohne Fenchelsamen oder 150 g gehacktes Schweinefleisch

2 Scheiben Weißbrot ohne Kruste

125 g gehacktes Kalbfleisch

Salz und frisch gemahlener schwarzer Pfeffer

FÜR DIE ZUBEREITUNG DER TÄUBCHEN

1 kleine, geschabte Karotte

1 kleine Stange Sellerie

1 mittelgroße rote Zwiebel, geschält

Gefüllte Täubchen werden mit durchgedrückten Kartoffeln serviert. Dazu gibt es eine Sauce mit dem köstlichen Aroma der Steinpilze.

2 frische oder in Salz eingelegte Salbeiblätter (siehe Anmerkung auf Seite 43)

60 g getrocknete Steinpilze

¼ Tasse Olivenöl

1 Eßlöffel Butter

½ Tasse trockener Rotwein

1 Tasse italienische Dosentomaten, abgetropft

2 Eßlöffel Tomatenmark

Salz und frisch gemahlener schwarzer Pfeffer

1 Tasse heiße, selbstgemachte Hühnerbrühe

ZUM SERVIEREN

Grobkörniges Salz

1 kg mehlige Kartoffeln (keine neuen Kartoffeln)

Einige Zweige Sellerie-Grün

Die Täubchen ausnehmen und gründlich waschen. Anschließend mit Küchenkrepp trockentupfen. Entfernen Sie alles überschüssige Fett.

Zunächst bereiten Sie die Füllung zu: Die Haut von den Würstchen entfernen und das Fleisch (oder das gehackte Schweinefleisch) in eine Steingut- oder Glasschüssel geben.

Weichen Sie das Brot in einer Schüssel mit kaltem Wasser 2 Minuten ein. Danach ausdrücken und in die Schüssel mit dem Würstchenfleisch geben. Fügen Sie Kalbfleisch, Salz und Pfeffer hinzu, und verrühren Sie alles gut mit einem Holzlöffel. Geben Sie in jedes Täubchen ein Viertel von der Füllmasse, und nähen Sie es mit Nadel und Faden zu. Flügel und Beine mit einem Faden fest an den Körper binden.

Karotte, Sellerie, Zwiebel und Salbei auf einem Brett zusammen fein hacken.

Weichen Sie die Pilze ½ Stunde in 2 Tassen lauwarmem Wasser ein.

Erhitzen Sie Öl und Butter in einer Kasserolle bei mittlerer Temperatur. Sobald die Butter ganz geschmolzen ist, die gehackten Zutaten hineingeben und 5 Minuten darin schwenken. Dann geben Sie die Täubchen hinein und schmoren sie rundherum goldbraun (ungefähr 5 Minuten). Den Wein dazugießen und bei schwacher Hitze einkochen lassen (ungefähr 15 Minuten).

Inzwischen stellen Sie einen großen Topf mit 10 Tassen kaltem Wasser auf große Flamme.

Drehen Sie die Tomaten durch den Fleischwolf (benutzen Sie den Vorsatz mit kleinen Löchern). Das Tomatenmark unter die passierten Tomaten rühren, in die Kasserolle geben und 5 Minuten kochen lassen.

Die eingeweichten Pilze abtropfen lassen und das Wasser aufheben. Vergewissern Sie sich, daß kein Sand mehr an den Pilzen haftet, und geben Sie sie dann in die Kasserolle zu den Täubchen. Mit Salz und Pfeffer abschmecken und im geschlossenen Topf kochen, bis die Täubchen zart sind (ungefähr 25 Minuten). Gießen Sie bei Bedarf heiße Brühe nach.

Wenn Sie die Pilze in die Kasserolle gegeben haben, wird das Einweichwasser durch ein dickes Stück Nessel oder mehrere Lagen Küchenkrepp gesiebt, so daß der restliche Sand ausgefiltert wird. Einen großen Topf Wasser aufsetzen, sobald es zu kochen beginnt, fügen Sie das gesiebte Pilzwasser und grobkörniges Salz hinzu.

Die Kartoffeln schälen und in das siedende Salzwasser legen. Kochen Sie die Kartoffeln, bis sie gar aber noch fest sind (je nach Größe 20 bis 30 Minuten). Kartoffeln und Täubchen sollten gleichzeitig gar werden.

Nun werden die Kartoffeln schnell durch eine Kartoffelpresse auf eine große, vorgewärmte Servierplatte gedrückt. Darüber gießen Sie den Schmorsaft von den Täubchen.

Nehmen Sie die Fäden, mit denen die Täubchen umwickelt sind, ab, und richten Sie die Vögel in der Mitte der Platte auf den Kartoffeln an. Stecken Sie das Sellerie-Grün in die Mitte, und tragen Sie das Gericht sofort auf.

FÜR 8 PERSONEN

215

PUTER

Viele alte italienische Puter-Gerichte basieren auf Rezepten, die ursprünglich Pfauenfleisch vorsahen. Obwohl Pfauen auch heute noch dekorativ durch die Gärten vornehmer Villen schreiten und auch ein paar kleine Bauern sich noch Pfauen halten, gibt es Pfauenfleisch nicht mehr zum Kochen.

Als ich einmal ein Renaissance-Rezept ausprobieren wollte, versuchte ich, dafür einen Pfau zu bekommen. Nach monatelanger Suche fand ich schließlich einen Bauern, der genauso herzlos war wie ich, und ein Pfau, der schon fast keine Federn mehr hatte, besiegelte sein Schicksal als *Pavone ripieno*. In der Renaissance wurde der gebratene Vogel mit seinen Federn dekoriert, um den Eindruck eines ›lebendigen‹ Pfaus hervorzurufen. Mein armer federloser Vogel dagegen gab eine wirklich traurige Gestalt ab. Aber als ich das Fleisch dann aß, wußte ich, daß George Eliot, die in ihrem florentinischen Renaissance-Roman »Romola« Pfauenfleisch als zäh und geschmacklos beschrieben hat, entweder nie welches gegessen oder aber einen ganz armseligen Vogel erwischt haben mußte. Das edle Tier war süß und saftig und übertraf alle meine Erwartungen. Aus ästhetischen Gründen werde ich das Experiment jedoch nicht wiederholen. Ich bleibe bei Puter.

Beim folgenden Rezept werden Puterschnitzel um Würstchen gewickelt, zusammengebunden und gebraten. Das Fleisch würzt man auf die gleiche Weise wie Wild, nämlich mit Salbei, Rosmarin und ein paar Tomaten. Darüber kommen schwarze Oliven, und so wird das Gericht außerordentlich vielschichtig im Geschmack und ganz anders als nur einfach gebratene Scheiben Puterbrust.

Links: Pfauen werden in der italienischen Küche kaum noch verwendet. Zur Zeit der Renaissance waren sie dagegen als Braten sehr beliebt. (©Tom Stack/ Tom Stack Associates)

Unten: Puterbrust wird in Italien oft für Rouladen-Gerichte verwendet. Die Puterschnitzel werden dann gefüllt und aufgerollt. Besonders eignen sich Würstchen als Füllung, weil sie das Fleisch saftig halten.

Involtini di tacchino
GEFÜLLTE PUTER-ROULADEN

6 Puterschnitzel, gut 1 cm dick, aus der Brust geschnitten

6 süße italienische Würstchen ohne Fenchelsamen oder 500 g gehacktes Schweinefleisch

6 große Salbeiblätter, frisch oder in Salz eingelegt (siehe Anmerkung auf Seite 43)

1 mittelgroße, geschälte Knoblauchzehe

2 Eßlöffel Rosmarinblätter, frisch oder in Salz eingelegt oder getrocknet und blanchiert (siehe Anmerkung auf Seite 43)

4 Eßlöffel Olivenöl

2 Eßlöffel Butter

1 Tasse trockener Weißwein

1 Tasse italienische Dosentomaten, abgetropft

Salz und frisch gemahlener schwarzer Pfeffer

Die Blätter von 15 Zweigen Petersilie

Ungefähr 30 große schwarze, griechische Oliven in Salzwasser, abgetropft

Klopfen Sie die Schnitzel zwischen 2 Stücken gefettetem Pergamentpapier.

Die geklopften Schnitzel auf ein Brett geben und auf jedes ein Würstchen legen. Wickeln Sie das Fleisch um die Würstchen. Binden Sie die Rouladen wie kleine Salamis zusammen (siehe Anmerkung auf Seite 177).

Salbei, Knoblauch und Rosmarin zusammen auf einem Brett fein hacken.

Erhitzen sie Öl und Butter bei mittlerer Temperatur in einer Kasserolle, vorzugsweise aus Terrakotta oder Emaille. Sobald die Butter ganz geschmolzen ist, die gehackten Zutaten hineingeben und 2 Minuten darin schmoren. Danach legen Sie die Rouladen hinein und braten sie 5 Minuten an. Dabei das Fleisch häufig wenden, damit es gleichmäßig weich wird. Es soll aber nur ganz leicht angebräunt werden.

Den Wein dazugießen und 15 Minuten einkochen lassen.

Drehen Sie die Tomaten durch den Fleischwolf in die Kasserolle (benutzen Sie dazu den Vorsatz mit kleinen Löchern). Mit Salz und Pfeffer würzen und im geschlossenen Topf weitere 20 Minuten schmoren lassen.

In der Zwischenzeit die Petersilie auf einem Brett fein hacken.

Die Oliven in den Topf geben und gut umrühren. Die Petersilie hinzufügen und noch 10 Minuten kochen.

Lösen Sie die Fäden von den Rouladen, und geben Sie den gesamten Topfinhalt auf eine vorgewärmte Platte. Sofort servieren.

FÜR 6 PERSONEN

ENTE

In einem Herbst, als ich in Florenz einen Kochkurs durchführte, nahm ich die nicht-italienischen Schüler zu einem Volksfest in Carmignano mit. Dort gab es ein Spiel, bei dem man versuchen mußte, einen Ring um den Hals einer schnatternden und ständig hin und her laufenden Ente zu werfen. Wir wußten aber nicht, daß die Ente für denjenigen, der es schaffte, als Preis ausgesetzt war. Na ja, wir gewannen die Ente, und wir mußten sie auf einem flüchtig zusammengezimmerten Karren durch das ganze Dorf in unsere Schule transportieren, wo wir sie zu unserem Maskottchen machten. Und siehe da, gleich fanden sich auch Gäste ein, weil sich die Ente mit lautem Geschnatter bemerkbar machte. Für die Kursteilnehmer war es keine Frage, daß ich das Tier behalten mußte, das überdies ›Marietta‹ getauft wurde. Den Namen erhielt es nach einer Frau aus dem Dorf, die während des Wettbewerbs durch ihr lautes Geschrei aufgefallen war. Schließlich durfte ich Marietta dann aber doch einem Freund mit einem großen Garten vermachen, wo sie meines Wissens noch heute schnattert.

Um keinen Preis hätte ich Marietta in Entensülze verwandeln dürfen. Tatsächlich habe ich mich in dem Jahr an überhaupt kein Entengericht gewagt.

Im folgenden Rezept für Entensülze wird der Vogel ganz entbeint und am Rücken entlang aufgeschnitten. Das Fleisch bleibt aber an der Haut. Die Speck- und Schinkenscheiben sowie die Hähnchenbrust der Füllung ergeben ein reizvolles Muster. Besonders gut passen dazu Aspikwürfel, die aus der Entenbrühe hergestellt werden.

Galantina di anitra
ENTENSÜLZE

Die Ente ausnehmen und gründlich waschen. Die Leber für spätere Verwendung aufheben. Entfernen Sie das überschüssige Fett. Dann wird die Ente entbeint. Gehen Sie dabei nach den Anweisungen für Hühnerpastete vor, aber lassen Sie alles Fleisch an der Haut. Heben Sie die Entenknochen für die Zubereitung des Aspik auf.

Breiten Sie die entbeinte Ente auf einem Brett aus. Schinken, Speck und Hühnerbrust in 1,5 cm breite Streifen schneiden. Knoblauch und Entenleber auf einem Brett zusammen fein hacken.

Legen Sie alles in Streifen geschnittene Fleisch der Länge nach auf die Ente. Darüber werden die gehackten Zutaten gestreut. Mit Salz und Pfeffer würzen und mit Marsala beträufeln. Rollen Sie die Ente vom hinteren Ende her auf und achten Sie dabei darauf, daß nichts von der Füllung herausfällt. Wenn die Haut ganz aufgerollt ist, heben Sie die Rolle vorsichtig auf ein Baumwoll-Geschirrtuch und wickeln es fest um das Fleisch. Binden Sie nun die Rolle noch mit einem Faden wie eine Salami zusammen (siehe Anmerkung auf Seite 177).

6 l kaltes Wasser zum Kochen bringen und grobkörniges Salz einstreuen. Pfefferkörner, Lorbeerblätter, Essig, Zwiebeln, Nelken, Sellerie, Kalbspfote und die Entenknochen hinzufügen. 15 Minuten kochen, dann die Entenrolle hineingeben und im geschlossenen Topf 2 Stunden leise kochen lassen.

Den Topf vom Feuer nehmen und das Fleisch noch 3 Stunden in der Brühe liegenlassen. Danach auf eine flache Platte legen, Gewichte (ca. 5,5 kg) darauf verteilen und für 24 Stunden in den Kühlschrank stellen.

Die Entenrolle auswickeln und wie eine Salami aufschneiden. Man kann sie mit Aspik, das aus der reduzierten und geklärten Kochbrühe hergestellt wurde (siehe Seite 163), oder mit einer pikanten Sauce servieren.

FÜR 8 BIS 12 PERSONEN

1	Hausente, ca. 2,5 kg schwer
250 g	roher Schinken am Stück
250 g	durchwachsener Speck oder ungeräucherter Schinken am Stück, möglichst mager
1	ganze Hühnerbrust (von einem 1,5 kg schweren Huhn), ohne Haut und Knochen
3	mittelgroße, geschälte Knoblauchzehen
	Salz und frisch gemahlener schwarzer Pfeffer
1	Eßlöffel trockener Marsala

ZUM KOCHEN DER GALANTINA

	Grobkörniges Salz
10	schwarze Pfefferkörner
4	Lorbeerblätter
2	Eßlöffel Rotweinessig
1	mittelgroße rote Zwiebel, geschält
2	Nelken
2	Stangen Sellerie
1	kleine Kalbspfote

Entensülze mit Aspikwürfeln.

219

WILD

Fasane kommen in Italien wild und als Haustiere vor. Außer dem einfachen Grillen gibt es für Fasan auch noch kompliziertere Rezepte. Für *Fagiano all'aretina* werden die ganzen gefüllten Vögel nach dem Garen aufgeschnitten, die Füllung und die Schinkenstreifen werden entfernt und wieder in die Kasserolle zur Sauce gegeben. Zum Servieren werden die Fasane dann geviertelt und die dicke Sauce darüber gegossen. Ungewöhnlich für dieses typisch toskanische Gericht aus Arezzo: am Schluß kommt noch Schlagsahne an die Sauce.

Fagiano all'aretina
FASAN AREZZO

FÜR DIE FÜLLUNG

125 g roher Schinken oder durchwachsener Speck am Stück

100 g mageres Schweinefleisch ohne Knochen am Stück

Salz und frisch gemahlener schwarzer Pfeffer

FÜR DIE ZUBEREITUNG DES FASANS

1 Fasan, ca. 1 kg schwer, mit der Leber

3 Scheiben roher Schinken oder durchwachsener Speck

¼ Tasse Olivenöl

4 Eßlöffel Butter

1 Teelöffel frische oder in Salz eingelegte Rosmarinblätter (siehe Anmerkung auf Seite 43)

5 frische oder in Salz eingelegte Salbeiblätter (siehe Anmerkung auf Seite 43)

3 mittelgroße Knoblauchzehen, geschält aber unzerkleinert

½ Tasse trockener Marsala

½ Tasse trockener Rotwein

1½ Tassen selbstgemachte Hühnerbrühe

Salz und frisch gemahlener schwarzer Pfeffer

1 Tasse Schlagsahne

Bereiten Sie zunächst die Füllung vor: Schinken oder Speck und Schweinefleisch durch den Fleischwolf drehen und in eine kleine Schüssel füllen. Mit Salz und Pfeffer würzen.

Den Fasan sorgfältig waschen und mit Küchenkrepp abtrocknen. Die Leber herausnehmen und aufheben. Den Fasan mit der vorbereiteten Fleischmasse füllen und mit Nadel und Faden zunähen. Legen Sie die Schinkenscheiben auf die Geflügelbrust. Mit einem Faden Beine und Flügel an den Körper binden und dabei darauf achten, daß der Schinken nicht verrutscht.

Erhitzen Sie Öl und Butter in einer Kasserolle bei mittlerer Temperatur. Sobald die Butter ganz geschmolzen ist, geben Sie Rosmarin, Salbei und Knoblauch hinein. 1 Minute schmoren, den Fasan darauflegen und langsam goldgelb braten (ungefähr 20 Minuten). Den Marsala dazugießen und 10 Minuten einkochen lassen.

In der Zwischenzeit gießen Sie Rotwein und Brühe zusammen und erhitzen beides in einem kleinen Topf.

Gießen Sie nun die Wein-Brühe-Mischung nach und nach in den Topf mit dem Fasan, so daß sie ganz einkocht (innerhalb von ca. 40 Minuten). Dann sollte der Fasan gar und zart sein.

Den Vogel auf eine Platte legen und alle Fäden entfernen. Schneiden Sie ihn mit einer Geflügelschere in 4 Teile. Die Füllung herausnehmen und zusammen mit den Schinkenscheiben von der Brust in die Kasserolle mit dem Schmorsaft geben.

Die Fleischviertel auf eine vorgewärmte Servierplatte legen und mit Aluminiumfolie zudecken, damit sie warm bleiben.

Gießen Sie die Flüssigkeit aus der Kasserolle durch ein Sieb in einen kleinen Topf. Füllung und Schinken werden zusammen mit der Fasanenleber durch die feine Scheibe des Fleischwolfs gedreht. Den Schmorsaft bei mittlerer Temperatur erhitzen und die zerkleinerten Zutaten dazugeben. Mit Salz und Pfeffer abschmecken und mit einem Holzlöffel die Schlagsahne einrühren. Sobald die Sahne ganz verrührt und die Sauce geschmeidig und heiß ist (sie darf jedoch nicht kochen), nehmen Sie die Aluminiumfolie vom Fasan und gießen die Sauce über das Fleisch. Sofort servieren.

FÜR 4 PERSONEN

Obst und Wild gelten in Italien als klassische Kombination. Beispiele dafür sind mit Früchten gefüllter Fasan in der Lombardei, Wild mit gebratenen Äpfeln in Mantua sowie Wachteln mit weißen Trauben in den Weinanbaugebieten Mittelitaliens. Für letztgenanntes Gericht werden in Mittelitalien tatsächlich nur Weintrauben verwendet, aber auch jede andere Traube eignet sich dazu.

Wachteln kommen im März aus den Tropen in die gemäßigten Klimazonen und kehren im Oktober dorthin zurück. Sie lieben es, im Tiefflug über offene Felder zu ziehen und sich im Getreide niederzulassen. Obwohl sie eine der meistgejagten Vogelarten sind, überleben sie, weil sie zu den Tierarten mit den höchsten Reproduktionsraten gehören. Der Ruf der Wachtel ist derart melodisch, daß Beethoven ihn in seiner Pastorale zitiert hat.

Wachteln werden inzwischen auch gezüchtet und sind das ganze Jahr über erhältlich. Obwohl die Vögel selbst so beliebt sind, werden Wachteleier – anderswo geradezu ein Modeartikel – in Italien nicht zum Kochen verwendet.

Oben: Fagiano all'aretina *(Fasan Arezzo).*

Links unten: Das Farbenspiel herbstlicher Landschaft zur Jagdzeit wiederholt sich auch im schmuckvollen Federkleid der Fasane. Wie auch bei Pfauen ist das Gefieder der männlichen Tiere prächtiger, das Fleisch aber ist bei den weiblichen Fasanen besser. Das unterschiedliche Fleisch von Hahn und Henne hat daher auch zu zwei gänzlich verschiedenen Rezeptgruppen geführt.

In der Toskana werden Quaglie con uva *(Wachteln mit Trauben)* mit den Weißweintrauben aus eigenem Anbau, wie z. B. Trebbiano *oder* Malvasia, übereitet.

Quaglie con uva
WACHTELN MIT TRAUBEN

60 g durchwachsener Speck am Stück

8 ganze Wachteln

Salz und frisch gemahlener schwarzer Pfeffer

¼ Tasse Olivenöl

3 Eßlöffel ungesalzene Butter

2 Eßlöffel Brandy

½ Teelöffel getrockneter Thymian

1 Tasse trockener Weißwein

2 Tassen selbstgemachte Hühnerbrühe

2 Eßlöffel Weizenmehl

Grobkörniges Salz

500 g weiße Trauben mit Stielen (keine kernlosen Trauben)

Den Speck im Fleischwolf grob mahlen.

Die Wachteln gründlich waschen und mit Küchenkrepp abtrocknen. Bestreuen Sie jeden Vogel mit etwas Salz und Pfeffer.

Erhitzen Sie das Öl und 1 Eßlöffel von der Butter in einer Kasserolle bei mittlerer Temperatur. Sobald die Butter ganz geschmolzen ist, den Speck hineingeben und 1 Minute schmoren lassen. Dann geben Sie die Wachteln in den Topf und braten sie rundherum goldbraun (ungefähr 10 Minuten). Den Brandy dazugießen und mit Salz, Pfeffer und Thymian würzen. Lassen Sie den Brandy 1 Minute einkochen. Dann gießen Sie den Wein dazu und lassen das Ganze 10 Minuten leise kochen. Dabei die Wachteln gelegentlich mit einem Holzlöffel umdrehen. 1 Tasse Brühe hinzufügen, den Topf schließen und leise weiterschmoren lassen, bis die Wachteln gar sind (15 bis 20 Minuten, je nachdem wie groß die Vögel sind und ob sie wild oder gezüchtet sind). Danach die Wachteln in eine Steingut- oder Glasschüssel legen, zudecken und bis zur Verwendung beiseite stellen.

Reduzieren Sie inzwischen die übriggebliebene Kochflüssigkeit auf 1 Tasse (in ca. 15 Minuten). Die reduzierte Flüssigkeit durch ein Sieb in einen anderen Topf gießen und auf mittlere Hitze stellen. Sobald sie zu kochen beginnt, fügen Sie die restliche Butter hinzu. Wenn sie ganz geschmolzen ist, das Mehl einstreuen, mit einem Holzlöffel gut verrühren und 2 Minuten kochen lassen. Dann nehmen Sie den Topf vom Feuer und lassen ihn 10 Minuten stehen.

Einen kleinen Topf kaltes Wasser zum Kochen bringen und grobkörniges Salz einstreuen. Die Trauben hineingeben und 2 Minuten leise kochen lassen. Anschließend werden die Trauben unter fließendem kalten Wasser abgekühlt, die Stiele entfernt und die Früchte in eine kleine Schüssel gegeben.

Bringen Sie die restliche Brühe zum Kochen. Stellen Sie die Kasserolle mit der Sauce wieder auf mittlere Hitze, und gießen Sie die kochende Brühe dazu. Gut umrühren und kochen, bis sich eine geschmeidige und mäßig dicke Sauce gebildet hat (ungefähr 5 Minuten). Mit Salz und Pfeffer abschmecken. Nun Wachteln und Trauben in die Kasserolle geben, vorsichtig umrühren und 1 Minute kochen lassen. Garnieren Sie alles auf einer vorgewärmten Platte und servieren Sie heiß.

FÜR 4 PERSONEN

Obwohl Kaninchen oft zu recht rustikalen Gerichten verarbeitet wird, gibt es auch verfeinerte Varianten. Bei den kompliziertesten Rezepten wird das Tier zuerst entbeint und das Fleisch anschließend gefüllt und aufgerollt. Das folgende kunstvolle Kaninchen-Rezept eignet sich für eine festliche Mahlzeit.

Drei typisch toskanische Wildgerichte in elegantem Ambiente angerichtet. Auf den Tellern eine geradezu kunstvolle Zubereitung: Coniglio ripieno con salsa di peperoni *(Kaninchenroulade mit Paprikasauce). Auf der Anrichte stehen zwei weitere köstliche Gerichte bereit:* Quaglie con uva *(Wachteln mit Trauben) und* Fagiano all'aretina. *(Fasan Arezzo).*

Coniglio ripieno con salsa di peperoni
KANINCHENROULADE MIT PAPRIKASAUCE

1 ganzes Kaninchen, ca. 1,5 kg schwer, gehäutet und ausgenommen

FÜR DIE FRITTATA

3 extragroße Eier

Salz

½ Eßlöffel Olivenöl

FÜR DIE FÜLLUNG

1 große rote, glockenförmige Paprikaschote

Salz und frisch gemahlener schwarzer Pfeffer

Die Blätter von 20 Zweigen Petersilie

1 mittelgroße, geschälte Knoblauchzehe

125 g durchwachsener Speck oder roher Schinken am Stück

1 Eßlöffel Olivenöl

FÜR DIE SALSA DI PEPERONI

6 gelbe oder rote, glockenförmige Paprikaschoten

1 gelbe oder rote Paprikaschote in Weinessig, abgetropft (verwenden Sie die gleiche Farbe wie bei den frischen Schoten)

2 Eßlöffel Olivenöl

2 mittelgroße Knoblauchzehen, geschält aber unzerkleinert

1 Tasse selbstgemachte Hühnerbrühe

Salz und frisch gemahlener schwarzer Pfeffer

Das Kaninchen entbeinen. Bereiten Sie dann die *frittata* (Omelett) zu: Die Eier in eine kleine Steingut- oder Glasschüssel schlagen, salzen und leicht verschlagen, ohne daß sich Luftblasen oder Schaum bilden.

Stellen Sie eine Omelett-Pfanne mit 25 cm Durchmesser auf mittlere Hitze, und geben Sie das Öl hinein. Sobald es heiß ist, fügen sie die Eier hinzu. Wenn die Eier zu stocken beginnen, stechen Sie einige Male mit einer Gabel hinein, damit die Flüssigkeit nach unten durchsickert. 1 Minute garen lassen. Einen Teller fest auf die Pfanne drücken, umdrehen und die *frittata* auf den Teller stürzen. Stellen Sie die Pfanne wieder auf den Herd zurück, und lassen Sie die *frittata* vorsichtig hineingleiten. Von dieser Seite noch einmal 30 Sekunden braten. Dann stürzen Sie die *frittata* auf einen Teller, schneiden sie in der Mitte durch und lassen sie abkühlen.

Die roten Paprika nach den Anweisungen auf Seite 26 (*Insalata di peperoni*) rösten und schälen. Stiele und Samenkörner werden ganz entfernt. Die Schoten auf einem Brett fein hacken und in eine kleine Schüssel geben. Mit Salz und Pfeffer würzen und mit einem Holzlöffel umrühren.

Petersilie und Knoblauch auf einem Brett fein hacken und den Speck oder Schinken in kleine Stücke schneiden.

Heizen Sie den Backofen auf 190°C vor.

Breiten Sie das Kaninchenfleisch auf der Arbeitsplatte mit der Haut nach unten aus, und streuen Sie Petersilie und Knoblauch darüber. Den Speck darauf verteilen und die beiden *frittata*-Hälften obenauf legen. Mit Salz und Pfeffer bestreuen. In die Mitte jeder frittata-Hälfte legen Sie ein Band aus gehacktem Paprika, wobei Sie zum oberen und unteren Rand jeweils 2,5 cm Platz lassen. Das Fleisch aufrollen und wie eine Salami zusammenbinden (siehe Anmerkung auf Seite 177).

Die glänzende Seite einer großen Aluminiumfolie mit Öl bestreichen und mit Salz und Pfeffer bestreuen. Die Kaninchenroulade darauflegen und die Folie um das Fleisch wickeln und verschließen, so daß Sie ein festes Paket bekommen. In einen Bräter legen und 1 ½ Stunden backen.

In der Zwischenzeit bereiten Sie die Sauce zu: Die 6 Paprikaschoten nach den Anweisungen auf Seite 26 rösten und schälen. Bei den gerösteten sowie den eingelegten Paprikaschoten Stiele und Samenkörner entfernen und alle Schoten zusammen grob hacken.

Erhitzen Sie das Öl in einem kleinen Topf bei mittlerer Temperatur, und geben Sie den Knoblauch hinein. 2 Minuten darin schmoren lassen. Die gehackten Paprikaschoten hinzufügen und bei mittlerer Hitze 15 Minuten schmoren. Drehen Sie den Topfinhalt danach durch einen Fleischwolf (benutzen Sie dazu den Vorsatz mit kleinen Löchern). Die Paprikamasse in den Topf zurückgeben und die Brühe dazugießen. Mit Salz und Pfeffer abschmecken und bei mittlerer Hitze 15 Minuten reduzieren. Dabei gelegentlich mit einem Holzlöffel umrühren. Stellen Sie die Sauce bis zur Verwendung beiseite.

Das Kaninchen aus dem Ofen nehmen und 45 Minuten auskühlen lassen. Danach stellen Sie es für 2 Stunden in den Kühlschrank.

Das Kaninchen aus dem Kühlschrank nehmen, aus der Folie wickeln und den Faden entfernen. Schneiden Sie das knochenlose, gefüllte Kaninchenfleisch in 2,5 cm dicke Scheiben.

Die Sauce wird jetzt wieder erhitzt. Zum Servieren legen Sie auf jeden Teller eine Scheibe Fleisch und geben etwas Sauce rundherum.

FÜR 6 BIS 8 PERSONEN

Aus der Maremma, einer Gegend mit einem großen Reichtum an Fleisch, Geflügel und Wild, stammt das interessante Rezept für *Scottiglia*, das Fleisch-Pendant zu Fischsuppen wie *Cacciucco* aus Livorno oder *Bouillabaisse* aus Marseille. Bis zu 15 verschiedene Fleischsorten werden kleingeschnitten und zusammen in einer würzigen Weinsauce mit etwas Tomate geschmort. Alle Fleischsorten werden gleich lange gegart, so daß sich am Schluß ein Gericht aus unterschiedlich weichen Fleischstücken ergibt. Fleischsorten, die sich mit nur einer oder zwei anderen Sorten nicht ergänzen würden, fügen sich in dieses große Ensemble hervorragend ein. Das geschmorte Fleisch wird auf geröstetem und mit Knoblauch eingeriebenem Landbrot angerichtet. Der Name des Gerichts stammt wahrscheinlich von dem Verb *scottare* (brennen) und weist auf die Schärfe hin, die die roten Pfefferschoten dem Gericht verleihen.

Scottiglia   SCOTTIGLIA

Das Geflügel in 8 Stücke aufteilen (die Wachteln bleiben jedoch ganz) und das Fleisch in 5 cm große Stücke schneiden.

Karotten, Zwiebeln, Petersilie, Sellerie und Knoblauch auf einem Brett zusammen grob hacken. Erhitzen Sie das Öl in einer großen Kasserolle bei mittlerer Temperatur. Geben Sie die gehackten Zutaten hinein. 5 Minuten schmoren und anschließend Geflügel und Fleischstücke hinzufügen. Unter Rühren mit einem Holzlöffel braten.

Die Zitronen auspressen und den Saft in die Kasserolle gießen. Die Hitzezufuhr erhöhen und 2 Minuten kochen. Dann gießen Sie den Wein dazu, schalten die Temperatur wieder herunter und lassen das Ganze unter gelegentlichem Umrühren mit einem Holzlöffel 10 Minuten leise kochen.

Drehen Sie die Tomaten durch den Fleischwolf (benutzen Sie dazu den Vorsatz mit kleinen Löchern). Die passierten Tomaten in die Kasserolle geben, den Topf zudecken und unter gelegentlichem Umrühren mit einem Holzlöffel 35 Minuten kochen. Mit Salz und Pfeffer abschmecken und die zerdrückten Peperoncini hinzufügen. Den Topf wieder schließen und 15 Minuten weiterkochen. Gießen Sie zwischendurch nach Bedarf etwas von der lauwarmen Brühe nach.

Inzwischen heizen Sie den Backofen auf 200°C vor. Die Brotscheiben auf ein Backblech legen und 10 Minuten rösten.

Die 20 Zweige Petersilie werden auf einem Brett fein gehackt.

Die gerösteten Brotscheiben von beiden Seiten mit dem Knoblauch einreiben und auf eine große Platte legen. Die Kasserolle vom Feuer nehmen und 2 Minuten stehenlassen. Danach gießen Sie den Inhalt über das geröstete Brot. Petersilie darüberstreuen und sofort servieren.

FÜR 8 BIS 10 PERSONEN

Unten: Für Scottiglia *werden verschiedene Fleisch- und Gemüsesorten in einer scharfen Sauce geschmort.*

Ungefähr 4,5 kg gemischtes Fleisch von Fasan, Wachtel, Perlhuhn, Kaninchen, Hase, Huhn, Kalb, Schwein, Rind, Lamm etc.

2   große, geschabte Karotten

2   mittelgroße rote Zwiebeln, geschält

Die Blätter von 25 Zweigen Petersilie

3   große Stangen Sellerie

3   mittelgroße, geschälte Knoblauchzehen

½   Tasse Olivenöl

3   Zitronen

1½ Tassen Rotwein

1 kg frische Tomaten oder italienische Dosentomaten, abgetropft

Salz und frisch gemahlener schwarzer Pfeffer

½   Teelöffel getrocknete und zerdrückte Peperoncini

1   Tasse lauwarme, selbstgemachte Hühner- oder Rinderbrühe

ZUSÄTZLICH

8   große Scheiben knuspriges italienisches Brot (Toskanische Art, siehe Seite 75), ca. 5 × 10 cm groß und 2,5 cm dick

Die Blätter von 20 Zweigen Petersilie

2   Knoblauchzehen, geschält aber unzerkleinert

Wein

EIN TAG IN EINEM CHIANTI-WEINBERG

Als wir an einem kühlen, klaren Oktobermorgen zu einem Weinberg in der Toskana fuhren, kamen wir an den regelmäßig angelegten Reihen von Weinstöcken, Olivenbäumen und Zypressen vorbei, die sich über die Chianti-Hügel ziehen. Auf unserem Weg zur Weinlese begegnete uns absolut niemand, denn alle waren beim Pflücken. Als wir unseren Weinberg erreicht hatten, hörten wir zwar viele Stimmen, aber sehen konnten wir niemanden zwischen den hohen Weinstöcken mit den dicken, reifen Trauben.

Als wir dann zwischen zwei Weinstockreihen hindurchsahen, entdeckten wir sie – die Landleute, deren Hände im Umgang mit den Trauben, ihrer größten Kostbarkeit, ebenso erfahren wie liebevoll sind. Es war faszinierend zu beobachten, wie schnell und doch behutsam sie ihre Hände beim Pflücken bewegten. Wir beteiligten uns an der Arbeit, und ich bemerkte bald, daß selbst die Pflücker der Versuchung nicht widerstehen konnten, hin und wieder eine von den süßen Trauben zu kosten. Meine Begleiter waren nicht zimperlich und zeigten sich geradezu gefräßig: Gleich nach unserer Ankunft begannen sie damit, Trauben zu probieren und versuchten dabei, die verschiedenen Traubensorten zu bestimmen, aus denen der Chianti-Wein gekeltert wird.

Wer noch nie bei einer Weinlese dabei gewesen ist, ahnt nicht, daß die Trauben in diesem Reifestadium extrem zuckerhaltig sind. Wenn man sie in großen Mengen ißt – vor allem in der kräftigen Morgensonne –, befällt einen eine ganz merkwürdige Art von Trunkenheit oder Taumeligkeit, obwohl noch keine alkoholische Gärung stattgefunden hat. Meine unerfahrenen Freunde schwankten daher auch bald wie die Weingötter – natürlich sehr zur Belustigung der erfahrenen Pflücker – und verbrachten den größten Teil des Morgens im Schatten der Maulbeerbäume.

Die gepflückten Trauben wanderten in Körbe und wurden dann in einen großen Lastwagen geschüttet, der oben auf dem Weinberg – oberhalb der Weinstöcke – bereitstand. Der Weinberg ist so angelegt, daß die verschiedenen Sorten, die zu Chianti-Wein verarbeitet werden, im abwechselnd richtigen Mengenverhältnis angebaut sind. So brauchen sich die Pflücker nicht darum zu kümmern, welche Traubensorte sie gerade ernten. Sie pflücken die Trauben einfach der Reihe nach und stellen dabei automatisch die richtige Mischung zusammen.

Gegen Mittag waren wir erschöpft und halb verhungert. Wir bemerkten, daß die Pflücker aus den Hängen verschwunden waren. Aber schon nach einigen Augenblicken tauchten sie mit Körben wieder auf, in denen ein speziell zur Weinlese zusammengestellter Imbiß war. Da wir Gäste waren, baten uns unsere Gastgeber an einen Tisch aus Steinen. Die Arbeiter saßen unter den Bäumen auf der Erde. Außerdem ehrte man uns mit einer etikettierten Flasche von der besten *riserva* dieses Weinbergs. Die Mahl-

Seite 226/227: Diese typisch toskanische Landschaft vereinigt drei Grüntöne miteinander: Das frische Grün der Weinstock-Reihen; den tiefen, satten Farbton der Zypressen, die den Hügel säumen, und schließlich das silbrige Grün der Olivenbäume, die im Wechsel mit den Weinstöcken gepflanzt sind. Diese Kombination gibt es nur in der Toskana, wo Wein und Oliven gleich gut gedeihen.

Links: Auf einem Weinberg im Chianti leert ein Pflücker die Trauben aus dem Korb in einen großen Sammelbehälter. Traditionsgemäß wird Chianti aus einer Kombination verschiedener Trauben hergestellt. Dazu gehören Sangiovese, Canaiolo Nero, Trebbiano Bianco *und* Malvasia Bianca. *Auf diesem Weinberg sind die Sorten von vornherein so gepflanzt, daß sie beim Pflücken bereits im richtigen Mengenverhältnis zusammengestellt werden.*

Oben: Bei der Weinlese im Chianti. Darunter: Reife Trauben von einem Weinberg im Chianti. Rechts: Schiacciata con uva *(Schiacciata mit Trauben).*

zeit wurde komplett auf den Tisch gelegt: die Trauben in Reben, frisch gepflückt, und das flache *Schiacciata-Brot,* frisch aus dem Ofen, mit vielen neuen Trauben eingebacken.

Fast überall in Mittelitalien gehört *Schiacciata con uva* zur Weinlese. In dieser kurzen Periode wird es in der Stadt ebenso gern gegessen wie auf dem Land. Man bekommt es in der vornehmsten Konditorei und beim einfachen Bäcker. Selbst die feinsten Leute in der Stadt pflegen rustikale, ländliche Traditionen. Und so schätzen sie sich glücklich, wenn sie während der Weinlese nach einem eleganten Diner als Nachspeise eine *Schiacciata* oder einen *Castagnaccio* aus frischem Kastanienmehl servieren können, der ebenfalls flach ist und wie eine Pizza aussieht. Für sie muß ein gutes Dessert durchaus nicht immer aus zartem Gebäck oder einem lockeren Auflauf bestehen und mit Sahne oder Schokolade hergestellt sein.

Ob nun zum Nachtisch oder zwischendurch, *Schiacciata* sollte aus Weintrauben und einem einfachen Brotteig zubereitet werden, der den Geschmack der Trauben nicht überlagert.

Schiacciata con uva
SCHIACCIATA MIT FRISCHEN TRAUBEN

Bereiten Sie zunächst den Vorteig zu: Die Tasse Mehl in eine Schüssel geben und eine Vertiefung hineindrücken. Die Hefe in Wasser auflösen und in die Vertiefung gießen. Rühren Sie die Hefe mit einem Holzlöffel in das Mehl ein. Decken Sie die Schüssel mit einem Baumwoll-Geschirrtuch zu, und stellen Sie sie an einen warmen, zugluftfreien Ort, bis der Vorteig sich auf das Doppelte seines Umfangs vermehrt hat (ca. 1 Stunde).

In der Zwischenzeit die Stiele von den Trauben entfernen und die Früchte in kaltem Wasser gründlich waschen. Mit Küchenkrepp trockentupfen und in eine große Steingut- oder Glasschüssel geben. Zucker und Fenchelsamen hinzufügen und mit einem Holzlöffel umrühren, so daß die Trauben ganz mit Zucker überzogen sind. Stellen Sie die Schüssel vorläufig beiseite.

Auf einem Nudelbrett häufen Sie nun die 2½ Tassen Mehl zu einem kleinen Hügel auf und drücken eine Vertiefung hinein. Geben Sie den Vorteig sowie das Olivenöl, Salz und Wasser hinein. Mit einem Holzlöffel werden alle Zutaten in der Vertiefung verrührt. Vermischen Sie das Ganze anschließend noch mit den Händen, und arbeiten Sie dabei vom Rand der Vertiefung her nach und nach das Mehl mit ein, bis noch ca. 5 Eßlöffel Mehl übrig sind. Dann kneten Sie den Teig mit den Handflächen weiter und arbeiten auch das restliche Mehl durch Übereinanderschlagen des Teigs ein, bis er glatt und geschmeidig ist (ungefähr 2 Minuten).

Pinseln Sie ein Backblech mit Öl aus.

Den Teig halbieren und jede Hälfte mit einem Nudelholz ausrollen. Verteilen Sie die Hälfte der gezuckerten Trauben auf einer Teigschicht, und legen Sie die andere Schicht darüber. Drücken Sie den Teig an den Rändern fest zusammen.

Die restlichen Trauben auf der *Schiacciata* verteilen, das Backblech mit einem Baumwoll-Geschirrtuch abdecken und stehenlassen, bis die *Schiacciata* sich fast auf das Doppelte ihres Umfangs vermehrt hat (ungefähr 1 Stunde).

Heizen sie den Backofen auf 190°C vor.

Wenn der Teig sich auf das Doppelte vermehrt hat, nehmen Sie das Tuch ab und backen die *Schiacciata* 1 Stunde. Danach aus dem Ofen nehmen und ganz auskühlen lassen (ungefähr 1 Stunde). Wie Pizza aufschneiden und auf dem Blech oder einem Brett servieren. So bleibt der rustikale Charakter erhalten.

FÜR 8 BIS 10 PERSONEN

FÜR DEN VORTEIG

1 Tasse Weizenmehl

1½ Päckchen frische Hefe (ersatzweise Trockenhefe)

1¼ Tassen lauwarmes Wasser

FÜR DEN TEIG

2½ Tassen Weizenmehl

2 Eßlöffel Olivenöl

Eine Prise Salz

Knapp ½ Tasse lauwarmes Wasser

ZUSÄTZLICH

1 kg rote Weintrauben oder 1 kg kernlose, rubinrote Trauben

1 Tasse körniger Streuzucker

½ Teelöffel Fenchelsamen

WEINKELTERUNG

Nach dem Pflücken werden die Trauben gepreßt. Heute wird diese Arbeit von leistungsfähigen Maschinen erledigt, und manche trauern den legendären Zeiten nach, in denen diese Arbeit noch von ganz sauberen Füßen verrichtet wurde. Noch bis vor 50 Jahren preßten die Leute tatsächlich die Trauben, indem sie darauf herumsprangen. Wenn sie ihre rotgefleckten Füße dann wieder säubern wollten, mußten sie sie stundenlang in den Brunnen halten, bevor die Hautfarbe wieder zum Vorschein kam.

Nach dem Pressen der Trauben kommen Saft und Schalen für die erste kurze Gärungszeit in Fässer. Heuzutage nimmt man dazu Fässer aus rostfreiem Stahl oder Zement, die innen mit Fiberglas beschichtet sind. Wenn eine zweite Gärung erforderlich ist, wird der Most in Holzfässer umgefüllt. Je nach Sorte wird der Wein in diesen großen Fässern aus Eichenholz zwischen 6 Monaten und 5 Jahren gelagert.

Es ist wichtig, daß der Wein vor der Abfüllung auf Flaschen in einem Behälter aus luftdurchlässigem Material wie z. B. Holz gelagert wird. So kann Sauerstoff eindringen und die Alkoholbildung in Gang setzen. Während die Franzosen kleine Fässer benutzen, ziehen die Italiener im allgemeinen die größeren Fässer vor, weil darin die Reifung langsamer vonstatten geht.

Die Holzfässer bestehen aus *rovere*, Stieleiche. Davon gab es früher in Italien reichlich, heute aber muß das Holz aus Nord-Jugoslawien eingeführt werden. Der Wein nimmt vom Holzfaß etwas Geschmack an. Es gibt recht gegensätzliche Meinungen darüber, ob es nun besser sei, alte oder neue Fässer zu verwenden. Einige Weinkellereien wechseln alle 10 Jahre die Fässer aus, andere wiederum benutzen jahrhundertealte Fässer.

Nachdem der Wein in Fässer gefüllt wurde, beginnt eine lange Periode mit verschiedenen Kelterungsvorgängen, die je nach den individuellen Rezepten der Weinkellerei variieren. Ein Beispiel für eine hervorragende Weinkellerei ist Signor Sergio Manettis Monte Vertine. Dort werden nur die roten Chianti-Trauben *Sangiovese* und

Vorhergehende Doppelseite: Zu einem Mittagessen im Weinberg gehören Schiacciata *(rechts) und eine Flasche* Chianti riserva, *der mindestens drei Jahre in einem Faß gelagert worden sein muß, bevor er auf Flaschen gefüllt wird.*

Oben: Traubenpresse.

Unten: Ein altes Eichenfaß. (© Ferri Cesare/Mac Film)

Rechts oben: Die Vinsanteria *in Castellare, Chianti; rechts unten: Trauben werden zum Trocknen aufgehängt, bevor sie zu* vin santo, *einem Dessertwein und Aperitif, gekeltert werden.*

Canaiolo unter Beigabe einiger *Colorino* verwendet. (Die weißen Trauben *Trebbiano* und *Malvasia* werden heute zu dem toskanischen Weißwein *Bianco di Monte Vertine* verarbeitet.) Signor Manetti gehört zu den Leuten, die glauben, daß die ältesten Weinstöcke den besten Wein liefern. Als einziges Hilfsmittel bei der Kelterung verwendet er Glyzerin als Stabilisator. Was das Alter der Fässer angeht, nimmt Monte Vertine eine mittlere Position ein: Sie werden zwar nicht alle 10 Jahre ausgewechselt, aber 100 Jahre werden sie auch nicht benutzt. Normale Jahrgänge werden 18 Monate in Fässern gelagert, *riserva*-Weine 24 Monate. Normale Flaschen kommen nach drei Jahren auf den Markt, *riserva*-Flaschen nach vier Jahren.

Bevor der Wein zuviel vom Holzgeschmack angenommen hat und übermäßig Sauerstoff durch das poröse Holz gedrungen ist, wird er auf Flaschen gefüllt. In die Flasche gelangt weniger Luft, und die langsamere Reifung verstärkt das Bouquet des Weins.

Rotwein bekommt seine Farbe durch die Schalen, die mit dem Saft in den Fässern gären. Nach der Gärung werden die Schalen ausgefiltert. Die verschiedenen Farbschattierungen bezeichnet man als Rubinrot, Dunkelrot, Rot mit einem Stich ins Violette, Brillantrot, Granatrot und Hellrot. Die unterschiedliche Transparenz nennt man strahlend, funkelnd, sehr klar und – nicht wünschenswert – trüb. Mit besonderem Vergnügen bestimmen Weinkenner nach der Farbe des Weins den Jahrgang. Mein Vater konnte an Aroma und Aussehen eines Weins feststellen, ob er von der Sonnen- oder Schattenseite des Weinbergs kam. Wenn er eine Flasche öffnete, dann glich die Prüfung, der er dann den Wein unterzog, einer religiösen Zeremonie. Zunächst schnupperte er einmal am Korken, dann schätzte er seine Größe und Porösität ab. Danach goß er den Wein in verschiedene Gläser, um eine Beeinträchtigung der Farbprüfung durch die Färbung der Gläser auszuschließen. Bei dieser langen Zeremonie hatte die Familie in Stille und Ehrfurcht zu verharren, während doch alle sehnsüchtig auf ein Schlückchen Wein warteten.

Zwischendurch machte er sich ausführliche Notizen, die er auf jeder Flasche anbrachte. Endlich ging es dann ans Probieren, zuerst mit Brot, dann mit Brot und Salz und schließlich mit Brot und Käse. Wenn sich nach 15 oder 20 Minuten herausstellte, daß der Wein die strenge Prüfung nicht bestanden hatte, durften wir ihn gar nicht erst kosten. Statt dessen begann die ganze Prozedur mit einer neuen Flasche von vorn. War das eine Erlösung, wenn eine Flasche schließlich den Ansprüchen meines Vaters genügte und wir unsere Gläser füllen konnten!

Ich habe meinen Vater nur ein einziges Mal weinen gesehen. Und das war im Zweiten Weltkrieg, als eine Bombe in den Weinkeller einschlug und alle Fässer explodierten. Ich erinnere mich noch daran, daß der Wein wie ein unbändiger Fluß den Hang hinunterströmte.

Damals, als der Wein noch ›natürlich‹ war, konnte dieselbe Weinsorte von Flasche zu Flasche ganz erhebliche Unterschiede aufweisen. Einige überstanden den Reifungsprozeß erst gar nicht; aber die besten Flaschen zu genießen, war ein Erlebnis.

LIKÖRHERSTELLUNG

Während die meisten Weine zu einem relativ großen Prozentsatz von Weinkellereien oder Winzergenossenschaften produziert werden, wird Likör noch recht häufig in Heimarbeit hergestellt. Meistens verwendet man dazu Äthylalkohol, der in Italien vollkommen legal und ohne Schwierigkeiten erhältlich ist.

Liquore al limone, Zitronenlikör, stellt man mit Zitronenschalen her, die ganz mit Alkohol vollgesogen sind. Es handelt sich dabei um einen der einfachsten und zugleich natürlichsten Liköre, der in Süditalien früher in fast jeder Familie hergestellt und angeboten wurde, wenn Gäste kamen.

Liquore al limone   ZITRONENLIKÖR

4	Zitronen mit dicker Schale	1	Tasse körniger Streuzucker
3	Tassen reiner Äthylalkohol oder nicht aromatisierter Wodka		

Wässern Sie die Zitronen ½ Stunde in einer Schüssel mit kaltem Wasser. Danach aus dem Wasser nehmen und mit Küchenkrepp abtrocknen. Schälen sie die Zitronen vorsichtig mit einem Gemüse-Schälmesser, so daß keine Rückstände von der inneren weißen Haut an der Schale haften.

Die Zitronenschalen in eine Flasche mit großer Öffnung oder in ein Einmachglas geben und 2 Tassen Alkohol darübergießen. Die Flasche verkorken und an einem dunklen Ort 72 Stunden stehenlassen.

Bringen Sie 2 Tassen kaltes Wasser mit dem Zucker bei mittlerer Hitze zum Kochen. Den Topf vom Feuer nehmen und vollkommen auskühlen lassen (ungefähr 2 Stunden).

Das Zuckerwasser in das Gefäß mit den Zitronenschalen gießen und gut umrühren. Gießen Sie das Ganze durch mehrere Lagen Küchenkrepp oder durch einen Kaffeefilter in eine Flasche oder ein Glas. Die Zitronenschalen wieder zurück in die Flüssigkeit geben und den restlichen Alkohol dazugießen. Verschließen Sie das Gefäß wieder, und stellen Sie es für 36 Stunden an einen dunklen Ort.

Gießen Sie den Likör noch einmal durch einen Kaffeefilter oder mehrere Lagen Küchenkrepp. Diesmal wird aber nur die Flüssigkeit in eine Flasche gefüllt. Vor Gebrauch eine Woche stehenlassen.

ERGIBT CA. 5 TASSEN

Oben: Liquore al limone (*Zitronenlikör*).

Links: Zitronenbäume gibt es in Süditalien reichlich, und die Früchte werden dort besonders gern zum Kochen verwendet.

Nächste Doppelseite: Liquore al mandarino (*Mandarinenlikör*) *vor einem großartigen Fresko, das Mantegna zwischen 1465 und 1474 gemalt hat. Es befindet sich im ›Zimmer der Jungvermählten‹ im Castello San Giorgio in Mantua.*

Mandarinen, in Gaze verpackt und über dem Alkohol aufgehängt, ohne ihn jedoch zu berühren, verleihen *Liquore al mandarino* seine kräftige Farbe und sein Aroma.

Liquore al mandarino
MANDARINEN-LIKÖR

Die Mandarinen in ein Stück Gaze schlagen und das Päckchen mit einer Schnur zusammenbinden.

Gießen Sie den Alkohol in ein Einmachglas. Das Stoffpäckchen an den beiden Fadenenden festhalten und so in den Topf hängen lassen, daß es über dem Alkohol baumelt, ihn aber nicht berührt. Die Schnur um die Gefäßöffnung wickeln und kräftig festziehen, damit das Stoffpäckchen

Unten: Selbstgemachter Mandarinen-likör. In einem Stück Gaze werden die Mandarinen knapp über dem Alkohol aufgehängt.

242

nicht verrutschen kann. Nun wird das Gefäß verschlossen und für einen Monat an einen dunklen Ort gestellt.

Nach einem Monat ist es Zeit, den Zuckersirup hinzuzufügen. Bringen Sie dafür 2 Tassen Wasser in einem kleinen Topf bei mittlerer Hitze zum Kochen. Den Zucker einstreuen und 5 Minuten leise kochen lassen. Dann nehmen Sie den Topf vom Feuer und lassen den Sirup vollkommen auskühlen (ungefähr 2 Stunden).

Die Orangen aus dem Einmachtopf nehmen und den Alkohol in eine Flasche gießen. Gießen Sie auch den ausgekühlten Sirup dazu, und lassen Sie das Ganze 3 Stunden stehen. Durch einen Kaffeefilter wird der Likör danach in eine andere Flasche gegossen. Die Flasche verkorken und den Likör vor Gebrauch 3 Tage stehenlassen.

Für die Zubereitung von Punsch geben sie ¼ Tasse Likör in eine Tasse, erhitzen ihn mit dem Dampf einer Espresso-Maschine, und geben den erhitzten Likör z. B. in heißen Tee. Mit einem Stück Orangenschale garnieren und sofort servieren.

ERGIBT 8 TASSEN

3 Mandarinen

1 l reiner Äthylalkohol oder nicht aromatisierter Wodka

3 Tassen körniger Streuzucker

Käse

In den Tagen vor der Machtübernahme durch de Gaulle, als in Frankreich eine Regierung nach der anderen scheiterte, machte sich Winston Churchill ein Vergnügen daraus, die chaotische politische Situation auf den französischen Käse zurückzuführen. Er spöttelte wie denn wohl ein Land mit 500 verschiedenen Käsesorten sich überhaupt in irgendetwas einig sein könnte. Aber was soll man da erst zu Italien sagen, wo es noch mehr verschiedene Käsesorten gibt als in Frankreich!

Wahrscheinlich entwickelten die Etrusker als erste einen Käse, der auch einen längeren Transport überstand. Sie stellten Käsearten mit langen Lagerzeiten und fester Kruste her, die wir heute unter der Bezeichnung *grana* zusammenfassen. Dazu gehören *Parmigiano-Reggiano* (Parmesan) und *Piacentino* (auch *Grana Padano* genannt), die beide heute wahrscheinlich noch genauso hergestellt werden wie vor 2 500 Jahren bei den Etruskern.

Vielleicht wurde ursprünglich für diese Käse Schafsmilch verwendet, weil sie am schnellsten gerinnt. Genauso wurde ja auch das erste Lab von Gemüsen wie der wilden Artischocke genommen und nicht wie heutzutage von der Lymphdrüse kleiner Kälber. (In einigen Teilen Italiens verwendet man auch heute noch Lab von wilden Artischocken.)

Jeder Käse, der von Hand hergestellt wird, spiegelt – genau wie Wein – die lokalen Besonderheiten von Erdboden, Luft und Wasser seines Herkunftsortes wider. Es ist daher nicht ungewöhnlich, daß der *Pecorino* von einem Bauern ganz anders schmeckt als der gleiche Käse vom Nachbarhof ein paar Kilometer weiter. Selbst beim Parmesan, der nach genau festgelegten Regeln produziert wird, kann man von einem Hersteller zum anderen leichte Geschmacksunterschiede feststellen. Darüber hinaus entstehen Unterschiede durch die Verwendung von Schafs- oder Ziegenmilch anstelle von Kuhmilch sowie die Kombination aller drei Milchsorten.

Seite 244/245: Parmigiano-Reggiano-Räder liegen zum Reifen in Regalen. Die über die ganze Kruste verteilten Einprägungen des Namens sind ein stolzer Hinweis auf die Einmaligkeit dieses Käses. Nur Käse, der aus einem genau festgelegten Gebiet um Parma, Reggio Emilia und Modena kommt, darf diesen Namen tragen.

Links: Ausgereifte, 34 kg schwere Parmesan-Räder werden aufgeschnitten, aufeinandergelegt und sind dann zum Verkauf bereit. Parmesan ist in ganz Italien beliebt, sogar in Gegenden, die ihren eigenen Reibkäse, z. B. Pecorino, herstellen.

DIE PARMESAN-HERSTELLUNG

Einen Tag lang haben wir bei der Herstellung von Parmesan zugesehen. Als wir frühmorgens ankamen, wurden wir – wie es sich gehört – von einem mißtrauischen Wachhund begrüßt. Er knurrte uns Neuankömmlinge an und ließ uns den ganzen Tag über nicht aus den Augen. Seine Aufgabe hat er also bestens erfüllt, denn die kleinen Parmesan-Farmen haben tatsächlich etwas zu bewachen, das gestohlen werden könnte. In Zeiten der Inflation haben die Leute im Parma-Reggio-Gebiet Parmesan-Räder in Banken deponiert, weil diese nie an Wert verlieren und einen Marktwert wie Gold, Ölgemälde alter Meister oder antike Möbel haben, wenn das Geld selbst an Wert verliert.

Man benötigt ca. 500 l Milch von speziell ernährten Kühen, um einen 30 kg schweren Parmesankäse zu produzieren. Dieser muß dann noch zwei bis drei Jahre lagern, bevor er auf den Markt kommt. Eine kleine Familienfarm produziert nur zwischen vier und fünf Käsen pro Tag.

Unser Gastgeber war die Familie Martini. Um in der Tradition dieses Handwerks ihren Lebensunterhalt zu verdienen, müssen alle Familienmitglieder täglich zufassen.

Als wir um 7 Uhr morgens ankamen, begannen die Martinis gerade mit der Arbeit. Aber der erste Arbeitsgang war eigentlich schon am Abend zuvor erfolgt, als die Milch vom abendlichen Melken eingetroffen war. Die reiche Kuhmilch wurde in riesige, glänzende und ganz saubere Bottiche gefüllt und bei Zimmertemperatur über Nacht stehengelassen, damit sich das Fett absetzen konnte. Früh am Morgen wurde das Fett abgeschöpft. Die entrahmte Milch als erste Zutat für den Käse war fertig.

Wir hatten Glück und kamen gerade rechtzeitig, um das Eintreffen der Morgenmilch mitzubekommen. Die fette Milch wird mit der entrahmten Milch vom Vorabend in Kupferkesseln zusammengegossen. Als ›Starter‹ wird etwas von der vorhergehenden Käseproduktion übriggebliebene Molke zugesetzt, die schon zu gären begonnen hat. So gerinnt die neue Milch schneller, wenn später das Lab zugesetzt wird. Die beiden Milchsorten werden zusammen zunächst auf 33°C erhitzt. Die Milch muß während des Erhitzens ununterbrochen gerührt werden. (Heutzutage geschieht das elektrisch.) Ein Familienmitglied überwacht ständig die Temperatur.

Während dieser ganzen Prozedur war im Hintergrund ununterbrochene Geschäftigkeit wahrzunehmen. Die Familienmitglieder putzten und schrubbten das Haus und alle Behälter, denn alles muß makellos sauber sein.

Wenn die Milch 33°C erreicht hat, wird die Hitzezufuhr abgestellt und das Lab zugesetzt. Nun setzt die Gerinnung ein und ist nach 15 Minuten abgeschlossen.

Mit einem großen, kugelförmigen Schneebesen, den man *spino* nennt, wird die *cagliata*, der Quark, zerstoßen, so daß er gleichmä-

Den überwiegenden Teil des Jahres ist das flache Land um Parma grün und daher idealer Weidegrund für die Kühe, deren Milch für die Herstellung von **Maggengo**, *einer Parmesan-Art, verwendet wird. Der Name* **Maggengo** *geht auf die Etrusker zurück, die den Käse allerdings nur im Mai herstellten.*

ßig in kleine Stücke zerbricht und beim Wiedererhitzen leichter zu
verarbeiten ist. Wenn der Quark nicht gleichmäßig ist, können sich
im reifenden Käse Unebenheiten und Risse bilden, die nicht nur
die Struktur sondern auch den Geschmack des Käses beeinträch-
tigen.

Der casaro oder Käser – in diesem Fall Signor Martini selbst –
muß ein versierter Handwerker sein, der nach Größe und Struktur
der Quarkstücke beurteilen kann, wie sich der Käse entwickeln
wird. Diese Kunst wird auch heute noch vom Vater an den Sohn
weitergegeben, und es bedarf jahrelanger Erfahrung, um alle
Anzeichen von eventuell auftretenden Schwierigkeiten zu erkennen.

Die Masse wird nun aufs neue erhitzt; diesmal muß der Quark
45°C erreichen. Anschließend wird die Temperatur sehr schnell auf
55°C hochgetrieben. Jetzt haben sich alle Quarkstücke auf dem
Kesselboden gesetzt. Ein Familienmitglied schiebt mit zwei Stöcken
geschickt ein dickes Stück Nessel unter den Quark.

Nachdem der Quark in dem Tuch auf dem Kesselboden ausgekühlt ist, wird er von zwei Leuten hochgehoben. Die Nesseltücher
formen den Quark zu einer kompakten Masse. Die dünnflüssige
Molke bleibt am Grund des Kessels zurück.

An dieser Stelle probierte ich den Quark, aber er schmeckte nicht
im entferntesten nach Parmesan. Er war schwammig und sehr
mild. In vergangenen Jahrhunderten wurde der frische Käse in
diesen Stadium zum Kochen verwendet, oft zusammen mit aufge-

Der nasse Quark wird in Baumwoll-
tüchern über dem Kessel aufgehängt.
Dort kann er 30 Minuten lang abtropfen.

schnittenem oder geriebenem reifen Käse. Ein Beispiel dafür ist die
früher berühmte *Torta alla parmigiana*. Ich überredete die Familie,
mir soviel von dem frischen Käse zu überlassen, daß ich das mittel-
alterliche Rezept in seiner ursprünglichen Form ausprobieren
konnte. Das Ergebnis war köstlich, und das Rezept wäre wirklich
wert, wiederentdeckt zu werden, wenn es nicht so schwierig wäre,
den frischen Parmesan zu bekommen.

Die Quark-Massen werden jetzt halbiert, weil in jedem Kessel
genug für zwei Käseräder ist. Jede Hälfte wird dann in ein separa-
tes Nesseltuch gelegt. In jedem Tuch muß genug Quark für ein
Käserad sein. Schließlich werden die Tücher zum Abtropfen über
dem Kessel aufgehängt.

Nun wird die Molke aus dem Kessel gepumpt. Der größte Teil
wandert direkt in den benachbarten Schweinestall. Zwar wird aus
dieser speziellen Molke kein *Ricotta* hergestellt, bei den meisten
anderen handgefertigten Käsesorten jedoch wird die Molke in
einen anderen Behälter gefüllt; dann wird noch einmal Lab zugesetzt, und man erhält Ricotta, eine Art zweiten Quark. Ricotta wird
nicht gelagert, sondern kommt frisch in speziellen Körbchen auf
den Markt. Der hübsch verpackte Käse ist trocken und ungesalzen,
hat aber einen ausgeprägt süßen und vollen Geschmack. Frischen
Ricotta ißt man nicht pur. Man verwendet ihn zum Kochen oder
kombiniert ihn mit etwas anderem.

Während der Käse abtropfte, legte die Familie eine Pause ein,
und es gab ein zweites Frühstück. Es war erst 10 Uhr 30, und so
staunte ich nicht schlecht, als Wein serviert wurde. Dazu gab es –
wie konnte es anders sein – große Scheiben Parmesan. Der Käse
war drei Jahre alt, goldgelb und noch feucht. Er hatte einen
ananasartigen Geschmack, wie man ihn wohl nur auf einer Käse-
farm genießen kann. Der Wein war natürlich ebenfalls aus eigener
Herstellung. Obwohl die Milch in dieser Gegend wirklich einmalig
ist, sahen wir doch alle einen meiner Begleiter mitleidig an, als
dieser sich für ein Glas Milch anstelle des Weins entschied. Nicht
einmal die Martinis, die sich der Qualität der Milch sicherlich
bewußt sind, hatten dafür Verständnis.

Nach 30 Minuten Abtropfen wird der Käse im Tuch in eine Holzform, *fascera* genannt, gelegt, zugedeckt und mehrere Stunden lang
in Form gepreßt.

Danach wird das Tuch entfernt, und eine spezielle Schablone mit
Zacken daran wird zwischen den Käse und die Wand der Holzform, in der er mehrere Tage bleiben wird, geschoben. Die Zacken
sind so angeordnet, daß sie den Namen *Parmigiano-Reggiano* in den
Käse eindrücken.

Links: Mitsamt dem nassen Tuch wird der Käse in einen hölzernen Behälter, eine fascera, gesenkt, zugedeckt und mehrere Stunden in Form gepreßt.

Unten: Nach kurzer Lagerung werden die Parmigiano-Reggiano-Räder in Salzlauge eingelegt.

251

Wenn die Käseräder fest genug geworden sind, daß man sie aus der Holzform nehmen und die Schablone entfernen kann, werden sie in eine starke Salzlauge gelegt. Darin bleiben sie 25 Tage; danach beginnt die Reifungsperiode. Zunächst werden sie kurz in die Sonne gelegt, anschließend kommen sie in die Regale einer kühlen *cascina*, wobei sie häufig gewendet werden müssen. Nach einer Saison (die Käserei-Saison dauert vom 15. November bis zum 15. April) wandern sie für den langsamen Teil der Reifung, der zwei bis drei Jahre dauert, in die Lagerhäuser.

Mittags war unser Arbeitstag zu Ende. Die Familie zog sich zurück, um aufzuräumen, Mittag zu essen und sich für den nächsten Tag auszuruhen, der ja schon abends mit dem Melken begann.

PASTA FILATA – EINE SÜDITALIENISCHE KÄSESPEZIALITÄT

Echter *Mozzarella* wird aus der Milch von Wasserbüffeln hergestellt, eine Rinderart mit grau-schwarzem Fell, die in Asien im Laufe mehrerer Jahrhunderte domestiziert wurden. Von Indien wurde der Wasserbüffel nach Italien gebracht, einige behaupten, von den Griechen, andere sagen, zu Beginn des Christentums. Wie dem auch sei, jedenfalls ahnte damals niemand, daß die Nachkommen einmal indirekt für unzählige Pizza-Beläge in der ganzen Welt verantwortlich sein würden. Aber der Büffel, ein Verwandter des amerikanischen Bisons, paßte sich dem süditalienischen Klima gut an, und so entwickelten die Käser aus seiner Milch den einzigartigen Mozzarella-Käse. Was sich heute Mozzarella nennt, ist oft eine Nacharbeitung des Original-Rezepts mit Kuhmilch und heißt *Fior di latte*. Heute legt man selbst in Italien auf die Unterscheidung zwischen dem echten Mozzarella und seinem Pendant aus Kuhmilch immer weniger Wert. So kann man bereits oft für beide Käsesorten die Bezeichnung Mozzarella finden.

Mozzarella di Bufala ist porzellanweiß, innen feucht und weich und nach außen hin etwas fester. Er ist nicht nur weißer und cremiger als Fior di latte sondern schmeckt auch ganz anders. Mozzarella ist mild und doch sehr aromatisch, hat einen Hauch von sowohl süßlichem als auch säuerlichem Geschmack und trotz seiner Cremigkeit eine leicht zähe Konsistenz.

Echter Mozzarella ist zu selten geworden, als daß man ihn zum Kochen verwenden würde. Man verwendet ihn entweder als Dessert oder in Würfel geschnitten in einem köstlichen Salat aus Käse, frischen Tomaten, Olivenöl und Basilikum. Zu Nudeln, Pizza und anderen gekochten Gerichten nehmen italienische Köche Fior di latte.

Wenn man Mozzarella aufschneidet, sieht er aus wie ein zu einer Kugel gerollter Käsestrang. Italiener haben dafür die Bezeichnung *pasta filata* – etwa: ›gezogener‹ Käse. Bei der Mozzarella-Herstellung wird nach dem Kochen der Milch mit Lab der entstandene Quark zerbröckelt und auf eine schräggestellte Tischplatte gelegt, damit die Molke ablaufen kann. Der zerbröckelte Quark beginnt zu trocknen, und die natürliche Gärung setzt ein. Nach etwa drei Stunden schneidet man den fest gewordenen Quark in lange Streifen, die in den Kessel zurückkommen und mit kochendem Wasser übergossen werden. Sobald die Streifen an der Wasseroberfläche schwimmen, werden sie bündelweise herausgenommen, schnell in kleine Stücke

zerrissen und zu 250–500 g schweren Kugeln geformt. (Kleinere Kugeln mit einem Gewicht von ca. 100 g nennt man *bocconcini*, ›kleine Häppchen‹.) Der Name dieser Käsesorte verweist auf das Zerreißen (italienisch: *mozzare*) bei der Herstellung. Die aus dem Quark geformten Kugeln kommen für ein paar Minuten in kaltes Wasser und anschließend zehn bis zwölf Stunden in eine schwache Salzlauge. Danach werden Sie in ihrer eigenen Molke eingelegt und können sofort gegessen oder bis zu zwei Wochen aufgehoben werden.

Es gibt in Süditalien noch andere Käsesorten, die ebenfalls auf diese interessante Art hergestellt werden: Der Quark wird in die Länge gezogen und dann in Streifen geschnitten, die anschließend zusammengepreßt werden. Dazu gehören unter anderem die Käsesorten *Treccia, Scamorza, Caciocavallo, Provola* und *Provolone*.

Provolone und Mozzarella unterscheiden sich nur durch einige Abweichungen in derselben Herstellungstechnik. Bei der Provolone-Herstellung wird der Quark nach dem Kochen der Milch nicht zerbröckelt sondern sofort zum Abtropfen auf eine schräggestellte Platte gelegt. Aber hier bleibt er nun zum Trocknen und Gären länger als der Mozzarella-Quark, nämlich je nach Witterung zwischen einem und drei Tagen. (Der Käser prüft mit den Händen, ob der Quark fertig ist.) Wie bei Mozzarella wird auch der Provolone-Quark in lange Streifen geschnitten, in einen Kessel gegeben und mit kochendem Wasser übergossen. Aber die bündelweise aus dem Wasser genommenen Streifen werden nicht zerrissen sondern mit einem Messer zerschnitten. Dann formt man sie zu riesigen Würsten, die kurz in kaltes Wasser getaucht werden. Anschließend wandern sie sofort für sechs bis zwölf Stunden – je nach den örtlichen Gepflogenheiten – in eine starke Salzlauge. Danach wird der Provolone entweder geräuchert oder wie eine Wurst zusammengebunden, bevor er eingelagert wird.

Provolone dolce, die süßliche Variante, lagert zwei bis drei Monate. Die schärfere Version, *Provolone piccante*, lagert einige Monate län-

Echter Mozzarella wird aus der Milch von Wasserbüffeln hergestellt. Die Molke, die dabei abfällt, ist außerordentlich begehrt. Sie wird für die Herstellung einer seltenen und besonders guten Ricotta-*Art verwendet. (©Ferri Cesare/ Mac Film)*

ger, je nachdem wie scharf der Käse werden soll. Bei der dritten Art, *Provolone affumicato*, wird der Käse eine Woche geräuchert und dann zwei Monate gelagert.

Zusammen mit Brot und manchmal Schinken oder Mortadella ist Provolone in Süditalien ein beliebter Imbiß. Er wird aber auch zum Kochen verwendet, z. B. in dem sizilianischen Gericht *Focaccia ripiena*, ein Pizzateig mit Fleisch und Käse gefüllt.

Caciocavallo findet man häufiger als Provolone, er wird auf ganz ähnliche Art hergestellt. Allerdings wird der Caciocavallo in über 2 kg schwere, birnenähnliche Formen gepreßt, die man paarweise zusammenbindet und über ein Stück Holz hängt. Der Italiener nennt das *a cavallo*, d. h. zu Pferde. Wegen des Wortes Pferd im Namen behaupten manche, daß Caciocavallo ursprünglich aus Stutenmilch hergestellt wurde. Aber das stimmt nicht.

Scamorze sind kleiner als Provolone aber ähnlich in der Herstellung. Man ißt sie frisch, kann sie aber auch geräuchert bekommen.

Einmal verbrachte ich einen Samstagvormittag bei einer Familie, die in der Nähe von Bari Käse produzierte. Ich durfte zusehen, wie Scamorze nach der für *pasta filata* vorgeschriebenen Methode hergestellt wurden. Die ganze Produktion spielte sich in den Hinterräumen eines winzigen Geschäfts in dem kleinen Dorf Putignano ab, wo die Familie dieser Beschäftigung schon seit 1805 nachgeht. Am Samstagvormittag strömen die Leute aus der Umgebung scharenweise in dieses Geschäft, in dem nichts außer einer Marmortheke und einem einzelnen Stuhl steht. Es wird nur frischer Käse aus eigener Herstellung verkauft: Scamorza, Burrata, Fior di latte und Treccia. Da es keine Auslagen gibt, müssen die Kunden genau

Mit dem mezzaluna-Messer *wird der gekochte Quark für die* Scamorza-Zubereitung *blättrig geschnitten.*

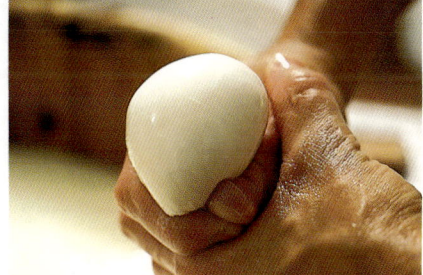

wissen, was sie wollen. Das Gewünschte erhalten sie dann frisch direkt aus den Hinterräumen. Die Kasse wird von der Großmutter bedient.

 Pasta filata wird in dieser Gegend aus Kuhmilch hergestellt. Zuerst wird die grobe *cagliata*, also der Quark, gekocht und ausgekühlt. Danach zerbröckelt man ihn aber nicht, sondern schneidet ihn mit einem *mezzaluna*-Messer blättrig. Dabei wird immer nur soviel abgeschnitten, wie eine Person verarbeiten kann.

Oben: Mit einem Stock wird der Quark in die Länge gezogen. Darunter links: Aus dem Quark wird ein Strang gebildet. Rechts: Aus dem Strang werden ein runder bocconcino *geformt und eine* treccia *geflochten.*

Frische Scamorze *hängen paarweise am Arm des Käsers.*

Unten: Scamorze *in verschiedenen Reifestadien – zwischen einem Tag und einem Jahr alt.*

Burrata, *eine Frischkäsespezialität aus Süditalien, hält sich nur einen Tag und ist daher immer nur direkt am Herstellungsort zu bekommen. Eine Tasche aus einer dünnen Lage Scamorza-Quark wird mit einer Mischung aus demselben Quark, aber sehr fein geschnitten, sowie Schlagsahne und Salz gefüllt. Man nennt diese Füllung* stracciatella *(von* stracciare – *zerreißen). Sie hat eine ähnlich cremige Struktur wie Butter (bur-ro), daher auch der Name* Burrata. *Links sehen wir einen ganzen, geschlossenen Burrata und rechts die ausgebreitete Tasche mit der* stracciatella-*Füllung darauf.*

Der gehackte Quark kommt in kochendes Wasser, wo er schmilzt aber immer noch zäh bleibt. Der Käser quirlt den Quark mit einem Stock in Auf- und Abbewegungen, bis sich die Masse in einem langen, geschmeidigen Strang zieht. Geschickt führt der Käser den Stock so, daß ein langer, schmaler Streifen entsteht, der einem dicken Strick ähnlich sieht. Die Bewegungen des Körpers, der Arme und des Stocks laufen in einer harmonischen Choreographie ab, und es ist geradezu ein ästhetisches Erlebnis, dabei zuzusehen.

Sobald der Strang entstanden ist, kommen weitere Arbeiter dazu und formen ein Stück Quark. Erst dann wird das geformte Stück vom übrigen Strang getrennt, und zwar indem man es buchstäblich abreißt. Nun kann man einen runden *bocconcino*, der wie ein kleiner Ballon aussieht, formen oder eine *treccia* (Zopf) flechten. Für die *treccia* wird der dicke Strang in zwei dünnere aufgeteilt, die dann geflochten werden, wobei sie immer noch am Hauptstrang hängen. Erst nach dem Flechten werden sie abgetrennt.

Danach kommen die geformten Stücke je nach Käsesorte für mindestens einige Minuten und höchstens zwei Stunden in Salzlauge. Die Scamorze werden in Netze gelegt und darin aus der Lauge gehoben. Die Netze bindet man paarweise zusammen und hängt sie über einen Stock. Die vielen verschiedenen *pasta filata*-Sorten sind in ganz Italien beliebt. Die reiferen Sorten eignen sich auch für den Transport und werden in viele Länder exportiert.

Eines der populärsten Gerichte mit *pasta filata* ist *Spiedini alla romana*, ein römisches Rezept, für das Mozzarella-Scheiben und Brot abwechselnd auf Spieße geschoben werden. Diese kommen dann entweder zum Grillen auf ein Holzkohlenfeuer bzw. in den Ofen oder zum Braten in die Pfanne. Danach überlappen sich Brot und Käse so, daß man das Ganze vom Spieß abziehen und aufrecht auf den Teller stellen kann. Zum Schluß wird eine köstliche Sardellenbutter-Sauce darübergegossen. Da es sich nicht um ein Sandwich handelt, wird das Gericht mit Messer und Gabel als Vorspeise oder leichtes Hauptgericht gegessen. Das Brot sollte möglichst aus hellem Mehl gebacken und nicht zu knusprig sein.

Meine Freundin Nika Hazelton, eine international anerkannte Autorität auf dem Gebiet der Kochkunst und gebürtige Römerin, zeigte mir, wie ein Römer dieses Gericht zubereitet.

Spiedini alla romana
GEGRILLTE MOZZARELLA-SPIESSE AUF RÖMISCHE ART

Das Brot und den Käse in gut 1 cm dicke Scheiben schneiden. Sie benötigen 16 Scheiben Mozzarella und 20 Scheiben Brot.

Den Grill auf 190°C vorheizen.

Brot und Käse werden auf 4 Spieße geschoben, und zwar zuerst eine Scheibe Brot und dann im Wechsel 4 Scheiben Käse und 5 Scheiben Brot. Die letzte Scheibe kräftig zur Mitte hin andrücken, damit alles fest zusammenhält. Legen Sie die Spieße auf ein geöltes Backblech. Die Brot- und Käsescheiben mit 2 Eßlöffeln Öl bestreichen und mit Salz und Pfeffer würzen. Stellen Sie das Backblech in das mittlere Fach des Grills. 15 Minuten grillen und gelegentlich kontrollieren, ob das Brot nicht anbrennt.

Wenn Sie in Salz eingelegte Sardellen verwenden, können Sie diese in der Zwischenzeit unter fließendem kalten Wasser waschen und die Gräten entfernen.

Erhitzen Sie die Butter und das restliche Öl in einem schweren Topf. Sobald die Butter ganz geschmolzen ist, den Topf vom Feuer nehmen, die Sardellen hineingeben und mit einer Gabel zerdrücken, so daß sie sich ganz auflösen. Mit Salz und Pfeffer abschmecken.

Die Spieße aus dem Ofen nehmen, jeden auf einen Teller legen und etwas Sauce über jede Portion gießen. Auf jeden Teller kommt noch ein Zweig Petersilie.

FÜR 4 PERSONEN

1 schmales italienisches Brot

3 mittelgroße Mozzarelle (ca. 750 g Gesamtgewicht)

3 Eßlöffel Olivenöl

Salz und frisch gemahlener schwarzer Pfeffer

8 ganze, in Salz eingelegte Sardellen oder 16 Sardellenfilets in Öl, abgetropft

8 Eßlöffel Butter

ZUM GARNIEREN

4 Zweige Petersilie

PECORINO

Der toskanische *Pecorino* wird noch immer auf kleinen Höfen, wo oft auch Chianti-Wein gekeltert wird, von Hand hergestellt. Jeder toskanische Schafhirt hat nur 15 bis 20 Schafe, die er liebevoll versorgt und durch Berg und Tal, vom Weinberg bis an die Küste der Maremma führt. Man sagt, es gäbe in Italien genauso viele Schafsmilch-Käsesorten wie Schafhirten. Nur wenige Sorten werden für den großen Handel hergestellt oder exportiert. Aber sie sind etwas Besonderes und so typisch Italienisches, daß Sie sie unbedingt probieren müssen, wenn Sie einmal nach Italien kommen.

Käse aus Schafsmilch unterteilt man in gekochten und halbgekochten. Letzteres bedeutet, daß er bei schwacher Hitze gekocht wurde. Beide Arten bezeichnet man oft als *Caciotta*. Aber das ist eine ungenaue Sortenbezeichnung, die wahrscheinlich auf das alte italienische Wort für Käse, *cacio*, zurückgeht. Heute ist Caciotta mehr eine technische Bezeichnung, die sich auf bestimmte Größenverhältnisse sowohl bei Schafsmilch- als auch bei Kuhmilchkäse bezieht. Sie betrifft Käse bis 900 g Gewicht, die rund, oval, zylinder- oder ellipsenförmig sind. Ursprünglich wurden alle italienischen Schafsmilch-Käsesorten in diesen Maßen und Formen hergestellt. Man sollte diese Sorten heute eigentlich *Caciotte pecorine* nennen. (*Pecora* ist das italienische Wort für Schaf.) Ob der Schafsmilchkäse nun wirklich ein Caciotta ist oder größer, wie z. B. der *Pecorino Romano*, den man zum Reiben verwendet, die Bezeichnung *Pecorino* ist in jedem Fall richtig.

Wenn die erwähnten Käsesorten in Livorno, Lucca, Pisa oder Pistoia sowie einige davon auch in Florenz hergestellt wurden, nennt man sie *Pecorino Toscano* oder *Caciotta*. Kommen sie aus Carrara oder Massa so heißen sie nach der Massa-Schafzucht *Pecorino Massese*. Dieser Käse ist besonders delikat, selten und begehrt.

Gegenüberliegende Seite: Spiedini alla romana (*Gegrillte Mozzarella-Spieße auf Römische Art*).

Marzolino, ein weißer Pecorino aus den Anbaugebieten des Chianti Classico, ist eine Erfindung der Etrusker und wurde wahrscheinlich seither in diesem Gebiet immer nach demselben Rezept hergestellt. Er ist ellipsenförmig, wiegt ca. 800 g und wird noch heute aus reiner Schafsmilch zubereitet. Während der Reifung wird die Rinde mit reinem Olivenöl, einem weiteren unvergleichlichen Produkt desselben Anbaugebiets, eingepinselt. Nach vier bis acht Monaten hat der Käse sein volles Aroma entfaltet. Wenn tierisches Lab zugesetzt wird, bleibt der Marzolino ziemlich mild. Setzt man pflanzliches Lab zu, schmeckt er auch im frischen Zustand scharf. Ein unvergleichlicher Genuß ist ein kleiner Imbiß aus Marzolino-Würfeln mit Olivenöl und schwarzem Pfeffer (siehe das folgende Rezept). Dazu gehören der phantastische Wein dieser Gegend und knuspriges Brot.

Die vielen toskanischen Schafskäse machen aber nur einen Teil der italienischen Schafsmilch-Käseproduktion aus. Pecorino Romano spielt daneben eine ebenso wichtige Rolle. Er wird in Rädern mit einem Gewicht zwischen 7 und 18 kg verkauft. Der Käse ist gesalzen und im allgemeinen schärfer als der toskanische Pecorino. Das liegt an den Kräutern, die die Schafe auf den Weiden in Latium um Rom herum finden. Die Farbe des Pecorino kann von Weiß bis Hellgelb variieren. Wenn er ca. vier Monate gereift ist, kann man ihn als Dessert-Käse essen. Weit häufiger aber verwendet man ihn nach einer Reifezeit von acht Monaten als Reibkäse. Dieselbe Käsesorte, in Sardinien hergestellt, heißt *Pecorino Romano Sardo*, meist einfach *Sardo* abgekürzt. In Sizilien werden bei der Herstellung noch ganze Pfefferkörner zugesetzt. Dort heißt der Käse dann *Pecorino pepato*.

Pecorino marinato MARINIERTER PECORINO

500 g Pecorino Toscano ohne Rinde

½ Tasse Olivenöl

Reichlich Salz und frisch gemahlener schwarzer Pfeffer

Den Käse in 2,5 cm große Würfel schneiden und auf einen Servierteller legen. Darüber das Öl gießen und den Pfeffer mahlen. Mit Aluminiumfolie zudecken und vor dem Servieren mindestens 1 Stunde ziehen lassen (siehe Anmerkung).

Die Folie abnehmen, und den Käse vorsichtig aber gründlich vermengen. Legen Sie für jede Portion 3 bis 4 Würfel auf einen Teller.

ERGIBT EINE VORSPEISE FÜR 8 PERSONEN

ANMERKUNG: *Marinieren Sie den Käse an einem kühlen Ort oder im untersten Kühlschrankfach. Wenn Sie den Käse aus dem Kühlschrank nehmen, lassen Sie ihn vor dem Servieren so lange stehen, bis er Zimmertemperatur angenommen hat.*

KÄSE AUS DER LOMBARDEI

Die Lombardei mit ihrer alten Hauptstadt Mailand, dem wunderbaren Comer See und den malerischen alten Städten Bergamo, Cremona, Mantua und Pavia liefert reichen, butterartigen Schafsmilchkäse mit hohem Fettgehalt. Der Geschmack variiert vom milden, feinen und weichen *Stracchino* bis zum scharfen aber dennoch cremigen *Gorgonzola*.

Der Name Stracchino bezeichnet ganz allgemein einen jungen, butterartigen Käse mit einem Alter zwischen 20 und 60 Tagen. Er wird nur kurz bei schwacher Hitze gekocht und gilt als Frischkäse. In den Provinzen von Brescia und Mailand wird er hergestellt. Am begehrtesten ist der Stracchino aus Fonteno und dem Tartano-Tal. Er ist als Dessert-Käse in ganz Italien beliebt. In der Lombardei wird er am Weihnachtsabend als besondere Spezialität mit *Mostarda di Cremona*, eingelegten Senffrüchten, serviert.

Das Wort *stracco* kommt aus dem lombardischen Dialekt und bedeutet müde. Die davon abgeleitete Bezeichnung *Stracchino* wurde lange auf eine ganze Reihe anderer Käsesorten aus Kuhmilch angewendet. Diese Milch stammte dann von Kühen, die gerade den alljährlichen Weg von den Bergen hinunter in die Winterquartiere im Tal hinter sich gebracht hatten. Der lombardische Volksmund behauptet, daß diese ›müde‹ Milch bei vielen Käsesorten die besten Resultate bringt.

Der Almabtrieb findet im September und Oktober statt, und in dieser Zeit entsteht auch der beste Käse. Allerdings hat die gesteigerte Nachfrage dazu geführt, daß das ganze Jahr über Käse produziert wird. Alle Stracchino-Arten werden mit der Milch von zwei verschiedenen Melkungen hergestellt und haben einen Fettgehalt von ungefähr 50 Prozent.

In fast allen Teilen der Lombardei stellt man heute *Stracchino Gorgonzola* her. Meist nennt man ihn nach der Stadt seiner Herkunft in der Nähe von Mailand einfach Gorgonzola. Von dort, wo der Käse in der Geschichtsschreibung des Jahres 879 zum ersten Mal erwähnt wird, kommen auch die besten Exemplare. Der beste Gorgonzola reift in den Höhlen oder Kellern des Valsassina. Er hat kleine Schimmelflecken, die eher grün als blau sind und ist cremiger und milder als der meiste blauadrige Käse, der in den anderen europäischen Ländern hergestellt wird.

Gorgonzola wird schichtweise zubereitet. Während eine Schicht Quark auskühlt, kommt schon die nächste heiße Schicht darüber. Wichtig ist dabei, daß die aufeinandertreffenden Schichten unterschiedlicheTemperaturen haben. So entstehen kleine Zwischenräume, in die Luft dringen und das Schimmelwachstum fördern kann. Der Schimmelpilz sieht ein bißchen wie Petersilie aus und wird deshalb auch mit dem einheimischen Dialekt-Wort für Petersilie, *erborinn*, bezeichnet.

Großer Wert wird auf die Unterscheidung zwischen Gorgonzola *dolce* (süßem) und *piccante* (scharfem) gelegt; aber keiner weiß so recht, wo da die Grenze verläuft. Wenn bei der Herstellung die Schichten langsam aufeinandergefügt werden, wird der Käse milder. Auch wenn er noch jung ist, hat er einen weniger scharfen Geschmack. Die Reifezeit liegt zwischen 90 und 150 Tagen. Aber da der junge Käse so gut wie gar nicht exportiert wird, ist es unwahrscheinlich, außerhalb von Italien einen Gorgonzola dolce zu finden. Ganz junger Käse mit nur 60 Tagen Reifezeit, bei dem sich noch kein Schimmel gebildet hat, heißt Weißer Gorgonzola oder *Pannarone*. Er ist heller und süßer als der reifere Käse.

Gorgonzola kommt im allgemeinen als Dessert-Käse auf den Tisch. Man kann ihn aber auch zum Kochen verwenden, z. B. als Füllung für *tortelli* oder *crespelle*. Außerdem ist er Bestandteil der ›Vier-Käse‹-Sauce zu Nudeln und Risotto. Die Rezepte für *crespelle* und Risotto finden Sie auf den nächsten Seiten. Unitalienisch ist es dagegen, Gorgonzola oder einen anderen Käse unter den Salat oder in die Salatsauce zu mischen.

Taleggio oder *Stracchino Taleggio*, ein weiterer recht berühmter Dessert-Käse, ist weniger scharf und hat keinen Schimmel. Sein

Nächste Doppelseite: Eine Parade italienischer Käsesorten. Links auf dem grünen Teller Büffelmilch-Ricotta in fester Form, in einem Korb gepreßt. Auf dem Stroh darüber ein junger, weißer toskanischer Pecorino mit einer herausgeschnittenen Scheibe und ein Fontina Val d'Aosta. Auf dem grünen Glasteller mit Löffel cremiger Mascarpone. Im Korb oben zwei birnenförmige, junge Scamorze. Weiter gegen den Uhrzeigersinn: ein großes Stück von dem raffinierten süßen Gorgonzola; geräucherter Scamorza mit bräunlicher Kruste, eine der vielen verschiedenen Tomine-Arten aus den Voralpen – dieser hier ist aus Ziegenkäse; barrenförmige Caprini, die früher aus Ziegenmilch hergestellt wurden, heute aber meistens mit Kuhmilch zubereitet werden; und ein viereckiger, fetter Robiola. Rechts neben dem Korb, von vorne: der ellipsenförmige, toskanische Schafsmilchkäse Marzolino, auf dem Teller der fette, weiche Stracchino aus der Lombardei. Dahinter der gelbliche Asiago, wichtigster Käse aus dem Veneto, und ein großer Toma aus Piemont. Dahinter zwei große, birnenförmige Provole, einer gelblich, der dunklere geräuchert. In der Schüssel liegen sieben Mozzarelle aus Büffelmilch in ihrer eigenen Molke. Rechts davor ein kleiner, ganzer, ausgereifter Pecorino Caciotta aus Sardinien und ein Stück sizilianischer Pecorino pepato, durchsetzt mit ganzen schwarzen Pfefferkörnern. Auf dem Tablett rechts daneben ein großes Stück drei Jahre alter Parmigiano-Reggiano mit dem dazugehörigen Messer. Daneben eine große Scheibe Provolone und ein Stück von einem jungen, großen Pecorino Romano Sardo; und schließlich einer der besten fabrikmäßig hergestellten Käse, Bel Paese.

Mascarpone, *ein fettreicher Frisch-*
käse, wird oft anstelle von Schlagsahne
für Desserts und Gebäck verwendet.

Unten: Crespelle al Gorgonzola *(Crê-*
pes mit Gorgonzola-Füllung).

volles Aroma kann man auf zwei verschiedene Weisen erreichen:
Entweder wird der gekochte Quark 14 Stunden in Salzlauge eingelegt, oder man reibt ihn mit Salz ein. Durch das Salz entsteht beim
Taleggio eine Kruste. Der Quark wird bei 32°C gekocht. Früher
wurde er anschließend in kühlen Kellern gelagert, heute kommt er
in den Kühlschrank. Der Käse soll genau zwei Monate reifen. Der
beste Taleggio kommt aus Abbiategrasso und dem Erna-Tal.

Mascarpone, ein sehr reicher Frischkäse der Dreifachrahm-
stufe, wird innerhalb von 24 Stunden hergestellt. Er ist mild im
Geschmack und eine Idee gelblicher als Sahne, von der Konsistenz
her aber ähnlich wie steifer, dicker Schlagrahm. In der italienischen
Küche findet Mascarpone sehr breite Anwendung. Oft vermischt

man ihn mit Likör für Kuchen und Desserts oder verwendet ihn anstelle von Schlagsahne, weil er einen höheren Fettgehalt hat. Zu den nicht süßen Gerichten, in denen er verwendet wird, gehört *Polenta con mascarpone e tartufi* (siehe Seite 131).

Crespelle al Gorgonzola
CRÊPES MIT GORGONZOLA-FÜLLUNG

FÜR DIE CRESPELLE

2	Eßlöffel Butter
2	Tassen Weizenmehl
4	extragroße Eier
2	Tassen kalte Milch

Eine Prise Salz

1 Teelöffel körniger Streuzucker

FÜR DIE FÜLLUNG

4 Eßlöffel Butter

2 Eßlöffel Weizenmehl

2 Tassen kalte Milch

2 Tassen Schlagsahne

125 g Gorgonzola

Salz und frisch gemahlener schwarzer Pfeffer

Frisch geriebene Muskatnuß

¾ Tasse frisch geriebener Parmesan

FÜR DIE SAUCE

8 Eßlöffel Butter

½ Tasse Weizenmehl

3 Tassen kalte Milch

1 Tasse Schlagsahne

Salz und frisch gemahlener schwarzer Pfeffer

Frisch geriebene Muskatnuß

ZUM BRATEN DER CRESPELLE

Ungefähr 4 Eßlöffel Butter

ZUM ÜBERBACKEN

1 Eßlöffel Butter

ZUM ANRICHTEN

½ Tasse frisch geriebener Parmesan

Bereiten Sie zunächst die *crespelle* zu: Die Butter im Wasserbad zergehen und anschließend abkühlen lassen.

Das Mehl in eine Steingut- oder Glasschüssel sieben und eine Vertiefung hineindrücken. Dort hinein gießen Sie die abgekühlte Butter. Mit einem Holzlöffel vorsichtig umrühren und dabei etwas Mehl vom Rand der Vertiefung her mit einarbeiten. Unter ständigem Rühren die Eier hinzufügen und weiterhin Mehl mit einrühren. Dann gießen Sie nach und nach die Milch dazu und rühren solange weiter, bis alles Mehl verarbeitet ist. Salz und Pfeffer hinzufügen und noch einmal gut umrühren. Die Schüssel zudecken und für mindestens 1 Stunde an einen kühlen Ort stellen.

Nun bereiten Sie die Füllung zu: Lassen Sie die Butter bei schwacher Hitze in einem schweren Topf – vorzugsweise aus Kupfer oder Emaille – zergehen. Wenn sie zu schäumen beginnt, fügen Sie das ganze Mehl auf einmal hinzu. Mit einem Holzlöffel gut verrühren. Das Mehl anbräunen, bis es sich ganz mit dem Fett verbunden hat (ungefähr 2 Minuten). Den Topf vom Feuer nehmen und 10 bis 15 Minuten stehenlassen.

Währenddessen wird die Milch mit der Schlagsahne in einem zweiten Topf bis kurz vor dem Siedepunkt erhitzt. Schneiden Sie den Gorgonzola in kleine Stücke.

Den Topf mit der Mehlschwitze wieder auf schwache Hitze stellen und die ganze Milch-Sahne-Mischung auf einmal dazugießen. Umrühren und den Gorgonzola hinzufügen. Rühren Sie weiter, bis der Käse ganz geschmolzen und die Masse geschmeidig ist (ungefähr 10 Minuten). Salz, Pfeffer und Muskatnuß nach Geschmack hinzufügen. Den Topf vom Feuer nehmen und den Parmesan hineingeben. Gut umrühren. Füllen Sie die Masse in eine Steingut- oder Glasschüssel, und drücken Sie ein gebuttertes Pergamentpapier leicht obenauf, damit sich keine Haut bildet. Lassen Sie die Füllmasse nun ganz auskühlen.

Als nächstes bereiten Sie die Sauce zu: Verarbeiten Sie die angegebenen Zutaten genauso wie zuvor die Zutaten für die Füllmasse.

Die Crêpes werden in einer 20 cm großen Crêpes-Pfanne gebraten, die für jedes Stück wieder neu gebuttert werden muß. Für jede Crêpe benötigen Sie ¼ Tasse Teig. Anschließend stapeln Sie die Crêpes aufeinander und legen jeweils ein Blatt Pergamentpapier dazwischen.

Wenn alle Crêpes fertig sind, fetten Sie 2 feuerfeste Formen von je 35 × 50 cm mit dem Eßlöffel Butter ein.

Heizen Sie den Backofen auf 190°C vor.

Verteilen Sie mit einem Spatel 2 Eßlöffel von der Füllung so über die Crêpes, daß sie ganz bedeckt sind. Dann werden sie aufgerollt und mit der Naht nach oben nebeneinander in die Backform gelegt. Vorsichtig die Sauce darübergießen und 25 Minuten backen. Anschließend aus dem Ofen nehmen, über jede Portion 1 Eßlöffel Parmesan streuen und sofort servieren.

ERGIBT CA. 24 CRÊPES; FÜR 8 PERSONEN

NORDITALIENISCHE KÄSESPEZIALITÄTEN

Schon in vorgeschichtlichen Zeiten wurde in den Alpen- und Voralpengebieten Norditaliens Käse produziert. Piemont und das Aosta-Tal, der nordwestliche Zipfel des Landes, sind besonders reich an bemerkenswerten Käsesorten. Auch die nordöstlichen Gebiete von Venetien und Udine haben ganz unvergleichliche Käseprodukte anzubieten.

Asiago, eine Gemeinde am Fuß der Dolomiten in der Provinz Vicenza, leiht dem berühmtesten Käse aus dem Veneto ihren Namen. Auf Grund derselben langen Reifezeit nennt man den *Asiago* auch manchmal *Pecorino*, und es bleibt zu überlegen, ob nicht vielleicht ganz früher zur Herstellung dieser Käsesorte auch Schafsmilch verwendet wurde. Aber alle diesbezüglichen Berichte erwähnen immer nur die Verwendung von Kuhmilch, entweder aus zwei Melkungen – dann war eine Milch fett und die andere entrahmt – oder aus einer Melkung – dann wurde die Milch zuvor teilentrahmt. Der Käse ist recht groß, entweder zylindrisch oder flach und wiegt zwischen 9 und 13,5 kg. Er wird bei schwacher Hitze gekocht und vor dem Lagern in Salzlauge oder trockenes Salz eingelegt. Der Käse ist von fester Konsistenz, mit winzigen Löchern durchsetzt und strohgelb.

Nach sechs Monaten Reifezeit nennt man den Käse *Mezzanello* oder *Asiago da taglio*. Er kommt dann als leichter, pikanter Dessert-Käse auf den Tisch. Wenn er nach 12 Monaten *vecchio* (alt) oder nach 18 Monaten *stravecchio* (sehr alt) geworden ist, hat er ein kräftiges Aroma und kann zum Reiben verwendet werden.

Im Piemont und im Aosta-Tal werden mehrere hundert Käsesorten hergestellt. Die Oberbegriffe *toma, tometta* und *tomino* schließen eine atemberaubende Menge von Sorten ein: Käse aus entrahmter, teilentrahmter und aus Vollmilch, Rahmkäse, frischer und gereifter Käse aus Kuhmilch, Ziegenmilch oder Schafsmilch oder aus einer Kombination der verschiedenen Milchsorten, große und kleine, feste und weiche Käse. Jeder Berg, jedes Tal produziert seine eigene Variante, von den weichen Camembert- und Brie-Arten mit 45 Tagen Reifungszeit und den milden, weißen Zylindern bis zu großen, festen, lang gereiften Käsen mit kräftig gelber Färbung. Leider sind nur wenige Varianten über ihren Herstellungsort hinaus bekannt und noch weniger davon werden exportiert.

Am berühmtesten sind die unter dem Begriff *tome* zusammengefaßten Sorten, die oben in den Bergen zwischen Juli und September hergestellt werden. Die Erfahrung hat gezeigt, daß sie erst dann gut sind, wenn sie aus einer Höhe von über 1950 m kommen. Zu den am meisten geschätzten Sorten gehören der sehr süße *Reblosson della Val di Susa*, der noch Duft und Aroma von Kräutern und Weideblumen trägt; *Toma del Maccagno* aus entrahmter Milch, ein Käse, der vier Monate unter einer Schicht aus Bergkräutern reift, sich aber auch als Frischkäse eignet; *Toma di pecora della Val Stura* aus Schafsmilch und *Toma di Val Gressoney*.

Die kleineren *tomini* werden oft würfelig geschnitten und entweder in Öl mit Pfeffer oder in einer grünen Sauce eingelegt. *Robiola*, eine verwandte Sorte, ist besonders gut in der Gegend von Roccaverano, wo man ihn lange in einem Gemisch aus Basilikum, Rosmarin, Thymian, Wacholderblüten und Fenchel reifen läßt. In Cadele gibt es einen exzellenten Ziegenmilch-*tomino,* der mit Pfeffer konserviert wird. Es kann aber sein, daß man nicht immer jede dieser interessanten Sorten vorfindet.

Echter *Fontina* wird nur im Aosta-Tal hergestellt, obwohl man ihn in ganz Italien und auch im Ausland oft imitiert. Die in diesem reichen Käse verarbeitete Vollmilch muß von reinrassigen Valdostana-Kühen stammen. Am besten ist der Sommer-Fontina. Die Milch dazu liefern dann Kühe, die in 3 000 m Höhe frisches Gras und aromatische Kräuter fressen.

Obwohl Fontina in großen, vom örtlichen Produzenten-Konsortium kontrollierten Genossenschaften hergestellt wird, muß die Milch dieselben Ansprüche erfüllen wie bei den kleinen Bauern. Eine Besonderheit im Herstellungsprozeß ist das langsame Einsalzen der Rinde des 9 bis 11 kg schweren Käses. Dadurch ergibt sich der sehr milde Geschmack. Die Kruste entwickelt sich nur sehr langsam und ist von ungewöhnlicher, orange-bräunlicher Farbe. Der Käse selbst hat eine strohgelbe Färbung, die intensiver ist als beim Asiago. Seine Konsistenz ist weich und elastisch.

Fontina wird oft schon nach der Mindestlagerzeit von vier Monaten verwendet. Er ist dann mild und aromatisch. Man kann ihn aber auch bis zu drei Jahren lagern – dann wird er mit der Zeit immer pikanter. In letzter Zeit ist er auch als Dessert-Käse recht beliebt, aber seine klassische Verwendung findet er doch immer noch in der warmen Küche. Vor allem aber ist er Grundlage für die klassische *Fonduta* (Fondue), eine geschlagene Masse aus geschmolzenem Käse, Butter, Eigelb und Milch, die mit kleinen Brotwürfeln gegessen wird. Auch in dem folgenden Rezept für *Risotto ai quattro formaggi,* Risotto mit vier Käsesorten, spielt Fontina die wichtigste Rolle. Für den Risotto verwendet man neben Fontina noch Gorgon-

In dem Glas sehen wir bocconcini, *kleine* Mozzarelle di bufala, *jeder nicht viel größer als ein Happen. Wenn man die Bällchen durchschneidet, kommen die äußere blättrige Schicht und das feuchte Innere zum Vorschein. Es sind jedenfalls keine festen Kugeln. Da es sich um einen Frischkäse handelt, sollte man ihn innerhalb von ein paar Tagen essen. Am besten bewahrt man ihn in seiner eigenen Molke auf. Die anderen Käsesorten sind (im Uhrzeigersinn): der barrenförmige* Caprino, *süßer* Gorgonzola, Taleggio, Provolone *und eine Brie-Art aus dem Aosta-Tal. (©Franco Pasti)*

267

zola, Mozzarella und Parmesan. Erstaunlicherweise schlägt bei der Kombination des scheinbar milden Fontina mit dem kräftigen Gorgonzola der Fontina-Geschmack durch. Das liegt daran, daß durch das Kochen der Geschmack des Fontina noch verstärkt wird, während der Gorgonzola an Aroma verliert.

Risotto ai quattro formaggi
RISOTTO MIT VIER KÄSESORTEN

100 g Gorgonzola ohne Kruste

100 g Mozzarella

100 g Fontina ohne Kruste

1 Tasse lauwarme Milch

30 ungesalzene, geschälte, frische Pistazienkerne zum Kochen

Grobkörniges Salz

100 g ungesalzene Butter

1 Eßlöffel Olivenöl

2 Tassen Reis, vorzugsweise italienischer Arborio

3½ Tassen selbstgemachte Hühnerbrühe

Salz und frisch gemahlener schwarzer Pfeffer

6 Eßlöffel frisch geriebener Parmesan

Schneiden Sie die drei Käsesorten in 1 cm große Würfel. Zusammen mit der Milch in eine kleine Steingut- oder Glasschüssel geben und vorläufig beiseite stellen. Blanchieren Sie die Pistazienkerne 2 oder 3 Minuten in kochendem Salzwasser. Danach abtropfen lassen und schälen.

Erhitzen Sie Butter und Öl in einer Kasserolle bei mittlerer Temperatur. Sobald die Butter ganz geschmolzen ist, den Reis hineingeben und 4 Minuten anbraten.

In der Zwischenzeit bringen Sie in einem zweiten Topf die Brühe zum Kochen. Nach und nach an den Reis gießen und dabei ständig vorsichtig umrühren, bis der Reis die Brühe ganz aufgenommen hat. Die Milch mit dem Käse dazugießen und gründlich mit dem Reis vermischen. Mit Salz und Pfeffer abschmecken und die Pistazienkerne sowie den Parmesan hinzufügen. Gut umrühren und den Risotto sofort auftragen.

FÜR 6 PERSONEN

Groviera ist das italienische Gegenstück zum französischen bzw. schweizerischen *Gruyère*. Er schmilzt besonders gut und eignet sich sowohl gewürfelt als auch gerieben hervorragend zum Kochen. *Sformato di Groviera* ist ein cremiges Käsegericht, das von einer kräftigen Fleischsauce mit Kalbfleischwürfeln begleitet wird und sich sowohl als erster oder zweiter Gang als auch in kleinen Mengen für eine Vorspeise eignet.

Sformato di Groviera   KÄSE-SFORMATO

Bereiten Sie zunächst das *sformato* zu: Den Schinken in 1 cm große Würfel schneiden. Weichen Sie den *Groviera* ½ Stunde in einer Tasse Milch ein.

Lassen Sie die Butter bei schwacher Hitze in einem schweren Topf, vorzugsweise aus Kupfer oder Emaille, zergehen. Wenn sie zu schäumen

Rechts: Risotto ai quattro formaggi. *Dazu verarbeitet man* Gorgonzola, Mozzarella, Fontina *und* Parmesan.

Seite 269: Sformato di Groviera *mit Fleischsauce.*

beginnt, das ganze Mehl auf einmal hinzufügen. Anbräunen, bis es sich vollkommen mit dem Fett verbunden hat (ungefähr 2 Minuten). Dann nehmen Sie den Topf vom Feuer und lassen ihn 10 bis 15 Minuten stehen.

Erhitzen Sie unterdessen in einem anderen Topf die zweite Tasse Milch bis kurz vor den Siedepunkt.

Stellen Sie nun den ersten Topf wieder auf den Herd, und gießen Sie die ganze Milch auf einmal hinein. Dann kommt die Milch zusammen mit dem eingeweichten Groviera dazu. Gut verrühren, bis der Käse ganz geschmolzen und die Masse geschmeidig ist (ungefähr 10 Minuten). Mit Salz, Pfeffer und Muskatnuß abschmecken. Den Topf vom Feuer nehmen und die Masse in eine Steingut- oder Glasschüssel füllen. Drücken Sie ein Stück gebuttertes Pergamentpapier auf die Oberfläche, damit sich keine Haut bilden kann. Ganz auskühlen lassen.

In der Zwischenzeit bereiten Sie die Sauce zu: Butter und Öl in einer Kasserolle bei mittlerer Temperatur erhitzen.

Den Schinken in 1 cm große Würfel schneiden. Schinken, Zwiebel und Knoblauch zusammen in die Kasserolle geben und 15 Minuten anbraten. Das Kalbfleisch dazugeben und noch einmal 5 Minuten schmoren. Danach werden Zwiebel und Knoblauch entfernt. Die Tomaten hinzufügen und mit Salz und Pfeffer würzen. Decken Sie den Topf zu, und lassen Sie das Ganze 15 Minuten garen. Anschließend gießen Sie nach und nach die Brühe dazu und schmoren das Fleisch weiter, bis es zart ist (ungefähr 35 Minuten). Danach stellen Sie die Sauce im geschlossenen Topf beiseite.

Blanchieren Sie die Pistazienkerne 2 oder 3 Minuten in kochendem Salzwasser. Danach abtropfen lassen und schälen.

Wenn der Käse abgekühlt ist, geben Sie Eier, Eigelb, Parmesan, Schinken und die Pistazienkerne hinein. Mit einem Holzlöffel gut umrühren und mit Salz und Pfeffer abschmecken.

Eine 2 l fassende Napfkuchenform wird gebuttert und mit Semmelbröseln bestreut. Heizen Sie den Backofen auf 190°C vor. Stellen Sie eine große Kasserolle mit lauwarmem Wasser für ein Wasserbad bereit, in die später das *sformato* kommt. Die Eiweiß in einer unbeschichteten Kupferschüssel mit einem Schneebesen steifschlagen. Den Eischnee unter den Käse heben und dabei vorsichtig im Kreis rühren, bis alles ganz vermischt ist. Diese Masse in die Napfkuchenform gießen und in das Wasserbad setzen. 45 Minuten backen.

Aus dem Ofen nehmen und das *sformato* ein paar Minuten abkühlen lassen, bevor Sie es auf eine große Servierplatte stürzen. Die Sauce wieder erhitzen und rund um das *sformato* geben.

Schneiden Sie das sformato wie einen Kuchen auf, und geben Sie zu jeder Portion etwas Sauce und Fleisch.   FÜR 8 PERSONEN

FÜR DAS SFORMATO

60 g luftgetrockneter Schinken am Stück

170 g Groviera, in 1 cm große Würfel geschnitten

3   Tassen kalte Milch

6   Eßlöffel Butter

1   Tasse Weizenmehl

Salz und frisch gemahlener schwarzer Pfeffer

Frisch geriebene Muskatnuß

15 ungesalzene, geschälte, frische Pistazienkerne zum Kochen

3   ganze, extragroße Eier

1   getrenntes, extragroßes Ei

½   Tasse frisch geriebener Parmesan

Ungefähr ½ Tasse ungewürzte, vorzugsweise selbstgeriebene Semmelbrösel

FÜR DIE SAUCE

4   Eßlöffel Butter

2   Eßlöffel Olivenöl

100 g luftgetrockneter Schinken am Stück

½   mittelgroße rote Zwiebel, geschält aber unzerkleinert

1   mittelgroße Knoblauchzehe, geschält aber unzerkleinert

500 g Kalbfleisch ohne Knochen (Keule), in 2,5 cm große Würfel geschnitten

5   frische Tomaten, geschält und entkernt, oder 5 italienische Dosentomaten, abgetropft und ohne Kerne

Salz und frisch gemahlener schwarzer Pfeffer

Ungefähr 2 Tassen selbstgemachte Rinderbrühe

Desserts

Ganz Italien bietet eine reiche Vielfalt an Früchten, angefangen beim Obst in Gärten und Plantagen, die wir überall auf der Halbinsel finden, über die wilden Beeren in den Wäldern bis zu den tropischen Früchten des Südens. Die meisten davon werden auf Märkten und an Straßenständen verkauft, kommen als Dessert auf den Tisch oder werden in eleganten Restaurants geschmackvoll angerichtet. Im Sommer und Herbst werden Früchte in Kuchen und Eis verarbeitet. Der frische Fruchtgeschmack stellt dann alles andere in den Schatten. Es ist kein Zufall, daß auf italienischen Fresken und Reliefs Früchte so oft die Vorlagen dekorativer Motive waren.

Unter den zahlreichen Dessert-Rezepten finden wir Sahne- und Cremespeisen, Eiscremes und vor allem eine enorme Auswahl an Kuchen. Diese *dolci* (Süßigkeiten) werden seltener zu Hause zubereitet, dafür aber in fast allen Cafés und Konditoreien. Vor Jahrhunderten wurde die klassische *alta cucina (haute cuisine)* hauptsächlich von florentinischen und lombardischen Konditoren entwickelt, und natürlich hat sie viele Torten- und Kuchenrezepte zu bieten. Aber darüber hinaus gibt es Hunderte von regionalen Spezialitäten – rustikal oder raffiniert –, die man vielleicht nur an einer ganz bestimmten Stelle des Landes finden kann. Die Suche nach diesen unbekannten Backspezialitäten macht besonderen Spaß, wenn man sich die Zeit nimmt, die Architektur und die Eigenarten der Landschaft auf sich wirken zu lassen und dabei die Köstlichkeiten zu genießen, die ein paar Kilometer weiter vielleicht schon niemand mehr kennt.

OBST

Goethe drückte die Sehnsucht des Nordländers nach der italienischen Sonne in einem Lied aus, das er einer seiner Figuren in den Mund legte: »Kennst Du das Land, wo die Zitronen blühn?« Vielleicht hat er die Zitronenhaine in Syrakus gesehen, die sich in einer blaßgelben Woge vom antiken griechischen Theater den Hang hinunterziehen zum tiefblauen Meer. Vielleicht meinte er aber auch die ordentlich zurechtgestutzten Zitronenbäume, die in Terrakottatöpfen aufgereiht in den toskanischen Gärten stehen. Im Winter kommen sie in Häuser, *limonaie* genannt, die eigens für diesen Zweck gebaut werden.

Wenn der Besucher im Februar oder März nach Sizilien oder Süditalien kommt, kann er die schneeweißen Mandelblüten bestaunen oder sich am unvergleichlichen Aroma der sizilianischen Blutorangen, *tarocchi* genannt, erfreuen. Aber in seiner ganzen Pracht kündigt sich der italienische Frühling mit den ersten Kirschen an. Fast überall kann man sie direkt in den Obstgärten kaufen. Die Sauerkirschen, *amarene* und *visciole*, sowie die gesprenkelten *Queen Anne* kommen später. Amarene werden für den berühmten Sirup

Seite 270/271: Der ›Saal der Vier Jahreszeiten‹ im herzoglichen Palast von Mantua. Darin befinden sich Trompe l'œil-Bildwerke, Stuck und Nischen mit antiken römischen Statuen. Davor sehen wir verschiedene Kuchensorten. Von vorne nach hinten: Sbriciolona, ein bröckeliger Mandelkuchen; Torta di amaretti e mele, eine Torte mit Makronen und Äpfeln; und eine Torte mit süßen Nudeln.

Links, im Uhrzeigersinn von oben links: Kaktusfeigen aus Süditalien; unreife Zitronen; ein Steinrelief mit einer Darstellung von der Obsternte in Lecce; gekühlte Wassermelone; getrocknete Feigen und Walnüsse und verschiedene Beeren.

Oben: Die Piazza San Marco in Venedig, vom Caffè Florian aus gesehen. Die Vorliebe der Italiener für Eis geht fast bis auf das 17. Jahrhundert zurück, als die ersten Cafés eröffnet wurden.

mit ganzen Kirschen und für Gebäck verwendet. Es gibt auch ein Renaissance-Rezept für Kirschsuppe, das diese Sorte vorsieht.

Ein wenig später reifen die ersten Waldfrüchte: Wilde Erdbeeren tauchen in großen Mengen auf den Märkten auf. Im Juli gibt es dann eine wahre Obstflut: Himbeeren, Johannisbeeren, Pfirsiche, Aprikosen, viele verschiedene Pflaumensorten, Melonen, die ersten Trauben zum Essen aus dem Süden, Blaubeeren und gezüchtete Erdbeeren. In der Augusthitze reifen süße grünlich-gelbe Pflaumen und Brombeeren. Im Herbst werden – gerade rechtzeitig zur Weihnachtszeit – die Mandarinen reif.

Granatäpfel aß man schon in biblischen Zeiten. Ihre vielen von Fruchtfleisch umgebenen Kerne galten lange Zeit als Symbol der Fruchtbarkeit. Der Saft dieser Frucht wurde besonders im Mittelalter gern zum Kochen genommen. Zwerggranatäpfel kann man nicht essen, die Bäume jedoch wurden in der Renaissance-Malerei oft im Hintergrund dargestellt. Der Maler führt den Blick dann durch ein Fenster ins Freie – wie z. B. bei Darstellungen des Letzten Abendmahls. In Apulien nennt man die weichen, fleischigen Granatäpfel *sete* (Seide). Mit Zitronensaft und Likör übergossen, ergeben die Kerne ein köstliches und sehr beliebtes Dessert.

Oben: In Süditalien werden frische Früchte auch heute noch mit rohem Fenchel, Sellerie und verschiedenen anderen Gemüsen kombiniert.

Darunter: In Apulien kann man dasselbe frische, reine Wasser, das Obst und Gemüse wachsen läßt, auch aus dem Gemeindebrunnen schöpfen.

Rechts: Ein Teller mit marinierten Granatapfelkernen steht auf einem Brunnen. Dahinter ein Säulengang der Kirche San Nicola in Bari.

»Sete« al liquore
MARINIERTE GRANATAPFELKERNE

3 mittelgroße Granatäpfel

1 Zitrone

6 Eßlöffel körniger Streuzucker

6 Eßlöffel Zitronen- oder Orangenlikör oder Brandy

Die Granatäpfel schälen, die Kerne entnehmen und in eine Steingut- oder Glasschüssel geben. Die Zitrone auspressen und den Saft zusammen mit Zucker und Likör in die Schüssel geben. Vorsichtig durchrühren, die Schüssel zudecken und vor dem Servieren mindestens 1 Stunde kühlstellen.

FÜR 6 BIS 8 PERSONEN

Für gekochte Desserts eignen sich Birnen am besten. Es gibt viele verschiedene Sorten, und das ganze Jahr über läßt sich die eine oder andere auftreiben. Als erstes kommen die kleinen grünen Juni-Birnen, die heute recht selten geworden sind. Traditionsgemäß ißt man sie zusammen mit Käse. Zwischen Juni und November gibt es dann verschiedene Sorten, von denen sich die letzte aus den Monaten Oktober und November den ganzen Winter über hält.

Gekochte Birnen passen gut zum Aroma von Vanille, Schokolade und karamelisiertem Zucker. Im ersten Rezept, das ich Ihnen hier vorstellen möchte, werden die ausgehöhlten Birnen gekocht, mit Schokoladencreme gefüllt und schließlich mit dem aus ihrem eigenen Saft reduzierten Sirup glasiert. Man serviert sie mit Schokoladensauce. Dies ist eines von den italienischen Desserts, die mit einer ungewöhnlich anmutenden Geschmackskombination arbeiten. Im fertigen Gericht erweist sie sich dann als harmonisches Zusammenspiel der verschiedenen Geschmacksrichtungen.

Im zweiten Rezept werden gekochte Birnen mit *Mascarpone* gefüllt. Das Ergebnis ist der Inbegriff des klassischen Desserts mit Birnen und Käse.

Pere ripiene al cioccolato
GEFÜLLTE BIRNEN IN SCHOKOLADENSAUCE

6 große Flaschenbirnen, reif aber nicht überreif

Der Saft von 1 Zitrone

3 Tassen trockener Weißwein

1 Stück Zitronenschale (ca. 5 cm lang)

Der Saft von 3 Orangen

2 Nelken

1 Tasse körniger Streuzucker

Die Birnen schälen, die Stiele aber nicht entfernen. Schneiden Sie den Boden der Birnen ab, so daß sie auf der abgeflachten Seite stehen können. Lösen Sie mit einem Schälmesser das Kerngehäuse von unten her aus den Früchten. Achten Sie dabei darauf, daß Sie die Birnen und vor allem das obere Ende mit dem Stiel nicht beschädigen.

Nun werden die Birnen von innen mit Aluminiumfolie ausgeschlagen. Anschließend stellen Sie sie in einen kleinen Topf und gießen den Zitronensaft, den Weißwein und soviel Wasser dazu, daß die Früchte bis zum Stiel bedeckt sind. Geben Sie Zitronenschale, Orangensaft, Nelken und Zucker ebenfalls in den Topf. Auf mittlere Hitze stellen und zum Kochen bringen. Dann reduzieren Sie sofort die Wärmezufuhr und lassen die Birnen im geschlossenen Topf leise kochen, bis sie gar sind aber noch nichts von ihrer Form verloren haben (je nach Reifegrad der Früchte ungefähr 20 Minuten).

Pere ripiene al cioccolato *(Gefüllte Birnen in Schokoladensauce) werden zum Servieren auf einzelnen Tellern angerichtet.*

Stellen Sie die Birnen anschließend aufrecht auf einen Teller. Mit Aluminiumfolie abdecken und auskühlen lassen.

Zitronenschale und Nelken aus dem Kochsaft entfernen und den Saft bei schwacher Hitze zu einem dicken Sirup reduzieren (ungefähr 1½ Stunden). Dann füllen Sie den Sirup in eine Steingut- oder Glasschüssel und lassen ihn ganz auskühlen.

Bereiten Sie nun die Füllung für die Birnen zu: Die Pistazienkerne in kochendem Salzwasser blanchieren, abtropfen lassen und grob hacken.

Butter, Kakaopulver, Streuzucker und Wasser in einen kleinen Topf geben. Während Sie den Topf am Rand der Herdplatte halten, rühren Sie mit einem Holzlöffel, bis alle Zutaten ganz miteinander verschmolzen sind. 10 Minuten leise kochen lassen. Den Kakaosirup vom Feuer nehmen und ganz abkühlen lassen.

Als nächstes bereiten Sie die Sauce zu: Die Schokolade in einem kleinen Topf mit Zucker und Wasser bei schwacher Hitze zergehen lassen. Rühren Sie solange, bis die Schokolade geschmolzen und der Zucker aufgelöst ist (5 bis 6 Minuten). Brandy und Schlagsahne hinzufügen und mit einem Holzlöffel gut umrühren. Die Schokoladensauce in eine Weinflasche füllen und ungefähr 1 Stunde kühlstellen.

Die Schlagsahne mit dem Puderzucker steifschlagen. Die geschlagene Sahne bis zur Verwendung kühlstellen.

Wenn Birnen und Sirup abgekühlt sind, nehmen Sie die steife Sahne aus dem Kühlschrank, geben den kalten Kakaosirup sowie die gehackten Pistazienkerne hinein und verrühren das Ganze gut.

Die Aluminiumfolie vorsichtig aus den Birnen nehmen und die Aushöhlung mit der Sahnecreme füllen. Danach stellen Sie die Birnen auf einen mit Pergamentpapier belegten Servierteller. Geben Sie sie so für mindestens ½ Stunde in den Kühlschrank.

Stellen Sie jede Birne auf einen Teller, und gießen Sie den abgekühlten Sirup darüber. Zum Schluß gießen Sie noch die Schokoladensauce um die Birnen.

FÜR 6 PERSONEN

FÜR DIE FÜLLUNG

4 oder 5 ungesalzene, geschälte, frische Pistazienkerne zum Kochen

Grobkörniges Salz

4 Eßlöffel Butter

1 gehäufter Eßlöffel ungesüßtes Kakaopulver

4 Eßlöffel körniger Streuzucker

3 Eßlöffel kaltes Wasser

½ Tasse Schlagsahne

1 Eßlöffel Puderzucker

FÜR DIE SALSA AL CIOCCOLATO

500 g kleingeschnittene Blockschokolade

3 Eßlöffel kaltes Wasser

½ Tasse körniger Streuzucker

4 Eßlöffel Brandy

½ Tasse Schlagsahne

Pere al Mascarpone
GEKOCHTE BIRNEN MIT MASCARPONE

8 große Birnen, reif aber nicht überreif

4 Tassen trockener Weißwein

4 Eßlöffel körniger Streuzucker

1 Nelke

FÜR DIE FÜLLUNG

8 gehäufte Eßlöffel Mascarpone (ersatzweise Sahnequark)

4 Eßlöffel körniger Streuzucker

2 Eßlöffel Puderzucker

2 Eßlöffel Brandy

2 grob zerbröckelte Makronen

FÜR DIE SAUCE

Das Eigelb von 8 extragroßen Eiern

4 Eßlöffel körniger Streuzucker

Die Birnen sorgfältig waschen und mit Küchenkrepp abtrocknen. Setzen Sie die Früchte in eine Kasserolle, und geben Sie Wein, Zucker und die Nelke dazu. Gießen Sie mit soviel Wasser auf, daß die Früchte ganz bedeckt sind. Den Topf schließen und auf mittlere Hitze stellen. Lassen Sie die Birnen solange leise kochen, bis sie gar aber noch fest sind (je nach Reifegrad der Birnen ungefähr 20 Minuten). Danach auf einen Teller setzen und ganz auskühlen lassen (ungefähr 1 Stunde).

Inzwischen wird der Kochsaft bei mittlerer Hitze bis auf 2 Tassen reduziert.

Dann bereiten Sie die Füllung zu: Den Mascarpone in eine kleine Schüssel geben und Streuzucker, Puderzucker sowie den Brandy unterrühren. Anschließend kühlstellen.

Den Topf mit dem reduzierten Kochsaft vom Feuer nehmen. Gießen Sie die Flüssigkeit durch ein dickes Stück Nessel in eine Steingut- oder Glasschüssel.

Als nächstes bereiten Sie die Sauce zu: Bringen Sie Wasser für ein Wasserbad zum Kochen. Inzwischen die Eigelb in eine Steingut- oder Glasschüssel geben und den Zucker hinzufügen. Mit einem Holzlöffel immer in dieselbe Richtung rühren, bis der Zucker ganz mit den Eigelb vermischt ist und diese eine hellere Farbe bekommen. Dann gießen Sie den noch warmen Kochsaft von den Birnen dazu und rühren gut um. Stellen Sie die Masse sofort in das Wasserbad. Rühren Sie ohne Unterbrechung mit dem Holzlöffel in dieselbe Richtung. Kurz bevor die Sauce den Siedepunkt erreicht, sollte sie so dick sein, daß sie am Löffel haften bleibt. Sie darf unter gar keinen Umständen zum Kochen kommen. In eine Steingut- oder Glasschüssel füllen und 15 Minuten abkühlen lassen. Anschließend füllen Sie die Masse in eine leere Weinflasche. Verkorken und mindestens 1 Stunde kühlstellen.

Mit Hilfe eines Schälmessers und eines kleinen Löffels wird das Kerngehäuse von unten her aus den Birnen geholt. Die vorbereitete Mascarpone-Masse in einen Spritzbeutel füllen und damit in die ausgehöhlten Früchte spritzen. Wenn die gefüllten Birnen ohne Schokoladensauce oder Schlagsahne serviert werden sollen, werden sie jetzt auf einen großen Servierteller gestellt.

Sollen sie aber mit Sauce serviert werden, so kommen sie als Einzelportionen auf den Tisch. Geben Sie zuerst etwas Sauce auf jeden Teller, und legen Sie dann jeweils eine der Länge nach halbierte Birne darauf. Die Birnenfüllung mit Makronenkrümeln bestreuen.

Wenn Sie die Birne mit Sahne servieren wollen, schlagen Sie 2 Tassen davon steif. Beim Schlagen fügen Sie 4 Eßlöffel Streuzucker und 2 Eßlöffel Puderzucker hinzu. Geben Sie die Schlagsahne um die Birnen herum, und streuen Sie Makronenkrümel darüber.

FÜR 8 PERSONEN

Links und unten: Gekochte Birnen mit Mascarpone im Teatro Farnese (1619). Das Theater gehört zum Palazzo della Pilotta, dem Königspalast von Parma, und ist berühmt für seine bewegliche Bühne, die ganz aus Holz konstruiert ist. Das Teatro Farnese wurde von Giovanni Battista Aleotti erbaut, der seinen Entwurf auf Palladios Olympisches Theater in Vicenza stützte.

Während der Pfirsich-Saison findet man in Dessert-Auslagen von Feinschmeckerläden wie »Il Salumaio« in Mailand den ungekochten Pfirsich in seiner ganzen Frische, gefüllt mit Schokoladencreme. Zwar werden Schokolade und Sahne häufig verwendet, um das Aroma frischer Früchte hervorzuheben, aber das Besondere an dem folgenden Rezept liegt darin, daß die Früchte nicht gekocht werden.

8 große Pfirsiche mit leicht
auslösbarem Stein, reif aber
nicht überreif

1 Tasse trockener Weißwein

2 Eßlöffel Brandy

FÜR DIE FÜLLUNG

100 g halbbittere Schokolade

2 Eßlöffel Butter auf
Zimmertemperatur

Das Eigelb von 2 extragroßen Eiern

1 Eßlöffel Brandy

½ Teelöffel Pfirsichextrakt

1 Tasse Schlagsahne

1 Eßlöffel Puderzucker

2 gehäufte Eßlöffel körniger
Streuzucker

ZUSÄTZLICH

8 große Makronen

Pesche ripiene
FRISCHE GEFÜLLTE PFIRSICHE

Die Pfirsiche waschen und nicht zerkleinern. Zusammen mit dem Wein und dem Brandy in eine Steingut- oder Glasschüssel geben und mit soviel kaltem Wasser auffüllen, daß die Pfirsiche ganz bedeckt sind. 1 Stunde marinieren. Bringen Sie Wasser für ein Wasserbad zum Kochen. Bereiten Sie inzwischen die Füllung zu: Die Schokolade in kleine Stückchen schneiden und in eine Metallschüssel geben. Wenn das Wasser den Siedepunkt erreicht, setzen Sie die Metallschüssel in das Wasserbad, so daß die Schokolade schmilzt. Mit einem Holzlöffel umrühren. Sobald die Schokolade geschmolzen ist, die Butter hinzufügen und gut verrühren, bis sich Butter und Schokolade miteinander verbunden haben. Dann nehmen Sie die Schüssel heraus und lassen die Schokolade unter Rühren 2 Minuten abkühlen. Danach rühren Sie mit einem Holzlöffel die Eigelb ein. Rühren Sie immer in dieselbe Richtung, bis Eigelb und Schokolade ganz miteinander vermengt sind. Die Masse soll geschmeidig sein und fast aufgeschlagen aussehen. Nun fügen Sie Brandy und Pfirsichextrakt hinzu und rühren noch einmal gut um.

Die Sahne mit Puder- und Streuzucker schlagen. Heben Sie die steife Sahne vorsichtig unter die Schokolade. Bis zur Verwendung wird die Schüssel in den Kühlschrank gestellt.

Pesche ripiene *(Frische gefüllte Pfirsiche). Auf die Füllung wird je eine Makrone gesetzt.*

Die Pfirsiche aus der Marinade nehmen und mit Küchenkrepp abtrocknen. Schneiden Sie einen 1 cm großen Hut von jedem Pfirsich ab, und begradigen Sie die Unterseiten so, daß die Früchte darauf stehen können.

Schieben Sie nun ein langes, dünnes Messer von oben in die Pfirsiche, aber nur bis zum unteren Ende des Kerns. Führen Sie es um den Kern herum und lösen Sie ihn damit vom Fruchtfleisch. Jetzt können Sie ihn zusammen mit dem Fruchtfleisch, das obenauf sitzt, herausheben und schaffen damit eine Höhlung für die Füllung.

Man kann die Früchte bis zu 2 Stunden vor dem Servieren füllen. Nehmen Sie dazu einen Spritzbeutel mit einfacher, runder Tülle. Füllen Sie die vorbereitete Creme in den Beutel, und spritzen Sie soviel davon in die Früchte, daß jeder Pfirsich eine kleine Haube bekommt. Eine Makrone obenauf setzen. Die Früchte auf einer Servierplatte anrichten und bis zum Servieren kühlstellen. FÜR 8 PERSONEN

GESTÜRZTE DESSERTS

Die Italiener lieben den ästhetischen Anblick eines gestürzten Desserts. Selbst die Soufflés stürzen sie aus der Auflaufform auf einen Teller und schneiden sie hübsch in Scheiben. Gestürzte Creme- und Sahnedesserts sind zu Hause und in Restaurants gleichermaßen beliebt.

Das gestürzte Sahnedessert *Panna cotta* findet man vor allem im Piemont. Die Hälfte der Schlagsahne wird zusammen mit der Gelatine erhitzt und anschließend abgekühlt. Die andere Hälfte wird steifgeschlagen und untergehoben. In Italien verwendet man zum Süßen von Schlagsahne immer sowohl Streu- als auch Puderzucker, weil das den Geschmack noch interessanter macht.

Die köstliche Panna cotta *ist wunderbar cremig.*

Panna Cotta GESTÜRZTE SAHNECREME

Erhitzen Sie in einer schweren Kasserolle die Hälfte der Schlagsahne zusammen mit 100 g Puderzucker, der Vanillestange und der Zitronenschale bei mittlerer Temperatur.

Währenddessen geben Sie die Gelatine in eine kleine Schüssel und gießen die kalte Milch zum Einweichen darüber.

Sobald die Sahne den Siedepunkt erreicht, nehmen Sie den Topf vom Feuer und entfernen Vanillestange und Zitronenschale. Den Rum und die eingeweichte Gelatine hinzufügen. Mit einem Holzlöffel gut umrühren, damit die Gelatine sich ganz auflöst und keine Klümpchen bildet. Dann füllen Sie die Sahne aus der Kasserolle in eine große Schüssel und lassen sie vollkommen auskühlen (ungefähr 1 Stunde).

Streichen Sie 12 Pudding-Förmchen à 100 ml dünn mit Butter aus.

Erhitzen Sie 1 Tasse Streuzucker und das Wasser bei mittlerer Temperatur in einem kleinen Topf, der möglichst aus unbeschichtetem Kupfer oder aus Emaille sein sollte. Dabei mit einem Holzlöffel ständig rühren, bis der Zucker ganz aufgelöst ist. Wenn die Flüssigkeit beginnt, Blasen zu werfen, gießen Sie den Zitronensaft dazu und schalten auf niedrigere Temperatur, so daß der Sirup langsam dünner wird. Sobald er hellbraun wird, den Topf vom Feuer nehmen und den karamelisierten Zucker auf die Förmchen verteilen. Lassen Sie den Zucker in den Förmchen abkühlen.

Die restliche Schlagsahne mit dem noch verbliebenen Puderzucker und dem Eßlöffel Streuzucker steifschlagen. Vorsichtig unter die abgekühlte, gekochte Sahne heben. Diese Mischung wird nun in die vorbereiteten Förmchen gefüllt. Schlagen Sie die Förmchen etwas auf dem Tisch auf, damit sich die Oberfläche der Creme glättet. Mindestens 2 Stunden kühlstellen.

Danach nehmen Sie die Förmchen aus dem Kühlschrank und stürzen die Creme auf einzelne Teller. Sofort servieren. FÜR 12 PERSONEN

1 l Schlagsahne

100 g und 2 Teelöffel Puderzucker

1 Vanillestange (ungefähr 5 cm lang)

1 Stück Zitronenschale

2 Eßlöffel geschmacklose Gelatine

8 Eßlöffel kalte Milch

6 Eßlöffel weißer Rum

1 Tasse und 1 Eßlöffel körniger Streuzucker

½ Tasse kaltes Wasser

1 Teelöffel frisch gepreßter Zitronensaft

Für gestürzte Eiscreme gibt es recht raffinierte Rezepte. Oft wird frisch zubereitete Eiscreme aber auch einfach mit Likör serviert. Das folgende Rezept gibt ein Beispiel dafür. Ich verwende dazu *nocino*-Likör, den ich aus den unreifen, grünen Walnüssen der Gegend um Casentino herstelle.

Der Volksmund behauptet, daß die grünen Walnüsse nur an einem ganz bestimmten Tag im Jahr gepflückt werden dürfen. Dieser Tag ist entweder Mitte Mai und richtet sich nach dem Stand des Mondes oder – in einigen Gegenden – der Tag eines ganz bestimmten Heiligen. Um kein Risiko einzugehen, befolge ich diesen Rat und pflücke meine Walnüsse immer Mitte Mai.

Oft wird *nocino* zusammen mit mazerierten (in Alkohol eingelegten) Walnüssen als Dessert serviert. Über der Schale der unreifen Walnuß befindet sich noch ein grüner Mantel, der aufplatzt und abfällt, wenn die Nuß reif wird. Diesen Mantel nennt man *mallo*. Wenn die Nüsse mazeriert werden, kann man ihn mitessen.

Gelato di crema con nocino
SAHNE-EISCREME MIT LIKÖR VON GRÜNEN WALNÜSSEN

FÜR DEN LIKÖR

1 500 g frische grüne Walnüsse

2 l reiner Äthylalkohol oder nicht aromatisierter Wodka

1   Nelke

1   kleine Stange Zimt (ungefähr 2,5 cm lang)

1,5 l trockener Rotwein

4   Tassen körniger Streuzucker

FÜR DIE EIERRAHMCREME

Das Eigelb von 3 extragroßen Eiern

7   Eßlöffel körniger Streuzucker

½   Tasse kalte Milch

FÜR DAS EIS

1   Eßlöffel Puderzucker

2   Tassen Schlagsahne

¼   Tasse Milch

Bereiten Sie den Likör mindestens 2½ Monate vor Gebrauch zu.

Die Walnüsse sorgfältig waschen und mit Küchenkrepp abtrocknen. Dann geben Sie sie in einen großen Einmachtopf und gießen den Alkohol darüber. Fügen Sie noch Nelke und Zimt hinzu, bevor Sie das Gefäß fest verschließen und für 2 Monate an einen dunklen Ort stellen. Nach diesem Zeitraum bereiten Sie einen Sirup zu, der mit dem Inhalt des Einmachtopfes gemischt wird. Erhitzen Sie Rotwein und Zucker in einem kleinen Topf bei mittlerer Temperatur. Gut umrühren und leise kochen lassen, bis die Flüssigkeit zu einem hellen Sirup reduziert ist (ungefähr 1 Stunde). Am Schluß sollte die Hälfte der ursprünglichen Flüssigkeit übrig sein. Vom Herd nehmen und abkühlen lassen.

Gießen Sie den abgekühlten Weinsirup und den Inhalt des Einmachtopfes in eine große Schüssel. Gut umrühren und das Gemisch durch ein Sieb in eine zweite Schüssel gießen. Drücken Sie die Schalen der Walnüsse gegen das Sieb.

Ein zweites Sieb wird mit mehreren Lagen Küchenkrepp oder mit einem Kaffeefilter ausgelegt. Gießen Sie die Flüssigkeit durch das Sieb in 1 oder 2 Flaschen. Verkorken und vor Gebrauch 15 Tage stehenlassen.

Bereiten Sie die Eierrahmcreme zu: Bringen Sie Wasser für ein Wasserbad zum Kochen. Das Eigelb in eine Steingut- oder Glasschüssel geben und den Zucker hinzufügen. Rühren Sie mit einem Holzlöffel immer in dieselbe Richtung, bis sich der Zucker ganz aufgelöst hat und das Eigelb heller wird.

Erwärmen Sie in der Zwischenzeit die Milch in einem kleinen Topf bei schwacher Temperatur. Wenn sie lauwarm ist, Eigelb hinzufügen, gut verrühren und den Topf in das Wasserbad setzen. Mit einem Holzlöffel ununterbrochen rühren. Kurz bevor die Creme den Siedepunkt erreicht, sollte sie so dick sein, daß sie am Löffel haften bleibt. Sie darf aber auf keinen Fall kochen. Aus dem Wasserbad nehmen und noch 1 Minute weiterrühren. Dann füllen Sie die Sauce in eine Steingut- oder Glasschüssel und lassen sie ganz auskühlen (ungefähr ½ Stunde).

Die abgekühlte Creme in eine größere Schüssel füllen, Puderzucker, Sahne und Milch dazugeben und alles gut verrühren. Danach füllen Sie die Masse in eine handelsübliche Eismaschine und bereiten das Eis nach Gebrauchsanweisung zu.

Über das fertige Eis etwas Walnußlikör gießen und sofort servieren.

FÜR 8 PERSONEN

Links: Über die gestürzte Eiscreme wird nocino *(Likör von grünen Walnüssen) gegossen. Im Hintergrund ein Walnußbaum.*

Nächste Doppelseite: Ein ganzer Innenhof voller Mandeln; sie liegen dort zum Trocknen vor einer masseria, *einem Landhaus in Apulien. Die Mandelbäume blühen im Februar und März, die Mandeln werden im Oktober geerntet. Dann kommen sie zum Trocknen in die Sonne. Die älteren Dorfbewohner öffnen die Mandelschalen einzeln mit einem Hammer. Und da in kleinen landwirtschaftlichen Betrieben nichts verschwendet wird, formen sie aus den Mandelschalen kleine Kugeln, die mit feuchtem Altpapier umwickelt und in der Sonne getrocknet werden. Später werden sie zum Feuern genommen und verbreiten dann einen angenehmen Mandelduft.*

Ein ebenfalls sehr beliebtes gestürztes Dessert ist die *budino-artige* Genueser Schokoladentorte. (Ein *budino* hat mehr Ähnlichkeit mit einem Soufflé als mit einem Pudding.) Das wichtigste Merkmal dieses Desserts ist – neben dem intensiven Schokoladengeschmack – die auf spezielle Art ›gekochte‹ *Zabaione*. Sie wird mit karamelisiertem Zucker hergestellt, der sich bestens mit dem ebenfalls verwendeten Marsala ergänzt.

Torta al cioccolato alla genovese con zabaione ›cotto‹
GENUESER SCHOKOLADENTORTE MIT ›GEKOCHTER‹ ZABAIONE

4   gehäufte Eßlöffel ungesüßtes Kakaopulver

4   gehäufte Eßlöffel körniger Streuzucker

2⅓ Tassen kalte Milch

6   Eßlöffel Butter

½   Tasse Weizenmehl

½   Tasse fein zerbröckelte Makronen

3   extragroße Eier

1   Eßlöffel Puderzucker

½   Tasse trockener Marsala

FÜR DIE ZABAIONE ›COTTO‹

Das Eigelb von 5 extragroßen Eiern

7   Eßlöffel körniger Streuzucker

¾   Tasse trockener Marsala

¼   Tasse kaltes Wasser

1   Teelöffel Zitronensaft

Die Torta al cioccolato alla genovese con zabaione ›cotto‹ *schwimmt fast in der Sauce aus Zabaione und Schlagsahne.*

Geben Sie Kakaopulver und Streuzucker in eine kleine Schüssel. ⅓ Tasse von der Milch hinzufügen und mit einem Holzlöffel gut verrühren, bis Kakaopulver und Zucker sich in der Milch aufgelöst haben. Bis zur Verwendung beiseite stellen.

Lassen Sie die Butter in einem schweren Topf bei schwacher Hitze zergehen. Wenn sie zu schäumen beginnt, fügen Sie alles Mehl auf einmal hinzu. Mit einem Holzlöffel umrühren und das Mehl anbräunen, bis es ganz mit dem Fett verschmolzen ist (ungefähr 2 Minuten). Den Topf vom Feuer nehmen und 15 Minuten stehenlassen.

Währenddessen erhitzen Sie die Milch in einem zweiten Topf bis kurz vor den Siedepunkt.

Den Topf mit der Mehlschwitze wieder auf schwache Hitze stellen und die ganze heiße Milch auf einmal dazugießen. Bei schwacher Hitze rühren, bis die Sauce geschmeidig ist. Sobald sie zu kochen beginnt, die Milch mit dem Kakaopulver und dem Zucker hinzufügen und unter vorsichtigem Rühren 10 Minuten kochen lassen. Danach nehmen Sie den Topf vom Feuer und füllen die Sauce in eine Steingut- oder Glasschüssel. Drücken Sie ein Stück gebuttertes Pergamentpapier auf die Oberfläche, damit sich keine Haut bildet. Die Sauce vollkommen auskühlen lassen (ungefähr 1 Stunde).

Einen teflonbeschichteten Topf buttern und den Backofen auf 190°C vorheizen. Bereiten Sie außerdem ein Wasserbad für die Schokoladenmasse vor.

Makronen, Eier, Puderzucker und ¼ Tasse von dem Marsala zu der abgekühlten Sauce geben und mit einem Holzlöffel alle Zutaten gründlich miteinander verrühren. Die Masse in den vorbereiteten Teflontopf füllen und in das Wasserbad setzen. 1 Stunde und 40 Minuten im Ofen lassen.

Nach 1 Stunde decken Sie den Topf mit einem Stück Aluminiumfolie ab. Aus dem Ofen nehmen und ganz auskühlen lassen, bevor die Masse auf eine Servierplatte gestürzt wird (ungefähr 1 Stunde).

Bereiten Sie nun die *Zabaione ›cotto‹* zu: Bringen Sie Wasser für ein Wasserbad zum Kochen.

Das Eigelb in eine Steingut- oder Glasschüssel geben und 3 Eßlöffel von dem Zucker hinzufügen. Mit einem Holzlöffel immer in dieselbe Richtung rühren, bis der Zucker ganz aufgelöst ist und die Eigelb heller werden. Den Marsala dazugießen und gut verrühren. Stellen Sie die Schüssel in das Wasserbad.

Die restlichen 4 Eßlöffel Zucker und das Wasser in einen kleinen Topf – vorzugsweise aus unbeschichtetem Kupfer – geben und auf schwache Hitze stellen. Sobald der Zucker ganz aufgelöst ist und das Wasser zu kochen beginnt, den Zitronensaft dazugießen und kochen lassen, bis der Zucker hell goldbraun wird. Sobald der Zucker braun wird, geben Sie ihn zu dem Eigelb im Wasserbad und schlagen das Ganze, bis die Zabaione am Löffel haften bleibt. In diesem Augenblick ist sie auch schon fertig. Sie darf unter gar keinen Umständen kochen. Nehmen Sie das Gefäß sofort aus dem Wasserbad, und rühren Sie noch 2 Minuten weiter.

Die Zabaione in eine Steingut- oder Glasschüssel füllen und abkühlen lassen (ungefähr ½ Stunde). Anschließend wird die Schüssel mit Aluminiumfolie abgedeckt und zum völligen Auskühlen in den Kühlschrank gestellt.

Gießen Sie den restlichen Marsala so langsam über die abgekühlte Torte, daß er vollkommen einzieht. Danach stürzen Sie die Torte auf eine große Platte.

Die Sahne mit Streu- und Puderzucker schlagen. Heben Sie die steife Sahne unter die abgekühlte Zabaione. Verteilen Sie die Zabaione ›cotto‹ rund um die Schokoladentorte sowie obenauf.

FÜR 8 PERSONEN

ZUSÄTZLICH

1 Tasse Schlagsahne

2 Eßlöffel körniger Streuzucker

1 Teelöffel Puderzucker

S formato di arancia, Orangen-Sformato, ist ein gestürztes Gebäck, das noch auf die Zeit vor der Renaissance zurückgeht. Für das Gebäck selbst braucht man weder Mehl noch Backfett sondern nur gemahlene Walnüsse, Mandeln und Orangen. Heute gibt man im allgemeinen obenauf noch eine Haube aus Schlagsahne, aber im übrigen ist das Rezept seit seiner Entstehung unverändert.

Sformato di arancia *auf einer Lage dünner Orangenscheiben.*

287

Sformato di arancia ORANGEN-SFORMATO

3 große Orangen

1 Teelöffel grobkörniges Salz

5 Tassen kaltes Wasser

1 Tasse blanchierte Mandeln

¼ Tasse Walnußkerne

6 extragroße Eier, getrennt

1 Tasse körniger Streuzucker

1 Teelöffel Orangenextrakt

FÜR DEN SIRUP

1 Tasse kaltes Wasser

½ Tasse körniger Streuzucker

1 Teelöffel frisch gepreßter Zitronensaft

ZUSÄTZLICH

300 g blanchierte und geröstete Mandeln

¾ Tasse Schlagsahne

2 Eßlöffel körniger Streuzucker

1 Teelöffel Puderzucker

¼ Tasse weißer Rum

Die Schale von 1 Orange (ohne die innere weiße Haut), in feine Streifen geschnitten

Wässern Sie die ganzen Orangen 1 Stunde in einer Schüssel mit kaltem Wasser und dem Salz. Danach gründlich waschen und in einen kleinen Topf mit den 5 Tassen kaltem Wasser geben. Die Früchte sollen ganz mit Wasser bedeckt sein. Stellen Sie den Topf auf mittlere Hitze. Wenn das Wasser den Siedepunkt erreicht, zudecken und 45 Minuten kochen lassen.

Lassen Sie die Orangen abtropfen und unter fließendem Wasser abkühlen. In eine Schüssel legen, vierteln und die Kerne – soweit vorhanden – entfernen. Anschließend die Orangenviertel und eventuell ausgetretenen Saft in einen Mixer geben und fein mahlen. Die zerkleinerten Früchte in eine Steingut- oder Glasschüssel füllen und vorläufig beiseite stellen.

Mandeln und Walnüsse auf einem Brett fein hacken und zu den zerkleinerten Orangen geben.

Eigelb und Zucker in eine Steingut- oder Glasschüssel geben und mit einem Holzlöffel immer in dieselbe Richtung rühren, bis sich der Zucker ganz aufgelöst hat und die Eigelb heller werden. Das Orangenextrakt hinzufügen und noch einmal umrühren.

Den Backofen auf 200°C vorheizen. Eine 10 cm hohe Auflaufform mit einem Durchmesser von 20 cm buttern und leicht mit Mehl bestäuben. Das Eiweiß steifschlagen, die Eigelbmasse in die Schüssel mit den Orangen und Nüssen geben und gründlich verrühren. Den Eischnee unter ständigem Rühren vorsichtig unterheben. Die Masse in die vorbereitete Auflaufform füllen und 65 Minuten backen.

Die Form aus dem Ofen nehmen und abkühlen lassen (ungefähr 1 Stunde).

Bereiten Sie nun den Sirup zu: Geben Sie das Wasser und den Zucker in einen kleinen Topf. Auf mittlere Hitze stellen und zum Kochen bringen. Sobald das Wasser zu sieden beginnt, den Zitronensaft dazugießen und leise kochen lassen, bis sich ein ziemlich dicker Sirup gebildet hat (ungefähr 15 Minuten).

Inzwischen belegen Sie eine hohe Kuchenplatte mit Pergamentpapier und stürzen den Kuchen darauf.

Die gerösteten Mandeln werden auf einem Brett grob gehackt.

Die Sahne mit Streu- und Puderzucker steifschlagen.

Streichen Sie den fertigen Sirup mit einem Pinsel auf die Seiten des Kuchens. Darüber streuen Sie die gerösteten Mandeln. Sie haften nach 5 Minuten fest am Kuchen. Dann können Sie ihn auf eine Servierplatte rutschen lassen und den Rum darübergießen. Setzen Sie obenauf eine Haube aus Schlagsahne, und garnieren Sie das Ganze mit den Orangenstreifen.

FÜR 6 BIS 8 PERSONEN

CAFÉS UND KONDITOREIEN

Cafés gab es in Italien – genauer gesagt in Venedig – zum ersten Mal im 17. Jahrhundert. Die Idee kam aus Kairo und Konstantinopel, wo man das ›schwarze Wasser‹ als Aufputschmittel trank. Der Kaffee selbst kam 1640 als Medizin nach Italien und wurde in Apotheken verkauft. Als 1683 das erste Café eröffnet wurde, war Kaffeetrinken bereits ein beliebter Zeitvertreib geworden.

Sofort bekamen die Cafés große Bedeutung als heimlicher Treffpunkt für Liebespaare, Revolutionäre, Künstler und ›Salonlöwen‹. Da man in Italien eine Einladung nach Hause nicht so ohne weiteres ausspricht, wurde es üblich, sich mit Bekannten im Café zu verabreden. Und häufig ging und geht man auch heute zu bestimmten Tageszeiten in sein Stammcafé.

Rechts: Oben das »Caffè Antico del Moro« in Florenz mit seiner blankpolierten Espressomaschine der Jahrhundertwende; unten: Kaffee und Gebäck stehen auf einer Marmortheke für Gäste bereit, die im Stehen Kaffee trinken wollen.

Oben: Ein alter Kaffeeröster aus Eisen mit Handkurbel. Die grünen Kaffeebohnen kamen in die Trommel, unter der die glühenden Kohlen lagen. Die Trommel mußte gleichmäßig bewegt werden, damit die Bohnen richtig geröstet wurden.

Darunter: Jede Tasse Espresso wird einzeln zubereitet. Den cremigen Schaum an der Oberfläche nennt man crema di caffè; *er enthält das konzentrierte Aroma.*

Im 18. Jahrhundert war das Café ein Ort geistreicher und anregender Unterhaltung; und man konnte – eine Erfindung dieser Zeit – in jedem Café alle gängigen Zeitungen lesen, die an einem langen Holzstock befestigt waren. Bedauerlicherweise hat sich diese Sitte nur an wenigen Orten erhalten.

Im 19. Jahrhundert diskutierte man in den Cafés über Politik. Das *Caffè Michelangelo* in Florenz, das *Caffè Pedrocchi* in Padua und das *Caffè Greco* in Rom (wovon die beiden letzten noch heute existieren) waren wichtige Treffpunkte für die Partisanen des Risorgimento, der italienischen Einigungsbewegung, und für die Künstler.

Noch um die Jahrhundertwende hatte das Café als Institution eine zentrale Bedeutung. Das *Caffè Giubbe Rosse* und das *Caffè Il Bottegone* waren die Treffpunkte für Künstler und Intellektuelle in Florenz. Zu den Gästen gehörten d'Annunzio, Künstlergruppen wie die Macchiaioli und die Futuristen sowie Künstler und Theoretiker der präraphaelitischen Bewegung.

Bis vor kurzem gab es in Florenz noch ein paar Cafés mit prächtigen Art Nouveau-Malereien und -Fresken. Einige davon wurden inzwischen geschlossen oder in Schnellrestaurants umgebaut. Zwei aber – *Rivoire* und *Gilli* – wurden kürzlich sehr schön restauriert. Das *Caffè del Moro*, auch unter dem Namen *Café des Artistes* bekannt, in der engen Via del Moro ist ebenfalls immer noch ein kleines Juwel unter den Cafés.

Vor einigen Jahren machte ich mir manchmal ein Vergnügen daraus, ein paar Überlebende der letzten großen Café-Generation dabei zu beobachten, wie sie in ihren Stammcafés ›Hof hielten‹. Jeden Nachmittag um 5 Uhr traf der Maler Rosai seine Kollegen. In gebührender Distanz standen die Studenten der Kunstakademie und sahen ihnen zu. Kunsthändler kamen vorbei, um dem Künstler, während er eine Pause machte, zu einem günstigen Preis ein Bild abzuluchsen. Palazzeschi, Sem Benelli und andere Schriftsteller der um 1880-90 geborenen Generation, die damals schon um die 80 Jahre alt waren, diskutierten noch immer voller Interesse und Leidenschaft miteinander.

Zwar ist Kaffee der Mittelpunkt eines jeden Cafés, aber Spezialitäten wie Kuchen und raffinierte kleine Sandwiches – z.B. mit Trüffelpastete – gehören genauso dazu. Viel eher als im Restaurant findet man im Café eine reiche Auswahl an Kuchen. Zu den beliebtesten unter den vielen verschiedenen Sorten zählen Törtchen mit frischem Obst. Man findet sie in ganz Italien und bekommt sie mit den entsprechenden Früchten der Saison.

Crostatine di frutta fresca
TÖRTCHEN MIT FRISCHEM OBST

350 g Mehl auf ein Teigbrett sieben und zu einem kleinen Hügel auftürmen. Die Butter in Stücke schneiden und darüber verteilen. Stehenlassen, bis die Butter weich ist (ungefähr ½ Stunde).
  Verkneten Sie Butter und Mehl gründlich mit den Händen.
  Eine Vertiefung in die Masse drücken und Orangenschale, Zucker, Rum und Salz hineingeben. Alle Zutaten werden mit einer Gabel vermengt. Arbeiten Sie anschließend in dieses Gemisch nach und nach die Butter-

Mehl-Masse mit ein. Wenn alle Zutaten gut miteinander vermischt sind, formen Sie mit den Händen eine Teigkugel. Sanft kneten, bis der Teig ganz glatt ist. Die Kugel in ein feuchtes Baumwoll-Geschirrtuch einschlagen und für 1 Stunde in das unterste Kühlschrankfach legen.

In der Zwischenzeit stellen Sie die Konditorcreme mit den angegebenen Zutaten und Mengen her. Gehen Sie dabei nach den Anweisungen für *Zabaione ›cotto‹* auf Seite 287 vor. Stellen Sie die Creme bis zur Verwendung beiseite.

Wenn der Teig lange genug gelegen hat, streuen Sie mit den restlichen 4 Eßlöffeln Mehl eine dicke Schicht auf ein Teigbrett. Den Teig aus dem Tuch nehmen und 1 Minute kneten, so daß etwas von dem Mehl mit eingearbeitet wird.

12 kleine Tortelettformen mit einem Durchmesser von 10 cm werden mit etwas Butter eingefettet.

Rollen Sie den Teig mit einem Nudelholz auf ca. 3 mm Stärke aus. Nun schneiden Sie die Teigplatte in 12 Stücke und legen jedes in ein Förmchen. Den Teig in die Form einpassen und am Boden sowie an den Seiten andrücken. Mit dem Nudelholz rollen Sie über die Ränder der Förmchen und schneiden so die überhängenden Teigstücke ab. Stechen Sie mit einer Gabel mehrere Male in jedes Törtchen.

Zerschneiden Sie ein Stück Aluminiumfolie so, daß die Stücke in die Förmchen passen. Den Teig damit bedecken und mit getrockneten Hülsenfrüchten beschweren, damit sich der Teig beim Backen nicht wölbt. Die Förmchen auf ein Backblech stellen und 15 Minuten kühlstellen.

Heizen Sie den Backofen auf 190°C vor.

Den Teig in den Förmchen 25 Minuten backen. Anschließend aus dem Ofen nehmen und die Folie mit den Hülsenfrüchten entfernen. Noch einmal in den Ofen stellen und weitere 10 Minuten backen. Dann nehmen Sie die Törtchen aus den Formen und lassen sie auf einem Rost vollkommen abkühlen (ungefähr ½ Stunde).

In der Zwischenzeit bereiten Sie das Obst vor: Wenn Sie größere Früchte wie Birnen, Aprikosen, Pfirsiche oder Feigen verwenden, schneiden Sie sie in 2,5 cm große Stücke. Bei Beeren werden nur die Stiele entfernt; die Früchte bleiben ganz. Legen Sie das Obst in eine Schüssel, und drücken Sie die Zitrone darüber aus, damit das Fruchtfleisch nicht braun wird.

Nun bereiten Sie die Glasur zu: Den Puderzucker, das Wasser und den Rum in eine kleine Schüssel geben. Verrühren Sie alles gut mit einem Holzlöffel. Den Topf auf schwache Hitze stellen und ständig rühren, bis die Glasur leicht angewärmt ist. Vom Herd nehmen und noch 30 Sekunden weiterrühren. Die Glasur ist jetzt fertig.

Die abgekühlten Teigförmchen werden mit dem zusätzlichen, gesiebten Puderzucker bestreut. Geben Sie mit einem Löffel in jedes Förmchen etwas von der vorbereiteten Konditorcreme. Die Früchte darauflegen und mit der Glasur bestreichen. Die *crostatine* können sofort oder später gegessen werden.

FÜR 12 PERSONEN

FÜR DIE TÖRTCHEN

350 g und 4 Eßlöffel Weizenmehl

175 g Butter

Die abgeriebene Schale von einer Orange

6 Eßlöffel körniger Streuzucker

8 Eßlöffel weißer Rum

Eine Prise Salz

FÜR DIE KONDITORCREME

Das Eigelb von 3 extragroßen Eiern

4 Eßlöffel körniger Streuzucker

1½ Tassen Schlagsahne

1 kleine Vanillestange

DAS OBST

Ganz frische Erdbeeren, Himbeeren, Brombeeren, Birnen, Aprikosen, Pfirsiche, Feigen etc.

1 Zitrone

FÜR DIE GLASUR

100 g Puderzucker

3 Eßlöffel kaltes Wasser

1 Eßlöffel weißer Rum

ZUSÄTZLICH

4 Teelöffel Puderzucker

Im 15. Jahrhundert liebte der Medici-Fürst Lorenzo il Magnifico die dünnen Waffeln *Cialdoni* so sehr, daß er darüber ein Gedicht verfaßte:

Giovani siam maestri molto buoni
Donne, com'udirete a far cialdoni

Jung sind wir, Ihr Damen, und große Meister
wie Ihr gleich hören werdet, im cialdoni-Backen.

In Florenz findet man Cialdoni auch heute noch oft; man ißt sie dort mit Schlagsahne. Die meisten Cialdoni werden für den Handel mit großen Maschinen hergestellt. In einem Privathaushalt in Italien ein Cialdoni-Eisen zu finden, wird dagegen immer schwieriger. Verwenden Sie ein handelsübliches Eisen für Zimt- oder Hörnchenwaffeln. Es eignet sich auch für die Cialdoni-Zubereitung. Man verwendet dann den traditionellen Florentiner-Teig.

Mit den hauchdünnen, federleichten Waffeln wird die frisch geschlagene Sahne aufgelöffelt.

Cialdoni con panna
FLORENTINER WAFFELRÖLLCHEN MIT SCHLAGSAHNE

FÜR DIE CIALDONI

80 g Schweineschmalz

80 g körniger Streuzucker

8 Eßlöffel kaltes Wasser

¾ Tasse Weizenmehl

Eine Prise Salz

1 Eßlöffel Butter

FÜR DIE SCHLAGSAHNE

2 Tassen Schlagsahne

4 Eßlöffel körniger Streuzucker

2 Teelöffel Puderzucker

Bringen Sie Wasser für ein Wasserbad zum Kochen. Stellen Sie nun den Waffelteig her: In eine Steingutschüssel geben Sie Schweinefett, Zucker und kaltes Wasser und setzen sie in das Wasserbad. Rühren Sie mit einem Holzlöffel, bis das Schweinefett zerlaufen und der Zucker ganz aufgelöst ist. Das Gefäß wieder aus dem Wasserbad nehmen und noch 1 Minute weiterrühren.

Das Mehl in eine Steingut- oder Glasschüssel schütten und eine Vertiefung hineindrücken. Salz hinzufügen und das Zucker-Fett-Gemisch nach und nach in die Vertiefung gießen. Mit einem Holzlöffel rühren und vom Rand der Vertiefung her Mehl miteinarbeiten. Wenn das ganze Mehl mit untergerührt ist, sollte sich ein sehr lockerer Teig gebildet haben.

Mit einem handelsüblichen Waffeleisen für Zimtwaffeln backen Sie nun die Waffeln nach Gebrauchsanweisung. Rollen Sie jede fertige Waffel so auf, daß sie einer großen Zigarre ähnlich sieht. Legen Sie sie zum Abkühlen auf ein Rost. Der Teig ergibt ungefähr 12 Waffelröllchen.

Wenn die Waffelröllchen fertig sind, schlagen Sie die Sahne mit Streu- und Puderzucker steif. Für jede Portion etwas Schlagsahne in ein Dessertglas füllen und zwei Röllchen hineinstecken.

FÜR 6 PERSONEN

arsala verleiht der *Torta al Marsala con fragole* das besondere Aroma. Er wird nicht nur in die Zabaione-Füllung sondern auch an den Teig selbst gegeben. In Italien gibt man häufig Südwein oder anderen Alkohol an den Kuchenteig. So wird er mürbe und locker und bleibt es auch, wenn er nach dem Backen noch einen oder zwei Tage steht (allerdings ohne Füllung). Welcher spezielle Alkohol jeweils verwendet wird, hängt davon ab, womit die Torte gefüllt werden soll.

Bei Torta al Marsala con fragole *kommt sowohl in den Teig als auch in die Zabaione-Füllung ein kräftiger Schuß Marsala.*

Torta al Marsala con fragole
MARSALA-TORTE MIT ERDBEEREN

FÜR DEN TEIG

125 g und 2 Eßlöffel Weizenmehl

60 g Butter

4 Eßlöffel trockener Marsala

Eine Prise Salz

FÜR DIE ZABAIONE-FÜLLUNG

Das Eigelb von 5 extragroßen Eiern

5 Eßlöffel körniger Streuzucker

¼ Tasse weißer Rum

¼ Tasse trockener Marsala

ZUSÄTZLICH

½ l Schlagsahne

2 gehäufte Eßlöffel körniger Streuzucker

1 Teelöffel Puderzucker

500 g entstielte Erdbeeren

Zunächst wird der Teig zubereitet: Das Mehl zu einem kleinen Hügel auf ein Teigbrett sieben. Die Butter in Stücke schneiden und darauflegen. ½ Stunde liegenlassen, damit die Butter weich wird. Dann kneten Sie die Butter mit den Fingern unter das Mehl. Anschließend zwischen den Handflächen reiben, bis alles gut vermengt ist.

Drücken Sie in das Gemisch eine Vertiefung, und geben Sie den Marsala sowie das Salz hinein. Mit einer Gabel arbeiten Sie das Mehl mit der Butter vom Rand der Vertiefung her langsam in den Marsala ein. Den an der Gabel haftenden Teig abstreifen und mit den Händen eine Kugel formen. Kneten Sie sanft, bis Sie eine geschmeidige und elastische Teigkugel haben (2 Minuten). In ein feuchtes Baumwoll-Geschirrtuch einschlagen und 1 Stunde kühlstellen.

Buttern Sie eine 24 cm große Springform.

Bestreuen Sie ein Teigbrett mit wenig Mehl. Den Teig aus dem Tuch nehmen und ein paar Sekunden kneten. Mit einem Nudelholz auf etwa 40 cm Durchmesser ausrollen. Den Teig auf das Nudelholz aufrollen und über der gebutterten Kuchenform wieder entrollen. Drücken Sie ihn vorsichtig am Boden der Backform an. Den überhängenden Teig abschneiden, indem Sie mit dem Nudelholz über den Rand der Kuchenform rollen. Mit einer Gabel mehrere Einstiche im Teig verteilen, damit er beim Backen nicht aufgeht. Ein Stück Aluminiumfolie locker über den Teig legen und mit getrockneten Hülsenfrüchten beschweren, damit er sich nicht wölbt. Schneiden Sie die überstehende Folie rundherum ab. Den Teig stellen Sie 15 Minuten kühl.

Heizen Sie den Backofen auf 190°C vor. Den Teig 30 Minuten backen. Danach aus dem Ofen nehmen, die Folie mit den Hülsenfrüchten entfernen und die Kuchenform noch einmal für 10 Minuten in den Ofen stellen. Anschließend aus dem Ofen nehmen und den Teig in der Form 1 Stunde auskühlen lassen.

Bereiten Sie die Zabaione mit den angegebenen Zutaten und Mengen zu. Gehen Sie dabei nach den Anweisungen auf Seite 287 vor. Die Zabaione in eine Steingut- oder Glasschüssel füllen und abkühlen lassen. Anschließend zudecken und im Kühlschrank ganz erkalten lassen (etwa ½ Stunde).

Die kalte Zabaione auf den abgekühlten Teig gießen und gleichmäßig verteilen. Stellen Sie das Ganze noch einmal für 5 Minuten in den auf 190°C vorgeheizten Ofen. Danach herausnehmen und vollkommen abkühlen lassen (ungefähr ½ Stunde).

Die Sahne mit Streu- und Puderzucker steifschlagen.

Den Teig aus der Backform nehmen und auf eine Tortenplatte legen. Belegen Sie den Rand mit Erdbeeren. Mit einem Spritzbeutel ein Häufchen Schlagsahne in die Mitte der Torte spritzen und dabei etwas Abstand zu den Erdbeeren lassen. Zum Servieren Tortenstücke herausschneiden.

FÜR 6 BIS 8 PERSONEN

In den venezianischen Cafés findet man eine ganz besondere Sorte kleiner Kuchen. Zum Beispiel gibt es da Mandelküchlein, die oft mit Schokolade, Rosinen oder kandierten Früchten zubereitet werden. Man taucht sie zum Essen in Likör.

Eines der beliebtesten Cafés in Venedig – und zudem sicher das älteste –, in dem man *biscotti* mit Likör bekommt, ist das »Caffè Florian«. Es wurde 1725 eröffnet. Zu seinen berühmtesten Gästen zählten der große venezianische Dramatiker Goldoni, der sogar eine Komödie mit dem Titel »La bottega di caffè« (Das Caféhaus)

schrieb, sowie Goethe, Canova, George Sand, de Musset, Dumas d. Ä., Wagner, Henry James, Dickens, Proust und Pirandello. Viele Schriftsteller haben uns Szenenbeschreibungen hinterlassen, in denen sie schildern, wie sie im Florian sitzen, der Musik lauschen, und den vorbeiziehenden Karnevalszug beobachten. Wagner schrieb den 2. Akt von Tristan und Isolde in Venedig und ging jeden Tag ins Florian. Und es hat ihm sicher geschmeichelt, daß die Kapelle auf dem Platz seine Musik zu spielen begann, als sie ihn sah. Einige von Henry James' großartigsten Stücken spielen in Venedig, und das Florian wird darin mehr als einmal erwähnt.

Biscotti di mandorle con cioccolato
MANDELGEBÄCK MIT SCHOKOLADE

Den Backofen auf 190°C vorheizen.

Die Mandeln auf ein Backblech legen und im Ofen goldbraun rösten (ungefähr 20 Minuten). Ein Drittel der gerösteten Mandeln fein, den Rest grob mahlen.

Türmen Sie das Mehl auf einem Teigbrett zu einem kleinen Hügel auf, und drücken Sie eine Vertiefung hinein. Die grob und fein gemahlenen Mandeln, Zucker, Eier, Salz und Backpulver in die Vertiefung geben und mit einem Holzlöffel verrühren. Dann wird nach und nach das Mehl vom Rand der Vertiefung her mit eingearbeitet, bis nur noch 2 Eßlöffel davon übrig sind. Den Teig 2 Minuten kneten; dann die Schokoladenstücke hinzufügen. Auf dem restlichen Mehl werden sie sanft in den Teig mit eingeknetet.

Den Ofen erneut auf 190°C vorheizen. Ein Backblech leicht buttern und mit Mehl bestreuen.

Den Teig in 4 Stücke aufschneiden. Mit den Händen rollen Sie jedes einzelne Stück auf gut 1 cm Dicke aus und legen es auf das vorbereitete Backblech. Das Eiweiß in einer kleinen Schüssel leicht verschlagen und die 4 Teigrollen von oben damit bestreichen. 20 Minuten backen.

Danach aus dem Ofen nehmen und mit einem langen Messer im Abstand von jeweils 1 cm und in einem Winkel von 45 Grad (also diagonal) das Gebäck zerschneiden. So erhält es die für diese Art von *biscotti* typische Form. Anschließend wird die Ofentemperatur auf 105°C herabgeschaltet und das Gebäck noch einmal für 30 Minuten in den Ofen geschoben. Danach aus dem Ofen nehmen und vor dem Servieren ganz auskühlen lassen.

125 g blanchierte Mandeln

2½ Tassen Weizenmehl

¾ Tasse körniger Streuzucker

2 extragroße Eier

Eine Prise Salz

1 Teelöffel Backpulver

80 g halbbittere Schokolade

Das Eiweiß von 1 extragroßen Ei

FÜR DIE PASTA GENOVESE

6   Eßlöffel Butter

1   Tasse Weizenmehl

¼   Tasse ungesüßtes Kakaopulver, vorzugsweise aus Holland

8   ganze, extragroße Eier

1   Tasse körniger Streuzucker

1   Teelöffel Orangenextrakt

Eine Prise Salz

FÜR DIE FÜLLUNG

Das Eigelb von 3 extragroßen Eiern

4   Eßlöffel körniger Streuzucker

1   Teelöffel Puderzucker

½   Tasse trockener Marsalla

¼   Tasse weißer Rum

FÜR DIE SCHOKOLADENSCHICHTEN UND DIE RÖSCHEN

500 g halbbittere Schokolade

2   Eßlöffel Butter mit Zimmertemperatur

250 g dicker Maissirup (ersatzweise Rübensirup)

2   Eßlöffel Brandy

ZUSÄTZLICH

1   Tasse Schlagsahne

2   Eßlöffel körniger Streuzucker

3   Eßlöffel Puderzucker

Am deutlichsten zeigt sich der Charakter Venedigs zur Karnevalszeit. Bei den wochenlangen Feierlichkeiten vor der Fastenzeit lassen die Venezianer die Tradition der Karnevalskostüme und -masken wieder aufleben und stürzen sich nächtelang in rauschende Feste. Der folgende Karnevals-Schokoladenkuchen mit den selbstgemachten Schokoladenröschen ist für dieses einmalige Ereignis im Jahr gerade richtig.

Dolce di Carnevale
KARNEVALS-SCHOKOLADENKUCHEN

Bereiten Sie zunächst die *Pasta Genovese* zu: Den Backofen auf 190°C vorheizen. Eine 25 cm große Springform buttern und den Boden der Form mit Pergamentpapier auslegen.

6 Eßlöffel Butter im Wasserbad zergehen und danach abkühlen lassen.

Das Backmehl und das Kakaopulver zusammen auf ein Brett sieben.

Geben Sie die Eier und den Streuzucker in eine Schüssel und setzen Sie diese in das Wasserbad. Eier und Zucker mit dem Schneebesen schlagen, bis der Zucker ganz aufgelöst ist und sich ein langer Faden zieht, wenn man den Schneebesen aus der Masse hebt. Nun nehmen Sie die Schüssel aus dem Wasserbad und ziehen vorsichtig die abgekühlte geschmolzene Butter sowie die Mehl-Kakao-Mischung darunter. Orangenextrakt und Salz hinzufügen. Den Teig in die vorbereitete Backform füllen und 35 Minuten backen. Den Kuchen aus dem Ofen nehmen, 5 Minuten stehenlassen und anschließend auf ein Brett stürzen. Das Pergamentpapier abnehmen und den Kuchen ganz auskühlen lassen (ungefähr 1 Stunde).

Bereiten Sie als nächstes die Füllung zu: Verwenden Sie die nebenstehend angegebenen Zutaten und Mengen, und verarbeiten Sie sie nach den Anweisungen für *Zabaione secco* auf Seite 58. Vermischen sie zuerst das Eigelb mit den beiden Zuckersorten, und rühren Sie weiter, bis das Eigelb heller wird. Die fertige Zabaione in eine Steingut- oder Glasschüssel füllen und auskühlen lassen (ungefähr 1 Stunde).

Nun bereiten Sie die Schokoladenschichten und die Röschen zu: Die Schokolade grob zerkleinern, in eine Schüssel geben und diese in ein Wasserbad stellen. Mit einem Holzlöffel in der Schokolade rühren, bis sie ganz geschmolzen ist. Nun die Butter einrühren, so daß sie sich ganz mit der Schokolade vermischt. Die Schüssel aus dem Wasserbad nehmen und den Sirup in die Schokoladenmasse rühren. Anschließend den Brandy hinzufügen und weiterrühren, bis die Masse geschmeidig und ziemlich dick ist. Die Schokoladenmasse in Plastikfolie verpacken, auf eine Platte legen und mindestens 1 Stunde in den Kühlschrank stellen.

Den Kuchen horizontal durchschneiden. Die abgekühlte Zabaione-Füllung auf der unteren Schicht verteilen und die obere Schicht darauflegen. Den gefüllten Kuchen auf eine hohe Tortenplatte legen.

Die abgekühlte Schokoladenmasse aus dem Kühlschrank nehmen. Mit einer Handnudelmaschine die Hälfte ausrollen, bis sie elastisch und gut zu verarbeiten ist. Benutzen Sie an der Maschine die Einstellung für die breiteste Nudelform (siehe Seite 86/87). Dann ziehen Sie die Schokolade auf einen langen Streifen von höchstens 3 mm Stärke aus. Die Länge soll dem Umfang der Torte entsprechen. Es macht nichts, wenn die Ränder des Schokoladenstreifens unregelmäßig werden. Legen Sie ihn an den Rand des Kuchens an, und führen Sie ihn einmal ganz herum. Etwas Schokolade wird über den oberen Tortenrand hinausragen. Biegen Sie sie leicht nach innen ein. Bis zur Verwendung wird der Kuchen nun kühlgestellt.

Zum Schluß werden noch die Röschen hergestellt. Die restliche Schokolade dazu in 10 Stücke und diese jeweils noch einmal in 5 Stücke zerschneiden. Davon jeweils 4 Stücke für die Blütenblätter verwenden. Legen Sie die 4 Stücke auf eine Marmorplatte, und drehen sie unter leichtem Druck eine mittelgroße Glühbirne darauf, bis die Schokolade sehr dünn ist. Das 5. Stück wird mit der Hand zu einem kleinen Kegel geformt.

Mit einem Messer die dünnen Blütenblätter von der Platte ablösen. Nun werden sie nacheinander und überlappend um das schmale Ende des Kegels gelegt und an den Spitzen nach außen gebogen, so daß sich das Bild einer blühenden Rose ergibt. Die fertigen Blüten auf eine mit Pergamentpapier ausgelegte Platte legen und in den Kühlschrank stellen, damit sie hart werden.

Währenddessen wird nun noch die Sahne mit dem Streuzucker und 1 Teelöffel Puderzucker steifgeschlagen.

Die Torte aus dem Kühlschrank nehmen und eine Rose in die Mitte setzen. Die restlichen Blüten auf dem Kuchenrand verteilen. Die geschlagene Sahne geben Sie um die Rose in der Mitte. Die Oberseite des Kuchens mit feingesiebtem Puderzucker bestreuen.

DANKSAGUNG

Ein Buch von diesem Umfang läßt sich nicht ohne die großzügige Hilfe vieler Personen realisieren: Ihnen allen gebührt mein Dank, besonders aber folgenden: Andy Stewart, der uns mit seiner Begeisterung für das Projekt alle angesteckt hat; dem Designer Nai Chang und meinen ebenso einfallsreichen wie geschickten Redakteurinnen Leslie Stoker und Maya Dalrymple für ihre sprachliche und gestalterische Hilfe.

Dank gebührt auch Laurie Goldrich für ihre Hilfe beim Arrangieren der Fototermine in Italien; David Ross für das Verfassen der Bildtexte; Herrn Dominis' Assistenten Neri Fadigati und Paolo Castaldi; meinen Küchenassistenten in Italien und New York Wendy Bridgeman, Arlene Battifarano, Yochewed Hirsch und Florence Polizzi.

Besonders danke ich auch Audry und Bernie Berman dafür, daß sie mich mit Marina und Simone di Cagno bekannt machten, die mir die Schönheit und den Reichtum Apuliens zeigten und mir bei so manchem Arrangement behilflich waren. Ich habe auch in Italien vielen hilfreichen Menschen zu danken: Nicola Bulgari; Giovanni Ramunni; Dott. Giorgio Orlandini in Parma; der Käser-Familie Martini in Parma; Dott. Enrico Citterio und seinen Kollegen; der Verwaltung der Villa d'Este, besonders aber deren Chef Luciano Parolari und Jean und Luca Salvadore; Conte Neri Capponi; Sig. Sergio Manetti; Fattoria Castellare in Castellina, Chianti; Principe Fabio Romancelli Filomarino, Castello Marchione, Conversano; der Familie Urbani aus Scheggino; Avv. Fabrizio Vitaletti, der Bäckerei in Sesto Fiorentino; der Bevölkerung des wunderschönen mittelalterlichen Städtchens San Gusmè sowie dem Bürgermeister und dem Pfarrer; der Käser-Familie Pedone in Putignano; dem Antico Caffè del Moro in Florenz; Bagno Bruno in Forte dei Marmi; dem Caffè Florian in Venedig; dem Terrakotta-Hersteller Alfredo Raffaeli in Sinalunga; den Hotels Augustus, Continental und Lungarno in Florenz; dem Hotel dei Duchi in Spoleto; den Hotels Stendhal und Toscanini in Parma; Il Salumaio in Mailand; Ristorante Arnaldo, Rubiera di Modena; Ristorante ›Carmagnini del '500‹, Pontenuovo di Calenzano, nicht nur für die Hilfe des Restaurants sondern auch für den großen persönlichen Einsatz von Saverio Carmagnini selbst; Ristorante La Vecchia Cucina in Florenz; Ristorante Il Ponte in Scheggino; Ristorante La Delfina in Artimino; Trattoria La

Vecchia Bettola in Florenz; dem Terrakotta-Geschäft Sbigoli in Florenz; der Verwaltung der Villa La Ferdinanda in Artimino; dem Denkmalamt von Parma; Mario Conti, meinem Obst- und Gemüselieferanten auf dem San Lorenzo-Markt in Florenz, und allen anderen Lieferanten in Florenz und ganz Italien; unserem unübertrefflichen Fahrer, Marcello Tiberi, und meiner Schwester Lella in Florenz.

Ein herzliches Dankeschön an meine fürsorglichen Freunde in den Vereinigten Staaten: Lydia Fischler und Sarah Malone; Gérard Choisnet, Chef der Konditorei-Abteilung bei Delices La Côte Basque in New York; und Akron Meats, meinen Händler in New York.

Vielen Dank an Mario Buccellati in New York für Tafelsilber und Tischdekorationen; Ginori in Florenz und New York für Porzellangeschirr; Tognana in Treviso ebenfalls für Porzellan; Cristallo di Censo Colle Val d'Elsa für Kristallgefäße und Gläser; Tessilarte in Florenz für all die Tischtücher und Servietten; Sig. Cecchi für Geschirr, das er mir aus seinen Ausstellungsräumen in New York lieh.

Und schließlich danke ich ganz herzlich Henry Weinberg, ohne dessen Hilfe dieses Buch niemals zustande gekommen wäre.

Anhang

Die Mengenangaben in Teelöffeln, Eßlöffeln und Tassen entsprechen folgenden Mengen in Milliliter (ml):

1 Teelöffel	=	5 ml
1 Eßlöffel	=	15 ml
½ Tasse	=	110 ml
1 Tasse	=	225 ml

Herstellung von Ricotta

Falls Sie keinen Ricotta bekommen können, ist dieser auch ganz einfach selbst herzustellen:

Sie benötigen 1 Liter Vollmilch und 1 Teelöffel *calcium lacticum*. Lassen Sie die Milch bei kleiner Hitze lauwarm werden, fügen Sie unter Rühren das *calcium* hinzu und erhitzen Sie die Milch langsam ohne weiter umzurühren. Nicht kochen lassen! Wenn die Molke sich vom Käse trennt, ist der Ricotta fertig. Das kann bis zu 1 Stunde dauern. Mit dem Schaumlöffel nehmen Sie den Ricotta aus der Molke, legen ihn in ein feinmaschiges Sieb und lassen ihn abtropfen. Erst nach Abkühlen weiterverwenden.

Register

304